Chris Mackey

Synchronizität

Der verborgene Sinn des Zufalls

Aus dem Englischen von Astrid Ogbeiwi

crotona

Chris Mackey ist klinischer Psychologe und Psychotherapeut in eigener Praxis sowie Fellow der Australian Psychological Society. Er verfügt über 35 Jahre Erfahrung in der therapeutischen Arbeit, sowohl im Rahmen der staatlichen als auch der privaten Gesundheitsfürsorge, und ist leitender Psychologe bei Chris Mackey and Associates, seiner privaten psychotherapeutischen Praxis im australischen Geelong. Davor war er leitender klinischer Psychologe am Geelong Hospital sowie am Heidelberg Repatriation Hospital, wo er eine Gruppentherapie für Rückkehrer aus dem Vietnamkrieg entwickelt hat.

Im Laufe der letzten zwanzig Jahre hat Mackey bei zahlreichen australischen und internationalen wissenschaftlichen Konferenzen über Themen wie Beurteilung und Behandlung psychischer Traumata sowie Evaluation der Wirksamkeit von Psychotherapie bei Ängsten und Depression gesprochen. Sein besonderes Interesse gilt der positiven Psychologie, daher hält er seit zehn Jahren auf diesem Gebiet kostenlose öffentliche Vorträge. Außerdem berät er Unternehmen und Organisationen, wie Strategien der positiven Psychologie zur Erfolgssteigerung angewandt werden können. Chris Mackey ist besonders an einem optimistischeren Ansatz in der psychiatrischen Versorgung gelegen. Zeit seines beruflichen wie privaten Lebens faszinieren ihn Synchronizität und die Chancen zur persönlichen Weiterentwicklung, die dieses Phänomen bietet.

Mehr über Chris Mackey sowie ausführliche Informationen über breit gefächerte psychologische Themen finden Sie (auf Englisch) unter www.chrismackey.com.au.

1. Auflage 2016

Crotona Verlag GmbH & Co.KG
Kammer 11 • 83123 Amerang
www.crotona.de

Titel der Originalausgabe:
Synchronicity – Empower Your Life with the Gift of Coincidence

Umschlaggestaltung: Annette Wagner

Druck: Ebner & Spiegel • Ulm

ISBN 978-3-86191-076-3

Inhalt

Danksagungen		9
Einführung		11
Teil 1	**Leben, Zufall und Bestimmung**	**19**
Eins	Was ist Synchronizität?	21
Zwei	Spukhafte Fernwirkung	41
	Synchronizität, Wissenschaft und Spiritualität	41
Drei	Begegnungen mit Geistern	57
	Die Zukunft sehen, die Vergangenheit heilen	57
Vier	Synchronizität und Ihr Lebensweg	69
Teil 2	**Erste Signale**	**81**
Fünf	Wandel in den Weltbildern	83
	Wandel im wissenschaftlichen Weltbild	85
	Wandel im Weltbild auf anderen Gebieten	86
	Typen des Wandels	88
	Eine Theorie transformativer Veränderung	92
	Methoden zur Herbeiführung eines Paradigmenwechsels	94
Sechs	Es tut sich etwas	97
	Eine vom Zufall gelenkte Karriere	97
Sieben	Die synchronistische Kupplerin	109
	Ein Flirt mit der Numerologie	109
Acht	Aufschlussreiche Träume	119
	Pass auf, ein Hai!	119
Neun	Eine größere Welt	131
	Segnungen und Missgeschicke	131
Zehn	Hölle auf Erden	141
	In den Abgrund	141

Teil 3	**Einstimmung auf das Universum**	**153**
Elf	Rückkehr ins Licht	155
	Das wiedererlangte Selbst	155
Zwölf	Weisheit zum Anzapfen	167
	Von einem Mentor lernen	167
Dreizehn	Ein Geständnis	179
	Hypomanisches Wohlbefinden	179
Vierzehn	Den Dädalus geben	191
Fünfzehn	Die Sonne sehen	207
Sechzehn	Wegweiser zur Erleuchtung	217
	Von Anaheim nach Findhorn	217
Siebzehn	Synchronizität und Hirnforschung	233
	Die Bedeutung des Ganzen verstehen	233
Achtzehn	Freistoß vom Universum	243
	Von global zu lokal	243
Teil 4	**Laut und deutlich**	**251**
Neunzehn	Es ist Zeit für Positive Psychiatrie	253
Zwanzig	Unterwegs nach Kalifornien	267
Einundzwanzig	Im Vertrauen gesagt	283
	Geschichten von Klienten	283
Zweiundzwanzig	Ein Geschenk des Universums auspacken	297
Anmerkungen		301
Literaturverzeichnis		315

Für Ross, meinen lieben spirituellen Freund und Mentor.
In Dankbarkeit für deine langjährige außergewöhnliche
Führung und Unterstützung.
Du bist wahrhaft einzigartig.

Danksagungen

An erster Stelle möchte ich Sandra Rigby danken, meiner Redakteurin bei Watkins Media, die mich aus heiterem Himmel kontaktiert und gefragt hat, ob ich nicht Lust hätte, ein Buch zu schreiben. Sie hat mich vom Thema Synchronizität überzeugt und mich vom ersten Entwurf bis zur zweiten Fassung an die Hand genommen. Dank auch an meine Schwester Melissa Faulkner, die dazu beigetragen hat, dass die Arbeit an diesem Buch gleich zu Beginn nicht ganz so beängstigend wirkte.

Dank schulde ich meinen Freunden und Kollegen, deren Rückmeldungen zum Manuskript – von Auszügen bis zu vollständigen Entwürfen – unschätzbar wertvoll waren. Dazu gehören Megan Henderson, Emily Hill, Amber Denehey, Rod Carne, Charlotte Kerr, Sue Mackey, Margie Beaseley, Andrew Bigelow, Ken Jarvis, Kerry Gemmell, Denise Cromer und andere mehr. Ganz besonders danke ich außerdem meinen spirituellen Freunden Trent Barry und Danny Taylor, deren kluge Anmerkungen es mir leichter machten, die Abschnitte zu bewältigen, die am schwierigsten zu schreiben waren.

Viele Menschen haben mir geholfen, meine persönliche Geschichte zu erzählen – oft weit mehr als ihnen bewusst sein mag. Dazu gehören Laura Capitanio, Mary Dimovski, Clare Heaney, Les Duck, Rod Jones, Craig Mackey, Alison Jones, Liz Barson, Andrew Fuller und Vicki Jones.

Dank an Andrew Griffith für seine stets großzügige Anleitung beim Schreiben und meinen Schreibfreunden Gerard Spriet und Maree Herath sowie Mick Ragg für seinen Nirvana-Rat.

Besonders dankbar bin ich den Watkins-Lektoren Fiona Robertson und Bob Saxton, die entscheidend und federführend zur endgültigen Form des Manuskripts beigetragen haben. Bobs Lektorat war stets durchdacht und oft genial, wenn es darum ging, das Eigentliche im Text herauszuschälen und zu verdeutlichen sowie meine persönliche Geschichte und anderes Material unter einen Hut zu bringen. Außerdem danke ich John Tintera und allen anderen Angestellten bei Watkins für ihre wertvolle Beteiligung an unterschiedlichen Stufen der Herstellung und Vermarktung dieses Buches.

Ich danke meinen klinischen und administrativen Kollegen bei Chris Mackey and Associates für ihre aktive Unterstützung dieses gesamten Projektes und dafür, dass sie mir die Arbeit zur Freude machen.

Zutiefst dankbar bin ich meiner Familie – Rowan, Joanna, Ellie und ganz besonders Sue, meiner Frau, Freundin, Kollegin und Seelenpartnerin – für ihre Liebe, Nachsicht und Ermutigung. Es ist für mich ein Segen, dass mein Lebensweg mit dem ihren verflochten ist.

Schließlich möchte ich meinen Klientinnen und Klienten meinen aufrichtigen Dank aussprechen. Sie haben mir einen zutiefst befriedigenden Beruf geschenkt; und das, was ich wirklich begriffen habe, habe ich zum größten Teil von ihnen gelernt.

Einführung

Haben Sie schon einmal über einen verblüffenden Zufall gestaunt? Ja, waren Sie vielleicht sogar so sehr von Ehrfurcht ergriffen, dass Sie sich einfach fragen mussten, ob es eine verborgene Ordnung oder eine ordnende Kraft im Universum gibt? Auch wenn Sie ein sehr rationaler Mensch sind, kann dieser Gedanke Sie befallen. Diese Art des Zufalls würde ich als „Synchronizität" bezeichnen.

Synchronizität ist eine merkwürdige zeitliche Koordinierung von Ereignissen, die in überzeugender, mysteriös sinnvoller oder numinoser Weise über bloßen Zufall hinauszugehen scheint. Ich glaube, dass mehr daran ist als Zufälligkeit. Meiner Ansicht nach ist Synchronizität ein Geschenk des Universums – noch dazu ein äußerst wertvolles. Synchronizität ist oft ein hilfreicher Fingerzeig, der bestätigt, dass Sie in Ihrem Leben die richtige Richtung eingeschlagen haben. Es ist ein wenig so, als ob man bei einer langen Wanderung an eine Markierung kommt, die einem anzeigt, dass man auf dem richtigen Weg ist.

Ich würde allerdings noch weitergehen. Ich glaube, dass in der geheimnisvollen Gabe der Synchronizität Sinn liegt, und dass wir, wenn wir diesen Sinn nicht erkennen, das Geschenk nicht auspacken. In merkwürdigen Zufällen kann sich ein Muster zeigen, insbesondere mit der Zeit. Muster wiederum wollen uns etwas sagen. Zumindest kann ein Muster uns zum Innehalten und Nachdenken bringen. Es lädt uns in einen geistigen Raum ein, in dem wir über einen oder mehrere Aspekte unseres Lebens nachsinnen können. Mehr noch, vielleicht veranlasst es uns sogar, über die möglichen Konsequenzen des Zufalls nachzudenken: Wenn er tatsächlich eine Weisheitsbotschaft von einer äußeren Weisheitsquelle wäre, was würde uns diese Botschaft dann sagen? Würde sie eine Entscheidung, die wir getroffen oder erwogen haben, bestätigen? Meiner Erfahrung nach tut Synchronizität dies häufig.

Dieses Buch will Ihnen helfen, die symbolische Bedeutung hinter merkwürdigen Zufällen zu entdecken, besonders hinter denen, die Sie selbst erleben. Dies erfordert allerdings ein wenig Arbeit. Es ist, als müssten Sie Ihren persönlichen Da-Vinci-Code knacken. Sie müssen bereit sein, mit Unsicherheit zu kämpfen. Sie brauchen ein wenig Wissen und Geschick, ein wenig Übung und Ausdauer. Aber die Mühe kann sich sehr lohnen. Dieses Buch wurde geschrieben, damit Sie den Weg der Synchronizität in Ihrem Leben leichter beschreiten können.

Da synchronistische Botschaften tendenziell affirmativ sind, können sie uns helfen, ein Ungleichgewicht in unserem Leben zu korrigieren. Sie können den Glauben an uns selbst wiederherstellen, wenn dieser durch schmerzliche Erfahrungen beeinträchtigt wurde. Sie können dafür sorgen, dass wir uns lebendiger, dynamischer, entschlossener und hoffnungsvoller fühlen. Sie können uns wieder bewusstmachen, was es wirklich heißt, wir selbst zu sein, in der Gegenwart zu leben, Zukunftsaussichten zu haben und einem Weg zu folgen, der für uns der richtige ist.

Eigentlich bin ich gar kein Mensch, von dem man erwarten würde, dass er über Synchronizität schreibt. Man kennt mich hauptsächlich als klinischen Psychologen, der mit klassischer kognitiver Verhaltenstherapie arbeitet. Diese Richtung folgt einem wissenschaftlich-praktischen Ansatz: Wir versuchen stets, unsere Auffassungen objektiv zu überprüfen. Ich mag die Stringenz der kognitiven Verhaltenstherapie. Mir gefällt, mit welchem Engagement diese therapeutische Richtung sich darum bemüht, die Effektivität ihrer Interventionen nachzuweisen. Daher ist es wohl nicht weiter verwunderlich, dass ich mich mit Synchronizität, einem paranormalen Phänomen, zunächst aus der Position des überzeugten Skeptikers heraus beschäftigt habe.

Zum ersten Mal bin ich dem Begriff „Synchronizität“ nach einem „Wellness“-Seminar bei Dr. John Travis von der Johns-Hopkins-Universität begegnet. Dr. Travis‘ Behauptung, unserer Gesundheit und unserem

Wohlbefinden läge eine transpersonale oder spirituelle Dimension zugrunde, erschien meinem rationalen Geist damals reichlich überspannt. Allerdings konnte er seine Ideen überzeugend begründen. Kurz nach diesem Erlebnis las ich über Synchronizität, und wie Sie noch entdecken werden, erlebte ich kurz darauf eine wahre Explosion bemerkenswerter Zufälle, die mich völlig aus dem Konzept brachten.

Heute betrachte ich Synchronizität als etwas, das mein Leben – und das vieler anderer, einschließlich meiner Klienten – nicht minder wirksam beeinflusst als alles andere auch. In diesem Buch finden Sie zahlreiche Beispiele für synchronistische Erfahrungen, darunter viele, die ich selbst gemacht habe. Ich hoffe, zeigen zu können, dass und wie diese Vorfälle im Laufe eines Lebens ein sinnvolles Muster ergeben. Dies wird, so hoffe ich, auch anderen Mut machen, offen von eigenen synchronistischen oder anderen ungewöhnlichen Erfahrungen zu berichten, denn nur wenn wir über solche Dinge sprechen, erlangen sie größere Akzeptanz.

Die ersten Kapitel dieses Buches erläutern ein wenig Grundlagentheorie, die für ein umfassenderes Verständnis der Synchronizität einschließlich ihrer Gemeinsamkeiten mit Erkenntnissen aus der Quantenphysik erforderlich ist. Manche Leser möchten die theorielastigen Kapitel vielleicht zunächst überspringen, doch ihre Lektüre ist als ein hilfreicher Kontext gedacht, durch den das Phänomen der Synchronizität, das ich in späteren Kapiteln hauptsächlich anhand meiner eigenen Lebensgeschichte illustriere, tiefgreifender verständlich wird. Dieses Buch ist auch eine detaillierte Fallstudie über Synchronizität und ihr Vermögen, das individuelle Leben des Menschen zu prägen.

Wenn es ganz allgemein um den Sinn im Leben geht, kann ich es kaum besser ausdrücken als meine Großmutter: Ihrer Ansicht nach ist das Leben schlicht ein Puzzle – und je länger man lebt, desto mehr Teile des Puzzles fügen sich aneinander. Das passt – zumindest bei mir. Und wenn ich innehalte, um über diesen Gedanken nachzusinnen, wird mir schlagartig klar, dass es gerade die Erfahrung der Synchronizität war, die mir meinen Lebensweg am deutlichsten erhellt hat; zuweilen wie ein ganzer Satz leuchtender Wegweiser. Ich betrachte Synchronizität als einen bestätigenden Hinweis, dass man sich auf einem optimalen Lebensweg befindet. Dies ist unschätzbar wertvoll, weil es selbst in schwieriger Lage zusätzliche Energie und größere Zielstrebigkeit schenkt.

Seit ich mit der Arbeit an diesem Buch begonnen habe, erzählen mir sehr viele Menschen von ihren Erfahrungen. „Ich habe das noch nie jemandem erzählt, aber ..." beginnen sie und verraten mir dann einen bemerkenswerten Zufall, den sie erlebt haben und der sich jeder rationalen Erklärung entzieht. Oft bezeichnen sie einen derartigen bemerkenswerten Zufall als „verquer". Aber anscheinend macht er ihnen doch zu schaffen, und sie werden das Gefühl nicht los, dass etwas anderes dahinterstecken könnte. Andere, denen ich begegnet bin, sind von Synchronizität so überzeugt, dass sie schlicht behaupten, Zufall gebe es nicht. Wieder andere sind offen skeptisch.

Skeptiker sind vielleicht überrascht, wenn sie erfahren, dass der große Psychiater Carl Gustav Jung, der den Begriff „Synchronizität" geprägt hat, seine Theorie darüber nach mehreren Gesprächen mit Albert Einstein entwickelt und seine erste Monographie über Synchronizität erst geschrieben hat, nachdem Wolfgang Pauli, einer der Väter der Quantentheorie, ihn aktiv dazu aufgefordert hatte.

Wenn Sie skeptisch, aber neugierig sind, dann hoffe ich, dass dieses Buch Ihren Horizont erweitert und Sie dazu ermuntert, die potenzielle Relevanz und Bedeutung etwaiger unerklärlicher Zufälle in Ihrem eigenen Erleben zu erforschen. Wenn Sie Zweifel an der Realität der Synchronizität oder spiritueller Erfahrungen im Allgemeinen hegen, dann hoffe ich zumindest, dass Sie erkennen können, warum andere Grund haben, abweichender Ansicht zu sein.

Wenn Sie wie ich im Gesundheitswesen tätig sind, dann hoffe ich, dass dieses Buch Sie zum Nachdenken darüber anregt, ob nicht Synchronizität ein hilfreicher und sinnvoller Weg sein könnte, einer spirituellen Dimension im Leben der Menschen, die ja für viele zu ihren Erfahrungen wie zu ihrem körperlichen Wohlbefinden unmittelbar dazugehört, auf die Spur zu kommen.

Erlebnisse, die sich in rationalen Begriffen nicht leicht erklären lassen, werden oft verworfen oder ignoriert – ungeachtet dessen, wie tief sie sich unserem Geist eingeprägt haben. Dies gilt nicht nur für synchronistisches

Erleben, sondern auch für Träume, Intuitionen und übersinnliche Phänomene wie etwa Vorahnungen. Ich bin allerdings der Meinung, dass es möglicherweise äußerst nützlich sein könnte, über den Sinn derartiger Erlebnisse nachzudenken, die unsere Aufmerksamkeit stark auf sich ziehen. Wenn sie dazu führen, dass wir auf eine Art und Weise über unser Leben nachdenken, die wir als hilfreich empfinden, dann ist dagegen ganz sicher nichts einzuwenden. Dieses Buch will Ihnen helfen, Ihre intuitive Wahrnehmungs- und Verständnisfähigkeit weiterzuentwickeln, damit Sie aus der Synchronizität und anderen verwandten Phänomenen dann, wenn Sie diese erleben, größeren Nutzen ziehen können.

Um Sie in dieser Hinsicht zu unterstützen, werde ich schildern, inwiefern eine ganze Reihe von Menschen, darunter auch ich, von „suprarationalem" Denken, wie ich es nenne, profitiert haben. Darunter sind fortgeschrittene intuitive Gedankenprozesse zu verstehen, die in verschiedenen Situationen allem Anschein nach vorteilhaftere Ergebnisse erbringen als sich wohl mit Logik oder Vernunft allein erzielen ließen.

Ich glaube, dass sich das Ausschöpfen von Nutzen und Bedeutung synchronistischen Erlebens durchaus auch in andere Methoden, im Leben einen Sinn und eine Richtung zu finden, wie sie etwa auf dem Gebiet der positiven Psychologie angewandt werden, integrieren lässt.

Dieses Buch hat außerdem eine Nebenhandlung oder vielleicht einen nicht allzu versteckten Hintersinn. Im Rückblick auf fünfunddreißig Jahre Erfahrung als klinischer Psychologe, die ich sowohl in öffentlichen Therapie-Einrichtungen als auch in meiner privaten therapeutischen Praxis gesammelt habe, zeigt sich mir deutlich, dass unsere üblichen Ansätze, insbesondere jene, die aus der Psychiatrie kommen, versagen. Die Erklärungen für psychische Erkrankungen wirken übermäßig mechanistisch und pessimistisch. Meiner Meinung nach hat die Psychiatrie darüber ihre Seele verloren – was angesichts dessen, dass „Psychiatrie" wörtlich „Seelenheilkunde" heißt, besonders bedauerlich ist.

Die üblichen psychiatrischen Ansätze erklären die Probleme der Betroffenen als genetisch bedingt sowie auf biochemischen Ungleichgewichten beruhend und behandeln sie durch Langzeit-Medikation. Insbesondere wenn solche Strategien starr angewendet werden, vereiteln sie die Hoffnung auf transformative Veränderungen und persönliches Wachstum. Diese Themen stehen im Mittelpunkt von Kapitel Neunzehn „Es ist an der Zeit für Positive Psychiatrie".

Ein synchronistisches Thema, das sich in meinem privaten und beruflichen Leben ständig weiterentwickelt, ist der Drang, grob vereinfachende und pessimistische Erklärungen psychischer Probleme in Zweifel zu ziehen. In meiner täglichen Arbeit geht es darum, Menschen dabei zu helfen, psychische Probleme in persönliches Wachstum zu verwandeln. Es ist sozusagen meine höhere Bestimmung, auf dem Gebiet der psychischen Gesundheit zu einem Wandel beizutragen, sowohl beim Einzelnen als auch im ganzen System. Auf dem Weg zu diesem Ziel schöpfe ich nicht nur aus meiner Erfahrung als Therapeut, sondern auch als Patient: Ich war einst wegen schwerer Depressionen selbst in der Klinik.

Das autobiographische Material in diesem Buch zeigt beispielhaft, wie Synchronizität als Führer auf dem Lebensweg einbezogen werden kann. Zu meiner Beschreibung persönlicher Erfahrungen gehört auch ein Kapitel über Traumdeutung, das das Wechselspiel zwischen inneren und äußeren Welten bei der persönlichen Sinnsuche veranschaulicht – ein Wechselspiel, dem man auch bei der Deutung synchronistischer Erfahrungen nachspürt.

Die Vorteile synchronistischen Erlebens zeigen sich am deutlichsten, wenn es mit *Kairos*, dem für ein bestimmtes Handeln geeigneten oder richtigen Moment, einhergeht. Beim Bogenschießen bezeichnet *Kairos* buchstäblich eine lange, tunnelartige Öffnung, durch die der Pfeil des Bogenschützen fliegen muss.[1] Der Pfeil muss nicht nur exakt, sondern auch mit ausreichend viel Kraft abgeschossen werden, damit er ins Ziel trifft. *Kairos* hat außerdem einen historischen Bezug zum Weben: Es gibt den entscheidenden Moment, in dem das Garn durch eine kurzzeitig entstehende Lücke geführt werden muss.[2] Zusammengenommen besagen die beiden Bedeutungen, dass *Kairos* ein vorübergehender Augenblick ist, in dem sich eine Öffnung auftut, die für beste Erfolge kraftvoll durchschritten werden muss.

Synchronizität erhellt den *Kairos* äußerst hilfreich. Wenn Sie vor einer Herausforderung oder einer Chance stehen, die offensichtlich sofortiges Handeln erfordert, und wenn Sie etwa zur selben Zeit einen besonders merkwürdigen Zufall erleben, dann kommt dies einer Bestätigung, einem „bejahenden Häkchen des Universums" gleich – einem Hinweis, mit Ihrer geplanten Handlung fortzufahren.

Hierin klingt Carlos Castanedas Schilderung der Lektion an, die der Schamanenkrieger Don Juan in *Reise nach Ixtlan* seinem Schüler erteilt: Der Unterschied zwischen einem Krieger und einem Normalsterblichen besteht darin, dass der Krieger bereit ist zuzuschlagen, sobald er einen „Kubikzentimeter Chance" bekommt. Dieses Buch berichtet von vielen derartigen Beispielen, in denen aufgrund synchronistischen Erlebens sofort intuitiv gehandelt wird. Wie der Schriftsteller Joe Jaworski sagt, kann dies zu „vorhersehbaren Wundern"[3] führen. Ich nenne es mit einer Metapher aus dem Fußball „einen Elfmeter vom Universum".

Synchronizität zu nutzen, stellt meiner Erfahrung nach in günstigen wie in schwierigen Lebenslagen eine effektive Möglichkeit dar, mit Autorität zu handeln und den eigenen Lebensweg zu festigen. Meine stärkste Motivation für die Arbeit an diesem Buch ist es daher, andere darin zu unterstützen, dies ebenfalls zu tun.

Teil 1

Leben, Zufall und Bestimmung

EINS

Was ist Synchronizität?

Carl Gustav Jung, der bedeutende Schweizer Psychiater, prägte den Begriff Synchronizität Mitte der 1920er Jahre.[1] Doch erst in den 1950er Jahren äußerte er sich in Schriften und Vorträgen dazu, was zum Teil daran lag, dass er so komplex und schwierig zu erklären ist. Dennoch glaubte Jung, dass Synchronizität für das Wohlbefinden und ein umfassenderes Selbstverständnis von hoher Bedeutung sei – nicht nur bei seinen Patienten, sondern auch bei ihm selbst, und er erfuhr sie in seinem Leben zunehmend häufiger.

Jung definierte Synchronizität als „Gleichzeitigkeit zweier sinngemäß, aber akausal verbundener Ereignisse".[2] Im weiteren Sinne kann das Wort jeden merkwürdigen und sinnvollen Zufall bezeichnen, der unsere innere und die äußere Welt so miteinander verbindet, dass der Gedanke naheliegt, unser Innenleben und die äußere Realität könnten stärker miteinander synchronisiert sein, als wir uns dies bisher vorgestellt haben.

Zum Beispiel spricht Jung von „zahlreichen[n] authentischen Berichte[n] über Uhren, die beim Tode ihres Besitzers stehen bleiben". Anscheinend ist dies auch bei einer Pendeluhr im Schloss Friedrichs des Großen so geschehen.[3] Ein noch verblüffenderes Beispiel soll sich im kanadischen Winnipeg zugetragen haben: Eine Standuhr blieb stehen, als ihr zweiundsiebzigjähriger Besitzer starb. Er hinterließ keinen männlichen Erben, an den sie traditionsgemäß hätte weitergegeben werden können. Etliche Jahre später fiel der Witwe des Mannes auf, dass die Uhr aus unerfindlichen Gründen wieder ging. Wenige Augenblicke später erhielt sie einen Telefonanruf und erfuhr, dass vor einer Viertelstunde ihr erster Enkelsohn geboren worden war.[4]

Ein synchronistisches Erlebnis beinhaltet eine derart merkwürdige zeitliche Koordination, dass es uns unmöglich erscheint, es als bloßen Zufall abzutun. Wir sind zutiefst davon überzeugt, dass zwischen unserem Inneren und den Dingen, die um uns herum geschehen, eine Verbindung besteht, und das Ereignis bestätigt uns darin oder lässt uns, für den Fall, dass wir Borderline-Skeptiker sind, der Akzeptanz zuneigen. Obwohl große Geister wie Carl Gustav Jung seit beinahe hundert Jahren am Thema Synchronizität arbeiten, bleibt sie ein Rätsel, selbst für diejenigen, die sie als echtes Phänomen akzeptieren.

Besonders beeindruckende Beispiele für Synchronizität beinhalten im Allgemeinen, dass jemand an etwas Bestimmtes denkt und dann eine Situation erlebt, die auf unerklärliche Weise mit dem Gedachten in Zusammenhang zu stehen scheint. So schildert etwa Jung den Fall einer jungen Patientin, die ihm in einem besonders entscheidenden Moment ihrer Behandlung von einem Traum erzählte, in dem sie einen goldenen Skarabäus zum Geschenk erhielt – ein Schmuckstück.[5] Im selben Moment hörte er ein leises Klopfen am geschlossenen Fenster hinter ihm. Er öffnete das Fenster, und es flog ein Insekt herein, das er fing. Es war ein Käfer mit grüngoldenem Schimmer, der einem Skarabäus stark ähnelte – ein gemeiner Rosenkäfer.

Scheinbar entgegen seiner Gewohnheit war der Käfer in einen dunklen Raum geflogen. Jung bemerkte, dies sei die Käferart, die einem goldenen Skarabäus in unseren Breiten am nächsten kommt, und ergänzte, so etwas sei ihm weder zuvor einmal noch seither je wieder geschehen. Der Zeitpunkt erschien seltsam bedeutungsvoll, da die Patientin in dieser Phase ihrer Therapie aufgrund ihrer streng rationalistischen Weltanschauung offenbar nicht weiterkam. Bisher war es Jung nicht gelungen, ihr Denken mit seinen üblichen Methoden zu verändern. Doch dieses zufällige Erlebnis „bohrte das erwünschte Loch in ihren Rationalismus und brach das Eis ihres intellektuellen Widerstands".[6]

Damit soll nicht gesagt werden, dass der Inhalt ihrer Gespräche den Käfer dazu gebracht hätte, zum Fenster hereinzufliegen. Das zeitliche

Aufeinandertreffen erschien jedoch zu bemerkenswert, als dass sie rein willkürlich gewesen sein konnte. Es ließ vermuten, dass es in der Abfolge der Ereignisse ein Muster oder eine Ordnung geben könnte, die nicht unmittelbar offensichtlich ist. Es legte nahe, dass unser Bewusstsein sich irgendwie mit unserer äußeren Realität überschneiden könnte, ohne diese unmittelbar zu verursachen.

Das Skarabäus-Beispiel zeigt ein weiteres wesentliches Merkmal der Synchronizität: Sie steht im Zusammenhang mit einem Zufall, der *sinnvoll* ist. In diesem Fall erkannte Jung die Sinnhaftigkeit des Vorfalls in einer uralten Symbolik, die ihm vollständig vertraut war: In der ägyptischen Mythologie ist der Skarabäus-Käfer ein klassisches Symbol der Wiedergeburt oder der Transformation. Wie passend also, dass er sich genau in dem Moment manifestierte, als in der Weltanschauung seiner Patientin ein Wandel eintrat. Nicht immer ist eine symbolische Bedeutung allerdings so klar erkennbar (genau wie sich auch die Bedeutung eines Traums nicht immer entziffern lässt) – ungeachtet dessen, wie stark das Erlebnis uns berührt hat. Manchmal erscheint ein Zufall nur deshalb bedeutungsvoll, weil er so unwahrscheinlich ist und damit auf einen Wirklichkeitsbegriff hinweist, der von der begrenzteren Sichtweise der Vernunft oder der Logik abweicht.

Skeptiker behaupten oft, Synchronizität sei kein echtes Phänomen, sondern rühre lediglich daher, dass Menschen nach Zufällen Ausschau halten und diese daher unweigerlich auch häufiger erleben. Damit unterstellen sie, dass Menschen, die an Synchronizität glauben, übermäßig beeinflussbar sind. Bemerkenswerte, aber wahre Geschichten wie die von Jung beschriebene Anekdote um Monsieur de Fontgibu und den Plumpudding[7] stellen dieses Argument auf den Prüfstand.

Der französische Dichter Emile Deschamps erinnert sich, dass er im Jahr 1805 als Junge zum ersten Mal Plumpudding kostete, als sein Nachbar Monsieur de Fontgibu die neuartige Süßigkeit aus England mitgebracht hatte. Zehn Jahre später stieß Deschamps erneut auf Plumpudding, als er in einem Pariser Restaurant einen entdeckte und ein Stück davon verlangte. Leider konnte er es nicht bekommen, denn das letzte Stück war bereits von einem Monsieur de Fontgibu bestellt worden. Viele Jahre später, 1832, wurde dem Dichter und anderen Gästen im Haus eines Freundes erneut Plumpudding kredenzt. Als er serviert wurde, bemerkte Deschamps, jetzt fehle nur noch Monsieur de Fontgibu. Im selben Augenblick betrat ein uralter, desorientierter Greis das Haus. Es war Monsieur de Fontgibu, der sich in der Adresse geirrt hatte! Wie sich herausstellte, war Monsieur de Fontgibu bei allen drei Anlässen, bei denen Deschamps auf Plumpudding getroffen war, dabei gewesen. Man kann sich kaum vorstellen, wie Skeptiker ein solches Beispiel sowie die – von Jung und anderen erstellte – umfassende Dokumentation zahlloser weiterer überzeugender Vorfälle glaubwürdig entkräften sollten.

Außer Jung haben eine Reihe weiterer Autoren jeweils eine ganze Serie synchronistischer Vorfälle dokumentiert, die ein einzelner Mensch erlebt hatte. Roderick Main beschreibt annähernd neunzig von hunderten solcher Vorfälle, die der ehemalige britische Schachgroßmeister James Plaskett über einen Zeitraum von drei Jahren hinweg festgehalten hat.[8] Plaskett wollte absolut objektiv beurteilen können, ob seine synchronistischen Erlebnisse vernünftigerweise dem Zufall zuzuschreiben seien, und bat daher einen überzeugten Skeptiker, sie für ihn zu überprüfen. Er entschied sich für jemanden, der ebenfalls Schachmeister, zugleich aber Mathematiker mit Studium in Cambridge und Arbeitspsychologe war: William Hartston.

Bereits der Inhalt der Erlebnisse war verblüffend. So berichteten etwa Plaskett und ein Freund unabhängig voneinander, in derselben Nacht denselben Traum vom Synchronschwimmen gehabt zu haben. Um diese Zeit wurde in den Nachrichten oder anderen Medien nicht über Synchronschwimmen berichtet, was den Zufall hätte erklären können.

Noch bemerkenswerter ist wohl, dass es erwiesenermaßen auch synchronistische Verbindungen zwischen Plaskett und seinem Gutachter gab. Mehrere von Plasketts Beispielen standen in einem merkwürdigen Zusammenhang mit einer ungewöhnlichen Rochade, die zu einem späten Zeitpunkt in einem Schachspiel ausgeführt wurde und dazu führte, dass ein Spieler um ein Haar einen seltenen Erfolg im Schach, die sogenannte Großmeister-Norm, verfehlt hätte. Wie sich herausstellte, hatte Hartston selbst die Großmeister-Norm um die kleinstmögliche Punktzahl verfehlt.

Während er die Schach-Anekdoten las, stellte Hartston verblüfft fest, dass in der Fernsehsendung, die er nebenher verfolgte, eine Traumsequenz gezeigt wurde, in der es um ein Schachspiel ging, wobei eine der Traumfiguren sagte: „Ich weiß noch nicht einmal, wie man eine Rochade macht." Am Ende seiner Begutachtung war Hartston kein Skeptiker mehr.[9]

Jungs Forschungen auf diesem Gebiet führten ihn zu dem Schluss, dass synchronistische Ereignisse im Allgemeinen mit einer universellen symbolischen Bedeutung versehen sind. Bereits zuvor hatte er festgestellt, dass in unserem Unbewussten bestimmte starke Bilder oder Personifizierungen wirken und unser Erleben prägen. Zunächst hielt er diese für genetisch vererbt, später kam er jedoch zu der Überzeugung, dass sie mit uralten kulturellen Vorstellungen zusammenhängen, die in unterschiedlicher Form bei verschiedenen Völkern überall auf der Welt existieren. Starke Symbole wie das Kreuz und der Stern und Gestalten wie die Große Mutter und das Kind tauchen sowohl in der religiösen Symbolik als auch im Mythos auf – also in zwei ineinander übergehenden kulturellen Aspekten. Derartige Symbole konnten in den Träumen der Menschen oder in synchronistischen Erlebnissen auftauchen – wie etwa in dem oben beschriebenen Beispiel mit dem Skarabäus.

Ein psychotischer Patient bat Jung eines Tages, mit ihm aus dem Fenster zu sehen. Wenn er dann in die Sonne blinzele, werde auch er erkennen, dass sich an der Sonne ein aufrechter Schwanz, eine Art Phallus, befinde. Dieser sei der Ursprung des Windes.[10] Jahre später las Jung in einem griechischen Papyrus eine obskure Mithras-Liturgie, in der es hieß, der Wind stamme aus einer von der Sonnenscheibe herabhängenden Röhre. Jungs kaum gebildeter schizophrener Patient konnte nichts darüber gelesen haben, denn der Papyrus wurde erst nach ihrem Gespräch veröffentlicht. Jung hielt die Übereinstimmung für zu groß, als dass die Idee allein den Gedanken seines Patienten entsprungen sein könnte. Er glaubte, sie müsse einem umfassenderen Bewusstsein entstammen, das seinen Patienten unterschwellig beeinflusse.

Woran man Synchronizität erkennt

Wenn ein Zufall ungewöhnlich auffällig ist oder mehr als einmal auftritt oder offensichtlich im Zusammenhang mit einem besonders wichtigen Thema in Ihrem Leben steht, dann könnte es sich um Synchronizität handeln. Weitere häufig auftretende Erkennungsmerkmale sind, dass das Ereignis

- etwas Numinoses oder auffallend Mysteriöses hat,
- Ihre üblichen Gedankengänge unterbricht und Sie dazu bringt, einen Augenblick lang anders zu denken,
- Sie zum Staunen bringt oder Ihnen zumindest auf angenehme oder seltsame Weise ungewöhnlich erscheint,
- Ihnen vorübergehend das Gefühl gibt, dass Ihnen aus einer mysteriösen Quelle eine Botschaft übermittelt wurde,
- Sie zu der Vorstellung veranlasst, dass etwas geschehen ist, was über den normalen Ablauf von Ursache und Wirkung hinausgeht.

Jung war der Meinung, dass solche Symbole sich nur deshalb in der gesamten Menschheitsgeschichte in sehr vielen Kulturen derart häufig wiederholen konnten, weil sie auf einer fundamentalen Ebene menschlichen Erlebens einen potenziellen Wert besitzen. Wahrscheinlich handelte es sich um die hilfreichsten oder relevantesten Symbole oder symbolischen Motive, die im Laufe der Evolution entwickelt und verstärkt worden sind. Die beständigsten symbolischen Formen oder Motive bezeichnete er als „Archetypen".[11] Jung glaubte, dass der Einfluss der Archetypen aus einem universellen Bewusstsein hervorging – aus einer Art universellem Pool resonanter Bilder, aus dem wir alle auf einer unterschwelligen Ebene schöpfen können. Dieses bezeichnete er als das „kollektive Unbewusste".

Jung behauptete, ein Symbol oder ein Traumbild – oder ein Motiv aus einem synchronistischen Erlebnis – könne mithilfe einer Technik gedeutet werden, die er als „Amplifikation“ bezeichnete. Damit ließe sich eine symbolische Bedeutung ermitteln, die über die unmittelbar naheliegendsten Assoziationen hinausgehe. Statt nach Freuds üblicher Methodik frei zu dem Bild zu assoziieren, ging Jung so vor, dass er die Traumbilder eines Menschen mit Bildern in Mythen oder Kulturen verglich, um so eventuelle Parallelen zu den Archetypen herauszuarbeiten. Obwohl es für die Archetypen keine feststehenden oder eng umrissenen Deutungen gibt, könnten sie auf die potenziell umfassendere Bedeutung eines Traumes oder eines synchronistischen Erlebnisses hinweisen, insbesondere dann, wenn genaue Kenntnisse der persönlichen Umstände des Betreffenden ins Spiel gebracht werden.

Beispiele für Archetypen sind unter anderem: Bäume, die für Wachstum stehen können; geflügelte Gestalten, die mit Transzendenz zusammenhängen können; sowie Mandalas, Kreise oder in Quadranten unterteilte Quadrate, die für Ganzheit und die Integration gegensätzlicher Persönlichkeitszüge stehen können. Häufige archetypische Formen sind auch Sonnensymbole und verschiedene Tiere, darunter Schlangen und Vögel. Archetypen können auch als Sagengestalten oder Lebensrollen erscheinen, etwa als weiser Alter, schöne Göttin, Erlöser, kreativer Künstler oder mystischer Heiler. Auch Situationen können archetypisch sein, zum Beispiel zu fallen, von wilden Tieren gejagt zu werden oder einen Schatz zu finden.

Jung behauptete, Archetypen hätten zwar keine streng festgelegte Bedeutung, stünden aber für eine „instinktive Neigung“, Dinge entsprechend einem bestimmten Motivbild wahrzunehmen. In dieser Hinsicht ähneln sie dem Impuls der Vögel, Nester zu bauen, oder der Ameisen, organisierte Kolonien zu bilden.[12]

Jung war sehr aufgeschlossen dafür, gezielt Erfahrungen zu suchen, die anomal, unerwartet oder ungewöhnlich waren und einen Sinn darin zu finden. Die Weisheit der alten Chinesen, wie das I Ging sie widerspiegelt, faszinierte ihn.[13] Dieses chinesische Wahrsagesystem, das auch Schriften von Konfuzius umfasst, betont die Rolle der „akausalen Ereignisverknüpfung“ – wobei zwei Ereignisse auf nicht ausschließlich kausale Art und Weise miteinander verbunden sind – als Erklärungsversuch für die

Verbindung zwischen dem einen und dem anderen Ereignis. Jung experimentierte mit dem I Ging. Er regte seine Patienten an, Schafgarbenstängel zu werfen und damit scheinbar zufällige Hexagramme entstehen zu lassen, stellte jedoch fest, dass die Standard-Deutung der entstehenden Hexagramme merkwürdigerweise zu den Lebensumständen der Patienten passte. Zum Beispiel erhielt ein Patient, dessen größte Sorge war, er könnte von einer Frau, die er einmal heiraten würde, beherrscht werden, die Deutung: „Das Mädchen ist stark. Ein solches Mädchen sollte man nicht heiraten."

Jung war sehr an einem ganzheitlichen wissenschaftlichen Weltbild gelegen, und er betonte die tiefe Verbundenheit von allem mit allem. Er glaubte, dass viele wissenschaftliche Ansätze, auch auf dem Gebiet der Psychologie, dieses zentrale Verständnis der Natur des Lebens verfehlten. Seine Begegnungen mit führenden Naturwissenschaftlern seiner Zeit, darunter Einstein und Pauli, brachten ihn zu der Überzeugung, dass sich aus den neuesten Erkenntnissen der Physik ein neuer Themenkreis ergab, der sich besser in ein ganzheitliches Wirklichkeitsbild fügte.[14]

Synchronizität lässt sich insofern von der Serendipität, dem glücklichen Zufall, unterscheiden, als dass sie über bloße Koinzidenz oder bloßen Zufall hinausgeht. Serendipität beinhaltet meist eine vorteilhafte Entdeckung – so stoßen Sie zum Beispiel in einem Antiquariat auf die Biographie eines Menschen, von dem Ihnen am Vortag ein Freund erzählt hat. Dies ist ein Zufall, aber nicht erstaunlich und nicht signifikant, falls Sie kein besonderes Interesse an dem Menschen haben, den Ihr Freund Ihnen gegenüber erwähnt hat. Synchronizität beinhaltet eine zusätzliche Bedeutungsebene – der Zufall ist nicht nur glücklich, sondern mit Bedeutung aufgeladen. Wenn Sie also von der Persönlichkeit erfahren haben und daraufhin entschlossen waren, mehr über sie herauszufinden, weil ihre Lebensgeschichte möglicherweise Verbindungen zu Ihrer eigenen aufweist, dann könnte die Entdeckung in dem Antiquariat mehr als Zufall sein: Dann könnte es sich um Synchronizität handeln.

Zufall und Schicksal: Das I Ging

Es gibt eine ganze Reihe strukturierter Systeme, die einen Bezug zu Synchronizität sowie einen starken philosophischen Unterbau haben, der sich um spirituelle Themen und persönliche Transformation dreht. Das I Ging und das Tarot werden im Allgemeinen als Wahrsage- oder Orakelsysteme betrachtet. Beide können jedoch auch als Speicher gesammelter Weisheiten über das Wesen lebensverändernder Prozesse verstanden werden. Sie sind zukunftsorientiert – das heißt, sie sind dazu da, Ihr Lebensziel oder Ihre optimale Richtung zu fördern.

Beide folgen einer Methode, die zumindest oberflächlich auf einem Zufallsmechanismus beruht. Das I Ging basiert darauf, wie Scharfgarbenstängel oder Münzen fallen, die jemand wirft.

Solche scheinbar zufälligen Ergebnisse sind jedoch nicht willkürlich. Sie sind bedeutungsvoll und daher synchronistisch. Ihre Bedeutung erschließt sich uns nicht immer leicht, doch es wird angenommen, dass sie latent vorhanden ist. Dem Ergebnis einen Sinn abzugewinnen, erfordert allerdings eine aktive, kreative Auslegung.

Das I Ging, bekannt auch als das „Buch der Wandlungen", ist seit zweieinhalbtausend Jahren weithin in Gebrauch und wurde im Westen unter dem Einfluss von Carl Gustav Jung in den letzten hundert Jahren immer beliebter. Roderick Main beschreibt in seinem Buch *Revelations of Chance*, inwiefern Jung im I Ging einen Bezug zur Synchronizität erkannte, und nennt eine Reihe anschaulicher Beispiele, die erklären, warum Jung von seiner Kraft überzeugt war.

Auch Konfuzius war erkennbar vom I Ging fasziniert. Angeblich hat er seine Ausgabe so häufig benutzt, dass die Bindung mehrfach erneuert werden musste. Der ergänzende Anhang zum I Ging, die sogenannten „Zehn Flügel", wird Konfuzius zugeschrieben, eventuell unterstützt von seinen Schülern, die die Texte auf der Grundlage seiner unmittelbaren Lehre verfasst haben könnten. Dieser Zusatz verschob den Schwerpunkt des I Ging ausdrücklicher von einem Orakelsystem zu einem philosophischen Werk für die persönliche Sinnsuche.

Der Unterschied zwischen Serendipität und Synchronizität ist jedoch nicht ganz eindeutig. So werden zum Beispiel viele wissenschaftliche Entdeckungen Serendipität – einem glücklichen Zufall – zugeschrieben, wenn doch offensichtlich etwas Merkwürdigeres daran beteiligt war. Im 19. Jahrhundert etwa entdeckte der deutsche Chemiker August Kekulé den ringförmigen Aufbau des Benzol-Moleküls, nachdem er von einer Schlange geträumt hatte, die sich in den Schwanz beißt – ein in vielen Kulturen verbreitetes archetypisches Symbol. Auch die Entdeckung des Penicillins durch Alexander Fleming erfolgte nach einer erstaunlich glücklichen Aneinanderreihung verbundener Ereignisse, darunter extreme Wetterbedingungen, die Position eines geöffneten Fensters und die Beschaffenheit von Bakterien, mit denen er experimentierte, in Verbindung mit einer bemerkenswert merkwürdigen zeitlichen Koordination.

Der Jungianische Psychoanalytiker Roderick Main weist in seinem Buch *Revelations of Chance: Synchronicity as Spiritual Experience* darauf hin, dass synchronistische Erlebnisse oft eine spirituelle Qualität haben. Fast schon ihrer Definition nach sind sie numinos – von einer Aura des Geheimnisvollen, der Faszination oder der Ehrfurcht umgeben. Oft haben sie etwas von einem Wunder oder einer Offenbarung und lassen sich thematisch mit einer Form der Transformation in Verbindung bringen – wie bei Jungs Skarabäus-Käfer. Ein synchronistisches Erlebnis kann auf eine tiefgreifende Verbundenheit zwischen Menschen und vielleicht sogar auf ein Gespür für ein übergreifendes, unteilbares Bewusstsein schließen lassen; oder es hängt mit der Frage nach der persönlichen Bestimmung zusammen.

Synchronistische Erlebnisse sind oft freudig und hinterlassen überzeugend den Eindruck, dass es im Universum eine wohlmeinende Ordnung gibt. Im Allgemeinen führen sie zu der Auffassung, dass „das Universum für einen sorgt“ – indem es zum Beispiel auf merkwürdige Weise wissenschaftliche Entdeckungen erleichtert.

Ein eher persönliches Beispiel dafür, wie das Universum für einen sorgt, stammt von meinen Freunden Margie und Chris. Auf einem Segeltörn befürchteten sie einmal, sie würden ihre Propangasflaschen nicht nachfüllen können. Keine halbe Stunde später kreuzten sie um einen Gegenstand, der in der Weite des Meeres trieb: Er erwies sich als große, fast volle Gasflasche. Sie empfanden solche Erlebnisse als Stärkung – vielleicht in gewissem Sinne als Bestätigung für ihre unkonventionelle Lebensentscheidung, sich auf eine jahrelange Weltumsegelung zu begeben.

Eine besonders bedeutungsvolle Spielart der Synchronizität ist die schicksalhafte Begegnung mit jemandem, der ungewöhnlich gut dafür gerüstet ist, uns zur rechten Zeit eine Lektion zu erteilen. In diesem Buch gibt es zahlreiche Beispiele für Erlebnisse von mir und anderen, die zu der Redensart passen: „Wenn der Schüler bereit ist, erscheint der Meister.“ Merkwürdig rechtzeitig kommen oft auch neue Erkenntnisse, die man auf anderem Wege erlangt – etwa aus einem Buch, einem Film oder ein paar Worten, die man aus einem Gespräch aufschnappt.

Eine häufige Form der Synchronizität ist die *Propinquität* – ein Zufall, der die psychische Verbindung zwischen Menschen widerspiegelt. Mein rational eingestellter und ungewöhnlich skeptischer Freund Ian hat mir erzählt, es gehe ihm mehr oder weniger jede Woche einmal so, dass er gerade mit dem Finger auf sein Mobiltelefon tippen will, um jemanden anzurufen, und ihn eben dieser Mensch just in dem Moment selbst anruft. Er deutet dies als Gefühl der Verbundenheit mit dem anderen.

Cameron, der Vater eines Schulkameraden meiner Kinder, erfuhr bei einem Abendessen, dass ich über Synchronizität schrieb und regte an, ich solle auch etwas über Propinquität aufnehmen. Als wir uns am nächsten Morgen in der Schule begegneten, erzählte er mir, er sei gerade an eine Tankstelle gefahren, um den Reifendruck zu überprüfen, wohl wissend, dass dies wahrscheinlich übertrieben war, weil er den Druck bereits am

Vortag überprüft hatte. Er erklärte, in den letzten Wochen habe ihn eine geschäftliche Angelegenheit sehr belastet: Es ging um jemand Bestimmten, mit dem er verhandeln musste. Zufällig hatte er eben jenen Menschen gerade an der Tankstelle getroffen und das Problem lösen können. Dies war umso verblüffender, als das Ganze sich mehrere Autostunden von seinem Wohnort entfernt in Mansfield abgespielt hatte.

Zu meiner Verblüffung erfuhr ich einige Monate, nachdem ich zur Veranschaulichung des Begriffs der Propinquität über diese beiden Beispiele geschrieben hatte, dass Ian und Cameron als Uni-Studenten im selben Wohnheim gewohnt hatten. Ich hatte sie im Abstand von fünfundzwanzig Jahren unter völlig verschiedenen Umständen kennengelernt und fand nun viel später zu meiner Überraschung heraus, dass sie sich kannten. Noch ein Volltreffer für Propinquität!

Als ich mich Monate später per E-Mail an Cameron wandte, um ihn um seine Erlaubnis zur Veröffentlichung dieser Anekdote zu bitten, antwortete er, er sei just an diesem Tag aus Neuseeland zurückgekommen, extra um sich mit dem Mann zu treffen, mit dem er in Mansfield verhandelt hatte. In meiner E-Mail hatte ich einen seltsamen Traum erwähnt, den ich vor Monaten von ihm gehabt hatte und in dem es um das Wort „Bogen" gegangen war. Ich assoziierte dieses Wort mit *Kairos* im Sinne intuitiven Handelns zum richtigen Zeitpunkt, wie es Cameron getan hatte, als er den Reifendruck an seinem Wagen erneut überprüfte. Nach der Lektüre meiner E-Mail über diese Assoziation ergänzte Cameron, dass er sich mit der Kontaktperson aus Mansfield in einem Restaurant „Zum Langbogen" getroffen hatte. Vielleicht ist das Konzept psychischer Propinquität doch gar nicht so weit hergeholt.

Manchmal zeigt sich Propinquität auch in der Beziehung zwischen Therapeut und Klient. Meine Freundin Margie erzählte mir eine amüsante Geschichte über einen ehemaligen Supervisor, einen Psychotherapeuten namens Peter O'Connor. Allem Anschein nach hatte Dr. O'Connor einen Klienten, der ihn bat, ihm außerdem wegen seiner Flugangst zu helfen. O'Connor erklärte dem Klienten, er solle sich dazu besser an einen anderen Therapeuten wenden, da die Behandlung dieses Problems nicht in sein Fachgebiet falle. Einige Zeit später saß Dr. O'Connor in einem Flugzeug, und wer saß neben ihm? Offensichtlich hatte der Klient Fortschritte gemacht.

Diese Geschichte zeigt, dass synchronistische Erlebnisse zuweilen etwas Spielerisches haben, was vielleicht den Gedanken spiegelt, dass wir im Leben nicht alles kontrollieren können. Ich stelle mir dann gerne vor, dass hier der „kosmische Eulenspiegel" am Werk ist.

Ein persönliches Beispiel für Propinquität zwischen Therapeuten und Klienten hat damit zu tun, dass es unter den Tausenden von Klienten, die ich im Laufe von fünfunddreißig Jahren in Geelong gesehen habe, drei gab, über die ich in diesem Buch berichten wollte. Zufällig nahmen alle drei unabhängig voneinander Kontakt mit mir auf, kaum dass ich beschlossen hatte, über sie zu schreiben, und dies obwohl wir uns vor etwa dreißig, zwanzig und fünf Jahren zum letzten Mal gesehen hatten. Damals wandten sich nur wenige Patienten, mit denen ich vor längerer Zeit gearbeitet hatte, erneut an meine Praxis, um weitere Termine mit mir zu vereinbaren.

Manchmal ist eine synchronistische Verbindung auch traurig. Synchronizität kann auch eine Verbindung zu einem Verstorbenen widerspiegeln – vielleicht zu jemandem, dem man besonders nahestand, wie etwa einem Elternteil. Von Mark, einem Tennis-Freund, stammt das folgende Beispiel: Vor einigen Jahren war Marks Vater in der Türkei beim Klettern in Ruinen abgestürzt und gestorben. Mark ist Pilot bei einer Luftfahrtgesellschaft. Beim nächsten Mal, als er in jenem Teil der Welt unterwegs war, wurde sein Flugzeug auf der üblichen Route nach London umgeleitet. Für sich genommen ist dies nichts Ungewöhnliches und oft auf Umstände wie etwa militärische Operationen zurückzuführen. Allerdings wich die Richtung, in die sein Flugzeug gewiesen wurde, weit vom üblichen angepassten Kurs ab. Eine derartige Umleitung hatte er auf dieser Strecke bestimmt seit fünfzig Flügen nicht mehr erlebt. In der Folge flog sein Flugzeug direkt über die Ruinen, in denen sein Vater abgestürzt war.

In die Kategorie Synchronizität fallen auch Beispiele für mediale Fähigkeiten oder andere paranormale Phänomene mit merkwürdiger zeitlicher Koordination. Dazu gehören Präkognition oder Vorahnungen – ein besonderes Interessensgebiet von Jung, teilweise aufgrund unmittelbarerer eigener Erfahrung.

Jung schilderte ein äußerst verblüffendes Beispiel, in dem es um Visionen im Zusammenhang mit seiner Nahtod-Erfahrung nach einem Herzinfarkt geht.[15] Er sah vor sich, wie er einen im Weltraum schwebenden Steintempel betrat, woraufhin ein Bild seines behandelnden Arztes zu ihm heraufschwebte und ihm die Nachricht übermittelte, er müsse zurückkehren. Zunächst war Jung gekränkt, dass sein Arzt ihn ins Leben zurückgeholt und damit dieses transzendente Erlebnis beendet hatte. Dann machte er sich Sorgen, weil sein Arzt ihm in seiner „Urgestalt" als ein König aus dem Tempel des Asklepios, des Gottes der Heilung, erschienen war. Jung befürchtete, seine Vision im Delirium bedeute, dass der Arzt sterben müsse. Solche Gedanken würde man normalerweise als extrem abergläubisch oder wahnhaft verwerfen. Doch am ersten Tag, an dem Jung in seinem Bett wieder aufsitzen konnte, wurde sein Arzt von einem Fieber ins Bett gezwungen, von dem er sich nie mehr erholen sollte. Jung war sein letzter Patient.

Mein Onkel schilderte mir eine ähnlich düstere Vorahnung – einen tödlichen Unfall betreffend. Noch während er nach einem Flugzeugabsturz in Sydney 1990 an einem Such- und Rettungseinsatz beteiligt war, hatte er das Gefühl, es würde ein zweites derartiges Unglück geschehen. Er sprach mit Kollegen darüber, doch diese verwarfen die Idee. Als ein Team aus zwei jungen Männern zu seinem Flugzeug ging, mit dem sie über das Suchgebiet fliegen wollten, beschlich ihn die überwältigende Vorahnung, einer von ihnen werde nicht zurückkommen. Zu umstehenden Piloten sagte er, in zehn Minuten werde einer von den beiden nicht mehr leben, doch weil auch sie der Meinung waren, dass es dafür keinerlei logische Gründe gab, musste dieser Sorge offensichtlich nicht weiter Rechnung getragen werden.

Kurz nachdem das Flugzeug abgehoben hatte, empfing die Gruppe der Wartenden einen Notruf über Funk. In dem Flugzeug hatte es einen verhängnisvollen Triebwerksausfall gegeben, es war auf dem Boden aufgeschlagen und dabei waren mehrere Menschen ums Leben gekommen, auch einer der beiden jungen Männer. Als kurz darauf einer Mutter die

Nachricht überbracht wurde, ihr Sohn sei tödlich verunglückt, sagte ihr mein Onkel – obwohl er keinerlei nähere Informationen besaß – zutiefst überzeugt, sie solle sich keine Gedanken machen, ihrem Sohn ginge es gut, bei dem Unfall sei ein anderer umgekommen. Er baute dabei auf seine scheinbar unerklärliche Intuition, dass der andere Mann sein Leben lassen würde.

Was mein Onkel der Mutter versichert hatte, erwies sich als zutreffend. Als die Namen der Verstorbenen bekanntgegeben wurden, stellte sich heraus, dass ihr Sohn überlebt hatte: Ums Leben gekommen war der andere Mann. Solche Geschichten zeigen, dass Synchronizität zwar häufig ein erfreuliches Erlebnis mit glücklichem Ausgang ist, aber auch eine tragische Seite haben kann.

Im Laufe des Lebens können sich synchronistische Erlebnisse wiederholt um bestimmte Themen drehen, die mit der Lebensaufgabe des Betroffenen zu tun haben. In Jungs Autobiographie *Erinnerungen, Träume, Gedanken* findet sich der bekannteste Bericht über die ausgedehnten Erfahrungen eines Einzelnen mit Synchronizität. Bei Jung standen viele synchronistische Erlebnisse im Zusammenhang mit seinem Streben nach einem tieferen Verständnis der menschlichen Psyche. In James Plasketts Fall (siehe Kapitel 1) drehten sich seine kollektiven synchronistischen Erlebnisse anscheinend um die Verschiebung der Grenzen der menschlichen Intelligenz. Joe Jaworski schildert in seinem Buch *Synchronicity: The Inner Path of Leadership* synchronistische Erlebnisse, die häufig mit seinem Interesse an der Entwicklung erleuchteter Führungsmodelle zusammenhängen. Die Psychiatrie-Professorin Jean Shinoda Bolen, Autorin des Buches *Tao der Psychologie: sinnvolle Zufälle*, berichtet, wie synchronistische Erlebnisse ihr halfen, ihrem Interesse an paranormalen Phänomenen nachzugehen. Ihr Interesse an synchronistischen und übersinnlichen Phänomenen wurde, wie bei mir auch, durch Begegnungen mit Patienten geweckt.

In meinem Fall stehen einige der verblüffendsten synchronistischen Erlebnisse im Zusammenhang mit Fragen der psychischen Gesundheit. Ich glaube, es ist an der Zeit, dass die klassische Psychologie der Synchronizität größere Beachtung schenkt. Dies würde die Wissenschaftler zwar in den Bereich der „intellektuellen Intuition“ führen, wie sie im Gegensatz zum logischen oder rationalen Denken zuweilen bezeichnet wird, aber meiner Ansicht nach wäre dies alles andere als schlecht.

Synchronizität hat ebenso sehr mit unserem inneren Erleben wie mit jedem objektiven äußeren Erlebnis zu tun. Ihre individuelle Bedeutung kann sehr intim und persönlich und daher anderen schwer vermittelbar sein. Bei der „Übersetzung“ kann vieles verloren gehen. Dies bedeutet, dass Sie sich Wissen über Synchronizität am besten aus eigener Erfahrung aneignen. Wird Synchronizität als merkwürdiger und sinnvoller Zufall definiert, so sind damit Erlebnisse gemeint, die *Ihnen* als Zufall, die *Ihnen* merkwürdig und die *Ihnen* sinnvoll erscheinen. Wie Jung betonte, ist Synchronizität aus der subjektiven Sicht des Menschen zu deuten, der sie erlebt.

Als Beispiel für eine derartige Subjektivität erinnere ich mich an ein Erlebnis in der Anfangsphase der Arbeit an diesem Buch, das sowohl synchronistisch als auch hoch motivierend war. Mit ein paar Freunden war ich gerade erst aus China zurückgekehrt, wo unser Gastgeber uns vorbereitete Aufgaben gestellt hatte. Meine Aufgabe lautete, bei einer Weinprobe in einem Weinclub für Exilaustralier in Nanjing einige australische Weine vorzustellen und dabei das Thema „australische Bush Poetry“ einfließen zu lassen. Zur Einführung rezitierte ich die ersten beiden Zeilen aus Banjo Petersons 1890 verfasstem Gedicht „The Man from Snowy River“. Ich war gerade erst wenige Tage zu Hause, als mich ein Radio-Interview aufhorchen ließ, in dem genau diese beiden Zeilen zitiert wurden – ein absolut unerwarteter Vorfall. Ich kann mich nicht erinnern, dass je im Radio über dieses Gedicht gesprochen, geschweige denn eben diese beiden Zeilen zitiert worden wären.

Der Interviewte war ein Schriftsteller, der gerade sein Erstlingswerk veröffentlicht hatte. Gegenstand des Interviews war es, ob das Thema seines Buches – die Geschichte, um die sich das Gedicht dreht – Wahrheit oder Dichtung sei. Ich entdeckte Parallelen zu meinem eigenen Erleben: Auch ich brachte als schriftstellerischer Debütant eine australische Stimme zu einem Thema ein, dessen Realität infrage gestellt wurde. Der Interviewer sagte, der Schriftsteller, dessen Leidenschaft deutlich zu spüren war, trage offensichtlich noch viele weitere Bücher in sich. Dem entnahm ich, dass das Schreiben auch für Autoren-Neulinge gut zu bewältigen und äußerst befriedigend sein kann.

Ungeachtet wie passend oder sinnvoll diese Interpretation anderen erscheinen mag, für mich war sie es unbedingt. Ich betrachtete sie als bejahendes Häkchen des Universums, dass ich auf dem richtigen Weg war. Im Verbund mit einer deutlich spürbaren Zunahme synchronistischer Erlebnisse um jene Zeit herum fühlte ich mich von einer Macht außerhalb meiner selbst ermutigt.

Alles, was wir mit Aufmerksamkeit und Wertschätzung bedenken, wird tendenziell durch Synchronizität verstärkt. Von Natur aus schenken wir den Dingen Aufmerksamkeit, die unser Erleben mit positiver Energie bereichern – sie geben unserem Leben Sinn und Wert. Viele Menschen machen die Erfahrung, dass Synchronizität ihnen eine zusätzliche Energie-Ebene schenkt. Sie klärt Prioritäten. Sie betont Verbindungen, die wir andernfalls gar nicht beachtet hätten. Sie bestärkt uns darin, eher die eine statt die andere Richtung einzuschlagen. Sie kann uns helfen, unser Potenzial zu entfalten. Kurzum, sie kann uns helfen, mehr wir selbst zu sein.

Synchronizität wahrzunehmen, ist ein komplexer Prozess, der sich nur schwer in Worte fassen lässt, doch in den Kästen auf den vorstehenden Seiten gebe ich ein wenig Anleitung dazu. Wenn Sie einem synchronistischen Erlebnis einen Sinn abgewinnen, so kann sich dies anfühlen, als erhielten Sie individuelle Führung von einem unvorstellbar weisen und wohlwollenden Mentor, dem ausschließlich an Ihren besonderen Bedürfnissen und Interessen gelegen ist. Wenn ich ein solches Erlebnis habe und dem erhaltenen Fingerzeig unverzüglich und zuversichtlich folge, dann schenkt mir die Kombination aus Synchronizität und *Kairos* ein spürbar numinoses Gefühl, und ich bin mit mir selbst im Einklang. Infolgedessen erlebe ich oft noch mehr Synchronizität, die mir weitere Vorteile schenkt – weitere Gratis-Häkchen vom Universum.

Ich glaube, dass man Synchronizität, wie viele andere Dinge auch, mit zunehmender Übung immer besser nutzen kann. Viele Menschen empfinden das Nachdenken über Synchronizität als praktische Lebens-

Wie man Synchronizität deutet

Wie ein Traum hat auch ein synchronistisches Erlebnis potenzielle Bedeutungen, die nicht immer leicht zu entdecken sind. Hier kann Vieldeutigkeit am Werk sein. Folgendes hilft, zu einer zufriedenstellenden Deutung zu gelangen:

- Achten Sie darauf, was Ihnen an der Situation am meisten auffällt – das heißt, „achten Sie darauf, worauf Sie achten".
- Öffnen Sie sich Ihrer Intuition und nutzen Sie Ihre Fantasie.
- Halten Sie Ausschau nach Symbolik – das heißt, nach Bedeutungsnuancen, die mit einem Namen, einem Ereignis, einem Gegenstand oder einem beliebigen anderen Phänomen möglicherweise verbunden sind.
- Deuten Sie jegliche Symbolik subjektiv und suchen Sie Ihre persönlichen Assoziationen.
- Lassen Sie zu, dass sich intuitive Assoziationen erst mit der Zeit und ohne allzu viel absichtliches Bemühen einstellen – Assoziationen sind meist bedeutungsvoller, wenn sie Ihnen ungefragt in den Sinn kommen (was eher geschieht, wenn Sie nachdenklicher Stimmung sind, wie ich etwa beim Joggen oder unter der Dusche).
- Lassen Sie auch alternative Deutungen gelten, die Ihnen einfallen, und gehen Sie alle durch, um herauszufinden, welche intuitiv passend erscheinen, welche sich in Anbetracht dessen, was gerade in Ihrem Leben los ist, richtiger anfühlen.
- Seien Sie aufgeschlossen für mögliche archetypische Bedeutungen. Sie finden Sie in Symbolwörterbüchern, entweder in gedruckter Form oder im Internet.
- Wenn Sie der Situation keinerlei Bedeutung abgewinnen können, dann halten Sie sie in einem Notiz- oder Tagebuch fest und behalten Sie das Erlebnis im Hinterkopf. Mit anderen Worten, legen Sie es zu den Akten – im Moment keine besondere Bedeutung entdecken zu können, heißt nicht, dass Ihnen dies nicht später einmal gelingt.

kompetenz, die man entwickeln kann wie die emotionale Intelligenz oder die Fähigkeit zum Brainstorming.

ZWEI

Spukhafte Fernwirkung

Synchronizität, Wissenschaft und Spiritualität

Synchronizität wird oft als mystisches Phänomen betrachtet, weshalb viele Menschen sie als abergläubische, unwissenschaftliche Vorstellung abtun. Es mag überraschend wirken, doch es war tatsächlich ein Pionier der Quantenphysik, Wolfgang Pauli, der Jung überzeugte, über das Thema zu schreiben, teils auch deshalb, weil er anbot, mit Jung zusammen ein Buch zu verfassen: *Naturerklärung und Psyche*, zu dem Pauli einen Essay über Archetypen beitrug.[1] Pauli und Jung unterhielten über fünfundzwanzig Jahre lang, bis zu Paulis Tod im Jahr 1958, eine intensive Korrespondenz, und ihr Austausch half Jung, seine Theorien über Synchronizität zu entwickeln.

Nicht dass Pauli abergläubisch oder kein stringenter Denker gewesen wäre. In der Schule langweilte er sich und las deshalb im Unterricht unter seiner Bank Einsteins Schriften über Relativität. Im Alter von achtzehn Jahren galt er als intellektuelles Wunderkind und wurde in einen Kreis von Münchener Physikern eingeladen.[2] Ja, etliche Pioniere der Quantenphysik interessierten sich ausdrücklich für mystische Ideen[3], und eine ganze Reihe berühmter Physiker aus Vergangenheit und Gegenwart haben sich klassischen mystischen Lehren des Ostens zugewandt, um dem, was sie über das Wesen der physikalischen Wirklichkeit erfahren haben, einen Sinn abzugewinnen.[4]

In diesem Kapitel will ich versuchen, einige Konzepte zu beschreiben, die mit meinem Synchronizitätsverständnis in Zusammenhang stehen. Ich werde daher Aspekten der Beziehung zwischen Wissenschaft und Spiritualität sowie zwischen logischem Denken und intuitiver Erkenntnis nachgehen – in der Hoffnung, damit eine geeignete Grundlage für die Ideen zu schaffen, die ich in diesem Buch zum Ausdruck bringe und die über die klassische Psychologie sowie konventionelle Ansätze in der psychischen Gesundheitsversorgung hinausgehen. Das subjektive Erleben von Synchronizität wird meiner Meinung nach sinnvoller, wenn man sich mit diesem Stoff befasst. Ich werde versuchen zu zeigen, dass Synchronizität dem wissenschaftlich gebildeten Denken nicht so fremd ist, wie es zunächst scheinen mag. Wenn mir dies gelingt, dann hoffe ich, dass es einige meiner Kollegen in den Heilberufen dazu veranlasst, die potenzielle Relevanz von Synchronizität im Leben ihrer Klienten ernsthafter in Betracht zu ziehen.

1975 betonte Fritjof Capra in seinem Buch *Das Tao der Physik* die Überschneidungen zwischen Quantenphysik und klassischen mystischen Auffassungen. Er behauptete, Wissenschaft und Mystik stellten zwei komplementäre Aspekte des menschlichen Geistes dar, nämlich die rationalen und die intuitiven Fähigkeiten.[5] Sowohl Quantenphysiker als auch Mystiker haben Beobachtungen gemacht, die den gewöhnlichen Sinnen nicht zugänglich waren. Zwischen ihren unterschiedlichen Ansichten liegt weniger eine Kluft als vielmehr eine Verbindung. Es gibt eine verblüffende Überschneidung – eine Verwandtschaft, eine Kongruenz.

Was haben die Quantenphysiker entdeckt, das ihre Weltansicht so sehr infrage gestellt hat, dass sie mystischen Auffassungen gegenüber plötzlich freundlicher gesonnen waren? Erstens erfuhren sie, dass die physikalische Welt entgegen allem Anschein nicht aus einem festen Stoff besteht. Physikalische Materie besteht aus Molekülen, Atomen und Elementarteilchen. Diese Materie manifestiert sich in einem bestimmten Moment der Raumzeit, wenn sie beobachtet oder gemessen wird. Bis er beobachtet wird, besteht der Grundbaustein der Materie, ein Elementarteilchen, nur als eine Art Potenzial. Weil der Akt der Beobachtung dem Bewusstsein entstammt, bedeutet dies, dass letztendlich das Bewusstsein dazu führt, dass Materie manifest wird.

Nicht weniger überraschend ist wohl folgende wissenschaftliche Entdeckung: Bevor ein Teilchen beobachtet wird, hat es das Potenzial, sich an beliebig vielen Positionen zugleich zu befinden, ein Prinzip, das als

Superposition bezeichnet wird.[6] Zunächst existiert es als eine Art Potenzial, das sich mit schwankender Wahrscheinlichkeit eher am einen als am anderen Ort aufhält. Erst wenn es beobachtet wird, wird es auf eine Position festgelegt und kann dann zum selben Zeitpunkt an keinem anderen Ort mehr sein. Darüber hinaus kann sich ein Teilchen entweder als Energiewelle oder als eine Form lokalisierter Materie verhalten. Wenn es durch einen Experimentator beobachtet wird, tritt der sogenannte „Zusammenbruch der Wellenfunktion"[7] ein – der Übergang von einer Wahrscheinlichkeit zu einer Tatsächlichkeit, einer messbaren physikalischen Existenz im Raum.

Die Tatsache, dass die Bausteine der Materie, bis sie beobachtet werden, entweder Welle oder Teilchen sein oder sich in beliebig vielen Positionen befinden können, spiegelt eine Vieldeutigkeit, eine Unsicherheit, die der physikalischen Wirklichkeit eigen ist. Der englische Begriff für Werner Heisenbergs Unschärferelation betont die Grenzen allen objektiven Wissens über die Wirklichkeit oder jeglicher Messungen der Realität: „uncertaintay principle"* – Unsicherheitsprinzip.[8] Heisenberg wies Folgendes nach: Je genauer die Position eines Elektrons bestimmt wird, desto ungenauer kann sein Impuls erfasst werden und umgekehrt. Die Quantenphysiker erkannten außerdem, dass die Unsicherheit ihrer Beobachtungen nicht nur durch die Instrumente, die sie für ihre Messungen verwendeten,[9] sondern auch durch die Theorien beeinflusst wurde, von denen sie beim Aufbau ihrer Experimente ausgingen.[10]

Die Entscheidungen der Beobachter, und daher also ihr Bewusstsein, hatten grundlegenden Einfluss auf das Beobachtete. Es gab keine objektive äußere, vom Bewusstsein des Beobachters getrennte Realität: Menschliche Beteiligung war erforderlich, damit ein Potenzial überhaupt zu etwas Beobachtbarem „zusammenbrechen" konnte. Weitere herausfordernde Schlussfolgerungen waren, dass Masse und Energie austauschbar sind und Teilchen sich in der Zeit vor- und zurückbewegen können.

Viele dieser Auffassungen waren in bestimmten östlichen spirituellen Traditionen längst anerkannt.[11] So hatten zum Beispiel bereits indische

* (Das damit ausgedrückte Unschärfeprinzip wird im Deutschen auch als „Unbestimmtheitsprinzip" bezeichnet; Anm. d. Übers.)

und chinesische Mystiker aus Vedanta und Taoismus die Auffassung von der physischen Welt als Illusion, vom Primat des Bewusstseins bei der Erschaffung der Wirklichkeit, von der grundlegenden Auswirkung der subjektiven Wahrnehmung in der manifesten Welt sowie die Idee von der Austauschbarkeit von physischer Materie und Energie wie auch vom Potenzial der Zeit, rückwärts und vorwärts abzulaufen, formuliert. Zu solchen Schlussfolgerungen gelangten die Mystiker intuitiv durch Praktiken wie tiefe Meditation und in dem Bestreben, ihr Bewusstsein auf der Suche nach Erleuchtung ständig zu verfeinern und zu erweitern.

Offenbar haben einige Pioniere der Quantenphysik, um ihr sich weiterentwickelndes Verständnis der Wissenschaft in einen breiteren, ganzheitlichen Zusammenhang zu stellen, besonderes Interesse an den Upanishaden entwickelt. Dabei handelt es sich um die zentralen Schriften der Vedanta-Philosophie, der intellektuellsten Richtung im Hinduismus. So setzt zum Beispiel Erwin Schrödinger, der 1933 für seine Wellengleichung den Nobelpreis erhielt, in seinem Buch *Mein Leben, meine Weltansicht* seine mystischen und metaphysischen Auffassungen in Bezug zur Philosophie des Vedanta. Er spricht von der „alten Weisheit der Upanishaden“[12], die seine wissenschaftliche Schlussfolgerung stützt, wonach das individuelle Bewusstsein eine Manifestation eines ungeteilten universellen Bewusstseins ist, welches das Universum durchdringt.[13]

Werner Heisenberg soll Capra anvertraut haben, es habe ihn sehr ermutigt zu erfahren, dass einige der herausfordernden Gedanken, die sich aus der Quantenphysik ergeben, mit mystischen Lehren übereinstimmten, so dass „einige der Ideen, die mir vorher so verrückt erschienen waren, plötzlich sehr viel mehr Sinn“ ergaben.[14] Der große dänische Physiker Niels Bohr war so beeindruckt, wie sehr die Quantenphysik mit Ansichten aus der chinesischen Mystik übereinstimmte, dass er das Yin-Yang-Symbol zu seinem Familienwappen wählte, als er in Anerkennung seiner wissenschaftlichen Leistungen geadelt wurde.[15]

Albert Einstein hegte die Sorge, einige seiner Kollegen scherten allzu sehr in Richtung Mystik aus. Niels Bohr griff er deswegen öffentlich an, woraufhin Bohr sich zu einer Rechtfertigung veranlasst sah.[16]

Einstein selbst hatte jedoch ähnliche Ideen formuliert: So behauptete er zum Beispiel, er glaube, „dass die kosmische Religiosität die stärkste und edelste Triebfeder wissenschaftlicher Forschung ist".[17] Für Einsteins Empfinden war Bohr anscheinend zu weit in diese Richtung geschwenkt.

Einsteins Angriff auf Bohr spiegelt eine allgemeine, auf wissenschaftlichem Gebiet bis heute ungebrochene Tendenz in unserer Kultur, Überzeugungen, die irrational erscheinen, infrage zu stellen oder abzulehnen, selbst wenn sie sich noch so sehr mit dem subjektiven Erleben der Menschen decken. Druck durch Kollegen kann dazu führen, dass Menschen privat etwas anderes sagen als in der Öffentlichkeit. Heisenberg war als eher positivistischer oder streng wissenschaftlicher Quantenphysiker bekannt.[18] Als Fritjof Capra jedoch sein Buch *Das Tao der Physik*, das die Relevanz der Auffassungen der östlichen Mystik bekräftigt, Kapitel für Kapitel mit dem alten Heisenberg durchging, soll Heisenberg zustimmend genickt haben: „Im Grunde", so sagte er, „stimme ich Ihnen vollkommen zu."[19]

Heisenberg gestand Capra, auch er werde oft beschuldigt, sich „zu sehr auf Philosophie einzulassen".[20] „Wissen Sie", so sagte er ihm, „Sie und ich sind Physiker besonderer Art. Aber hin und wieder müssen wir eben mit den Wölfen heulen" – mit anderen Worten, man muss sich den Erwartungen der gesellschaftlichen Gruppe, der man angehört, beugen. Capra gaben diese Bemerkungen großen Rückhalt, und sie halfen ihm, „in der schwierigen Zeit, bevor meiner Arbeit Erfolg beschieden war, nicht den Mut zu verlieren". Wenn er in seinem Buch die gemeinsamen Schlussfolgerungen der Quantenphysik und der mystischen Weisheit hervorhob, dann würde dies, so hoffte er, eine Veränderung hin zu einem erweiterten Weltbild fördern, in dem die Relevanz der Intuition stärker anerkannt würde. Dies könnte es den Menschen leichter machen, die allzu verbreitete mechanisch-rationalistische Sicht, die in den Naturwissenschaften und in der allgemeinen Kultur vorherrscht, zu überwinden.

In ähnlicher Manier hat der zeitgenössische theoretische Physiker Amit Goswami die Verbindungen zwischen Quantenphysik und indischer Mystik sowie deren Auswirkungen auf die körperliche und psychische Gesundheit untersucht. In seinen Büchern *The Quantum Doctor* (2004) und *Quantum Creativity* (2013) behauptete er, Prinzipien der Quantenphysik gälten auch für die Manifestation von Gedanken, Gefühlen und Intuition. Er sagte, diese subjektiven Erfahrungen leiteten sich in ähnlicher Weise aus unendlichen Alternativen ab, die aus einer Bewusstseinswelt hervorgehen: Sie werden als bestimmter Gedanke, bestimmtes Gefühl oder bestimmte Intuition manifest, wenn sie im Moment der Beobachtung „kollabieren". Im Einklang mit dem Unschärfeprinzip wird das Ausmaß, bis zu dem wir unsere Wirklichkeit buchstäblich selbst erschaffen, von dem eleganten mexikanischen Sprichwort offenbar treffend erfasst: „Nichts ist falsch und nichts genau; es liegt nur am Glas, durch das wir schau'n."[21]

Angesichts dieser Nähe zwischen moderner Physik und Mystik kann die momentane Tendenz auf dem Gebiet der Psychologie und der psychischen Gesundheit, mystische oder spirituelle Phänomene herunterzuspielen, nur verwundern. Zum großen Teil ist dies dem anhaltenden Einfluss der kartesianisch-newtonschen Weltanschauung zuzuschreiben, die sich aus den im 17. Jahrhundert entwickelten analytischen und wissenschaftlichen Methoden von René Descartes und Isaac Newton speist.[22]

Descartes (1596-1650) entwickelte Strategien analytischen Denkens, mit deren Hilfe ein Problem in seine einzelnen Teile zerlegt sowie mithilfe von Logik und Vernunft analysiert wurde. Geist und Körper hielt er für grundsätzlich voneinander getrennt und betrachtete das Universum als vollständig vom Bewusstsein losgelöste Maschine. Isaak Newton (1642-1727) sah die Welt ebenfalls als riesiges mechanisches System. Seine auf rational verständlichen Naturgesetzen gründende Vorstellung vom Universum gehörte zur Keimsaat aufgeklärten Denkens.

Nach der kartesianisch-newtonschen Weltanschauung ist die Welt vorhersagbaren mechanischen Gesetzen unterworfen, die von einem Beobachter unabhängig sind. Die daraus folgende Trennung zwischen den Bereichen Wissenschaft und Spiritualität wurde zu einer großen kulturellen Einschränkung: Die Naturwissenschaft machte rasante Fortschritte, ignorierte aber alles, was sich ihrer experimentellen Methodik nicht unterwerfen ließ. Dieser Mangel an ganzheitlichem Verständnis ist wahrscheinlich der Grund, weshalb Sigmund Freud religiöse Überzeugungen als eine Form der Neurose verwarf.

Eine derartige Trennung von Wissenschaft und Geist geht offensichtlich deutlich über Descartes und Newtons Absicht hinaus. Descartes lehnte spirituelle Überzeugungen durchaus nicht ab und legte als einen seiner „Beweise“ die Idee vor, dass es Gott gebe.[23] Die Entdeckung seiner wissenschaftlichen Methode schrieb er göttlicher Inspiration zu, da sie stark auf einer Offenbarungsvision beruhte, die durch einen symbolischen Traum bestätigt wurde.[24] Ähnlich glaubte auch Newton, dass Gott ursprünglich das Universum erschaffen habe. Außer den Naturwissenschaften zählten auch Numerologie, biblische Prophetie und Alchemie zu Newtons Interessen.[25] Tatsächlich schrieb er mehr über Alchemie, eine quasimystische Betätigung, bei der unter anderem versucht wurde, aus unedlen Metallen Gold zu machen, als über Physik.[26]

Viele wissenschaftliche Fachgebiete sind mit dem kartesianisch-newtonschen Ansatz sehr gut gefahren und haben mithilfe disziplinierter, objektiver Beobachtungen und logisch-analytischen Denkens erstaunliche Fortschritte erzielt, die unser Leben zum Besseren verändert haben. Es gibt jedoch sehr viele Aspekte des Lebens, die sich für diese Art der Analyse nicht eignen. Wir orientieren uns im Leben stärker an Glaube und Intuition, als wir uns wahrscheinlich vorstellen. Außerdem gibt es selbst an alltäglichen Erfahrungen sehr vieles, was wir nicht verstehen, etwa bei Heilung, Träumen und beim Verlieben.

Albert Einstein und viele weitere Wissenschaftler seines Ranges glaubten, die wissenschaftliche Methodik zweifele religiöse oder spirituelle Überzeugungen nicht an. Solche Überzeugungen könnten, so dachte man, wichtig sein für die Motivation, für persönliche Werte und für die Wertschätzung jener Lebensaspekte, die sich nicht einfach auf die Naturwissenschaften reduzieren lassen, wie etwa Kunst und Musik. Dennoch glaubten Einstein und viele andere, dass Wissenschaft und Spiritualität zwei verschiedene Arten seien, sich auf die Welt zu beziehen, und daher auseinandergehalten werden sollten.[27]

Daraufhin entwickelte sich auf einigen wissenschaftlichen Gebieten eine übertriebene Tendenz, nicht nur das Spirituelle, sondern auch das Subjektive abzuwerten. In der Psychologie zeigte der Behaviorismus eine völlige Missachtung nicht nur von spirituellen und mystischen Phänomenen, sondern auch von Gedanken und Gefühlen. Mit dem Ziel, mit objektiven Messungen falsifizierbare Theorien zu untersuchen, konzentrierte er sich so ausschließlich auf äußerlich beobachtbares Verhalten, dass er anscheinend die Idee vertrat, ein Individuum sei weiter nichts als eine komplexe Ansammlung vorherbestimmter biologischer Reaktionen, abhängig von umweltbedingten Auslösern. Der freie Wille, Persönlichkeit, inneres Wachstum und Geist werden bei einer solchen Geisteshaltung entwertet. Darüber hinaus können Ereignisse, die nicht kausal verbunden sind, keinerlei Verbindung miteinander haben: Ein Zufall ist bloß ein Zufall. Zum Glück erlauben die humanistische und die transpersonale Psychologie ein vollständigeres Verständnis menschlichen Erlebens.

Mittlerweile sind hundert Jahre vergangen, seit die entscheidenden Entdeckungen der Quantenphysik gemacht wurden, doch wir tun uns immer noch schwer damit, ihre Folgen zu begreifen. Das Universum ist, wie manche Wissenschaftler sagen, nicht bloß seltsamer, als wir uns vorstellen – es ist seltsamer, als wir uns vorstellen *können.*[28] Dies sollte uns vor Augen führen, wie wichtig es ist, höchst überraschende oder scheinbar irrationale Auffassungen nicht voreilig zu verwerfen. Wir sollten inzwischen genug wissen, um das Seltsame in unserer Welt zu begrüßen, statt es gedankenlos abzulehnen. Wie Niels Bohr einmal mit einem Augenzwinkern sagte: Wenn eine neue Theorie zunächst nicht verrückt oder absurd erscheint, dann ist sie wahrscheinlich zum Scheitern verurteilt.[29]

Ich hoffe, dass die vorstehende Übersicht hilfreich ist, wenn wir uns nun mit den Konsequenzen einer weiteren irrwitzigen Erkenntnis aus der Quantenphysik beschäftigen wollen, die in sehr engem Zusammenhang mit der Synchronizität steht – das Phänomen der Verschränkung. Als Konzept war die Verschränkung wohl dasjenige Element, welches die Glaubwürdigkeit am meisten strapaziert hat. Trotz zunehmender Beweise lehnte sogar Einstein die Idee ab, was ihn von den übrigen Pionieren in der Wissenschaft abhob.

Der Begriff „Verschränkung" beschreibt eine Beziehung zwischen zwei oder mehr Teilchen oder Objekten, die miteinander in Wechselwirkung gestanden haben und danach getrennt wurden. Die *Bellsche Ungleichung* nahm an, dass zwei oder mehr solcher Objekte in gewisser Weise miteinander verbunden bleiben und als ein einziges System funktionieren. Dies bedeutete, dass jede Veränderung, die an einem der Zwillingsteilchen, zum Beispiel an einem Elektron, vorgenommen wird, augenblicklich zu einer gleichartigen Veränderung beim anderen führt, ungeachtet der Entfernung zwischen ihnen.

Einstein konnte die Vorstellung einer „spukhaften Fernwirkung", wie er es nannte, einfach nicht akzeptieren. Er glaubte nicht, dass ein Einfluss zwischen Objekten schneller als mit Lichtgeschwindigkeit, geschweige denn instantan, also augenblicklich, eintreten könnte. Zahlreiche Experimente aus den 1970er Jahren haben jedoch die Realität der Verschränkung – oder des instantanen, nichtlokalen Einflusses – stufenweise nachgewiesen.[30]

Einsteins Skepsis zeigt, dass sich alle, die diese Vorstellung kaum als Realität akzeptieren können, in guter Gesellschaft befinden. Verschränkung bedeutet nicht, dass eine Veränderung bei einem Objekt unmittelbar eine Veränderung beim anderen auslöst; sie bedeutet vielmehr, dass eine präexistente unsichtbare Verbindung zwischen den beiden Objekten besteht. Da angeblich alle physikalische Materie im Moment des Urknalls aus einem einzigen Punkt hervorging, lässt dies darauf schließen, dass alle physikalische Materie verschränkt oder in gewisser Weise instantan verbunden sein könnte. Genau wie Synchronizität deutet auch Verschränkung auf eine Transzendenz unserer alltäglichen Auffassung von Zeit, Raum und direkter, kausaler Beeinflussung.

Meiner Ansicht nach unterstützen die wissenschaftlichen Beweise für Verschränkung in gewisser Hinsicht auch die Existenz von Telepathie, Präkognition und anderen paranormalen Phänomenen. Ganz offensichtlich gibt es naheliegende Parallelen. Wenn physische Objekte über beliebige Entfernungen hinweg instantan verbunden sein können, warum kann dies dann nicht auch für den menschlichen Geist gelten? Offensichtlich gibt es eindeutige Gemeinsamkeiten zwischen Verschränkung und psychischer Propinquität.

Verschränkung wird häufig als die tiefgreifendste Entdeckung betrachtet, die je in den Naturwissenschaften gemacht worden ist. Ich glaube, ihre möglichen Konsequenzen müssen in die Sozialwissenschaften und insbesondere in das Gebiet der Psychologie und der psychischen Gesundheit erst noch aufgenommen werden. Dazu gehörte auch, ernsthafter über die potenzielle Realität von paranormalen oder „Psi"-Phänomenen nachzudenken.

Es ist durchaus nicht so, dass die Psychologie der mystischen Erfahrung stets den Rücken gekehrt hat.[31] William James (1842-1910), einer der einflussreichsten Psychologen seiner Zeit, glaubte, dass jede Persönlichkeitstheorie, die veränderte Bewusstseinszustände, auch mystisches Erleben, außer Acht ließ, unvollständig sei – sie ignoriere einen Kernaspekt menschlicher Erfahrung.[32] (Dies ist zugleich die Grundprämisse dieses Buches.)

In seinem ursprünglich 1902 erschienenen Werk *Die Vielfalt religiöser Erfahrung* erläutert James sein Interesse an praktischen und subjektiven Aspekten mystischen Erlebens im Alltag. Mystisches Erleben definierte er als eine außergewöhnliche Erfahrung, die sich durch eine Reihe entscheidender Merkmale auszeichnet. Sie ist unaussprechlich – das heißt, das Erlebnis lässt sich in Worten nicht adäquat beschreiben. Sie ist noetisch insofern, als sie offenbar signifikante Erkenntnisse vermittelt, die über das hinausgehen, was dem Intellekt greifbar ist. Sie ist flüchtig, lässt sich also nicht über einen längeren Zeitraum aufrechterhalten. Und sie zeigt Passivität – das Gefühl, von etwas beeinflusst zu werden, das unseren Willen übersteigt. Diese Merkmale gelten eindeutig auch für Synchronizität.

Persönliches mystisches Erleben erforschte James zunächst durch die Inhalation von Lachgas.[33] Später betonte er jedoch, dass Praktiken wie Yoga, Meditation und Hypnose einen zuverlässigeren und beständigeren Zugang zu anderen Bewusstseinszuständen bieten.

Seit Ende der 1960er Jahre hat sich das neu entstehende Feld der transpersonalen Psychologie entwickelt, das spirituelle Erfahrungen und transpersonale Bewusstseinszustände, einschließlich mystischer Erfahrungen und paranormaler Phänomene, erforschen will. Carl Gustav Jungs entscheidender Einfluss auf dieses Gebiet zeigt sich in der Übernahme des Begriffs „transpersonal", den Jung im Hinblick auf das kollektive

Unbewusste geprägt hat.[34] Zu weiteren einflussreichen Vorläufern zählt neben William James auch Abraham Maslow, der mit seinen Ideen zu Selbstverwirklichung und Gipfelerlebnissen bekannt wurde.

Ken Wilber, ein zeitgenössischer führender Kopf auf diesem Gebiet, hat ein zehnstufiges psycho-spirituelles Modell entwickelt, wie mystische Erfahrungen in die psychische und die Persönlichkeitsentwicklung integriert werden können.[35] Dieses Modell umfasst mehrere „vor-ichhafte" Stufen von vorgeburtlicher Zeit bis in die frühe Kindheit, mehrere „ichhafte" Stufen, die üblicherweise mit einer normalen Persönlichkeitsentwicklung assoziiert werden, sowie mehrere fortgeschrittenere „transichhafte" Stufen im Zusammenhang mit dem Erleuchtungsprozess.

Die meisten psychologischen Persönlichkeitsentwicklungstheorien besagen, dass die reifsten Ebenen dann erreicht werden, wenn ein Mensch die Stufen Konformität, Pflichtbewusstsein und Autonomie durchlaufen hat, um ein hochfunktionales und differenziertes Individuum zu werden, das dennoch gut in die Gesellschaft integriert ist. Ein transpersonales Modell behauptet jedoch, dass weitere persönliche und spirituelle Entwicklung eintreten kann, die mit mystischem Erleben einhergeht und aufeinander aufbauende Stufen der Erleuchtung umfasst.

Gemäß diesem Modell gibt es mehrere bekannte Fallen, in die die Menschen im Umfeld der fortgeschritteneren, trans-ichhaften Stufen tappen können. Eine davon ist, sich von vornherein davor zu fürchten, mystische Erfahrungen anzuerkennen oder ernst zu nehmen. So kann zum Beispiel jemand, der eine zutreffende Vorahnung, eine Vision oder eine außerkörperliche Erfahrung hat, damit plötzlich völlig überfordert sein. Infolgedessen zieht er sich möglicherweise in sich zurück, verdrängt oder verleugnet seine Erfahrung, und zwar auf eine Art und Weise, die seine weitere persönliche und spirituelle Entwicklung zum Erliegen bringt. Maslow behauptete, dies könne verhindern, dass Menschen ihre Bestimmung erkennen oder ihr folgen.

Andererseits könnten die Betroffenen auch in die Falle einer übermäßigen Fixierung auf ihre scheinbar mystischen Erleuchtungen oder Erkenntnisse tappen. Wenn Sie sich also zum Beispiel übermäßig auf die anscheinend wundersame Natur übersinnlicher Phänomene, einschließlich synchronistischer Erlebnisse, konzentrieren würden, könnte Sie dies von dem wichtigen Ziel ablenken, weiter an Ihrer persönlichen und spirituellen Entwicklung zu arbeiten, soweit diese über die Belange Ihres Ichs hinausgeht. Im schlimmsten Fall fühlen Sie sich vom Wundersamen auserwählt und verfangen sich in dem Eindruck, etwas Besonderes oder Großartiges zu sein. Dann leiden Sie unter der sogenannten „psychischen Inflation". Die Geschichte des geflügelten Ikarus, der vom Himmel fiel, nachdem er ein Paar Flügel angelegt und zu nahe an die Sonne herangeflogen war (wodurch das die Federn verbindende Wachs schmolz), ist eine mythologische Mahnung an die Menschen, angesichts außergewöhnlicher Erfahrungen auf dem Boden zu bleiben.

Die letzte Stufe der Erleuchtung ist vermutlich Gestalten wie Jesus Christus und dem Buddha vorbehalten. Sie könnte auch für jene Mystiker gelten, die anscheinend das wahre Mysterium des physikalischen Universums erfahren haben – die unaussprechliche Realität, zu welcher uns die Quantenphysik eine bloße Kartenskizze an die Hand gibt. Auf dieser Stufe soll man sich unmittelbar in seiner nicht-manifesten Form erleben, dabei aber immer noch eine Welt der manifesten Form erkennen können. Ich will gar nicht erst so tun, als verstünde ich dies – es geht weit über jede Stufe, auf der ich mich möglicherweise befinde, hinaus. Doch erinnert mich diese Beschreibung an Jungs beeindruckenden Bericht von seiner Nahtod-Erfahrung in Verbindung mit einer mystischen Begegnung mit seinem Arzt.

Mystisches Erleben kann in der herkömmlichen Psychiatrie und Psychologie als Psychose fehlgedeutet werden, mit der sie – zumindest oberflächlich – viele Merkmale gemeinsam hat. Aus östlicher spiritueller Sicht kann mystisches Erleben, das mit dem Gefühl einer Auflösung der Grenzen zwischen Person und Umwelt einhergeht, hingegen als Erleuchtung oder *Satori* betrachtet werden.[37] An Letzteres wird kaum gedacht, aber ich denke, oft ist es das Zutreffendste.

Während die herkömmliche Psychologie mystischem Erleben nach wie vor skeptisch gegenübersteht und sie typischerweise als vorwissenschaftlich betrachtet, wird doch die potenzielle Relevanz eines breiter

Castaneda und psychische Inflation

Die schillernde Lebensgeschichte von Carlos Castaneda warnt vor den Gefahren der psychischen Inflation. Castaneda verkaufte über zehn Millionen Bücher über seine angeblichen mystischen Begegnungen mit einem Schamanen der Yaqui-Indianer. Castanedas Werke, darunter *Die Lehren des Don Juan* und *Reise nach Ixtlan*, erlangten so großen Einfluss, dass das Magazin *Time* ihn im Jahr 1973 als den „Paten des Neuen Zeitalters" bezeichnete. Doch obwohl ihm für seine Arbeit die Doktorwürde in Anthropologie zuerkannt wurde, stellte sich heraus, dass seine Bücher reine Fantasieprodukte waren.[36]

Angeblich sollen Castanedas elegante Lehren über den „Weg mit Herz" und die Bereitschaft für den „Kubikzentimeter Chance" dennoch in metaphorischer Verkleidung bedeutende Wahrheiten vermittelt haben. Allerdings ist wohl kaum zu bezweifeln, dass Castaneda der psychischen Inflation verfiel, als er sich zum Sektenführer ausrief, seine Anhänger dazu aufforderte, sich von ihren Familien loszusagen und angeblich einige seiner engsten Gefolgsleute dazu drängte, nach seinem Tod Selbstmord zu begehen. Offenbar hielt er seinen am Ende tödlichen Leberkrebs vor allen, mit Ausnahme seiner engsten Getreuen, geheim; denn Zauberer durften eigentlich nicht krank werden. Castanedas Geschichte zeigt, wie wichtig es wohl ist, dass man bei der Erkundung mystischer Phänomene oder auf der Suche nach Erleuchtung einen Mentor hat, der erdenden Einfluss auf einen ausübt. Wäre Castaneda von einem echten statt einem fiktiven Mentor geleitet worden, wäre er, so stelle ich mir vor, wahrscheinlich nicht der psychischen Inflation verfallen.

gefassten Spiritualitätsbegriffs zunehmend anerkannt. Auf dem Gebiet der körperlichen und der psychischen Gesundheit fühlen sich heute viele Ärzte und Therapeuten zu östlichen Disziplinen für Körper, Geist und Seele hingezogen, insbesondere zu Yoga, Meditation und Achtsamkeits-Techniken.

Das Interesse an Spiritualität ist auch deshalb gewachsen, weil nachgewiesen werden konnte, dass religiöser Glaube Vorteile für die körperliche und die psychische Gesundheit mit sich bringt – darunter ein geringeres Auftreten von sowie eine schnellere Rekonvaleszenz bei Depressionen, weniger Alkohol- und Drogenmissbrauch, verringerte Suizidgefahr, ein vermindertes Risiko für körperliche Krankheiten wie Herzerkrankungen und Krebs sowie eine längere Lebensdauer.[38] Einen Glauben zu haben, eine Beteiligung an einer spirituellen Praxis oder Überzeugung, fördert das persönliche Glück und das Wohlergehen innerhalb der Familie bei Erwachsenen sowie bessere Schulleistungen und emotionale Selbstregulierung bei Kindern.[39]

Solche Erkenntnisse werden in der medizinischen Ausbildung und auf Gebieten wie der positiven Psychologie zunehmend anerkannt. Auch in der kognitiven Verhaltenstherapie mehren sich die Anzeichen für ein Interesse an Spiritualität und Glaube, das über die verbreitete Übernahme von Achtsamkeits-Techniken hinausgeht. So drängte zum Beispiel erst vor Kurzem Donald Meichelbaum, ein berühmter führender Kopf auf diesem Gebiet, Spiritualität stärker in den Blick zu nehmen. Diese werde, so sagte er, heute ebenso sehr ignoriert wie die Kognition in der verhaltensorientierten Psychologieausbildung der 1960er Jahre.[40] Es wurde festgestellt, dass Glaube Menschen nach Traumata hilft; er macht es leichter, wieder Hoffnung zu schöpfen, und hilft den Betroffenen, selbst unter den schwierigsten Umständen einen Sinn zu finden.

In der Psychologie wird zuweilen zwischen extrinsischer Religiosität, zu der die Teilnahme an einer institutionalisierten religiösen Praxis gehört, und intrinsischer Religiosität unterschieden, in der es eher um innere Hingabe geht.[41] Diese Aspekte treten im Allgemeinen, aber nicht immer, zusammen auf. Gesundheitliche Vorteile sind anscheinend am stärksten mit intrinsischer Religiosität verbunden, was sich mit breiteren

Definitionen von Spiritualität deckt, die sich auf persönlichen Sinn und persönliche Verbundenheit beziehen.

Mit Recht kann man von der Synchronizität als einer spirituellen Erfahrung denken, insbesondere im Hinblick darauf, dass ein Gefühl der Verbundenheit sowie die Empfindung von Sinn und Ziel im Leben fördern kann. Sie kann auf eine lohnende Lebensrichtung hinweisen – das Thema des nächsten Kapitels.

Ich will diesen Überblick über Synchronizität, Wissenschaft und Spiritualität mit einer persönlichen Geschichte beschließen. An dem Morgen, an dem ich mit der Arbeit an diesem Kapitel begann, fühlte ich mich mutlos. Um über Synchronizität schreiben zu können, müsste ich mich in die Quantenphysik vorwagen, glaubte ich. Wusste ich genug über das Thema? Wäre ich damit nicht in gewisser Weise überfordert? Ich schob es auf. Ich las meine E-Mails; in einer Mail klickte ich einen interessanten Link an, den ich noch nie gesehen hatte: „Geist auf Abwegen: ein wöchentlicher Podcast über Kreativität, Design und Lebensgestaltung im 21. Jahrhundert." Ich klickte den neuesten Podcast an. Er hatte einen Abschnitt über Quantenmechanik! Ich klickte ihn an. Darin kam ein Zitat vor, das dem Physiker Richard Feynman zugeschrieben wird: „Wenn Sie glauben, Sie hätten Quantenmechanik verstanden, dann verstehen Sie sie nicht." Puh! Ich war in guter Gesellschaft. Von da an schien mir die Aufgabe nicht mehr ganz so entmutigend.

DREI

Begegnungen mit Geistern

Die Zukunft sehen, die Vergangenheit heilen

Jungs Interesse an der Verbindung zwischen unserer inneren, geistigen und unserer äußeren, physischen Realität war nicht auf Synchronizität beschränkt, sondern er beschäftigte sich auch mit anderen Erfahrungen wie etwa Präkognition, Psychokinese und Poltergeist-Phänomenen. Insbesondere interessierte ihn J. B. Rhines Forschung über außersinnliche Wahrnehmung, die dieser in den 1930er Jahren betrieb und die nach Jungs Meinung den wissenschaftlichen Beweis für weitere Phänomene erbrachte, die mit den üblichen Auffassungen von Zeit, Raum und Kausalität nicht zu erklären waren. Jung dachte, dass jeder derartige Beweis, genau wie die neuesten Entdeckungen der Quantenphysik, zumindest indirekt die Idee der Synchronizität stützen konnte.

Weitere Beweise für derartige mediale (oder auch Psi-) Phänomene wurden von anerkannten Wissenschaftlern wie etwa dem Neurowissenschaftler Mario Beauregard[1] und Dean Radin, einem Wissenschaftler, der vom amerikanischen Staat mit der Untersuchung medialer Phänomene beauftragt wurde,[2] umfassend dokumentiert. (Siehe Kasten über Psi-Phänomene auf Seite 66f.)

Häufig berichten meine Klienten, die über synchronistische Erlebnisse sprechen, auch glaubhaft von anderen medialen Phänomenen. Sie erleben solche Phänomene häufig positiv, was ein weiteres Indiz für „die Kraft des supra-rationalen Denkens" ist. Dazu zählen Berichte über Visionen oder Begegnungen mit Geistern, eine andere – vielleicht eher wörtlich zu verstehende – Form „spukhafter Wirkung".

In seiner Autobiographie *Erinnerungen, Träume, Gedanken* spricht Jung von zahlreichen Träumen oder Visionen, die auf geradezu unheimliche Weise Ereignisse wie etwa den Tod seiner Mutter, seines Arztes, ehemaliger Patienten oder anderer Personen vorwegnahmen.[3] Zum Beispiel hatte Jung nach einem Traum von einer Grabstätte und einem hörbaren Todesseufzer das Gefühl, dass jemand aus dem Umfeld seiner Frau (er wusste nicht, wer) um drei Uhr morgens gestorben war. Etliche Stunden später erfuhr er, dass eine Cousine seiner Frau exakt um diese Uhrzeit entschlafen war.[4]

Jung behauptete nicht, dass solche Ereignisse, so zahlreich sie auch waren, einem objektiven Beweis für derartige Phänomene gleichkämen, doch sie weckten in ihm „eine gewisse Hochachtung vor den Möglichkeiten und Fähigkeiten des Unbewussten".[5] Jungs Aufgeschlossenheit für die Idee einer bestimmten Bewusstseinsform jenseits der rein persönlichen wurde durch einen Traum sechs Wochen nach dem Tod seines Vaters ausgelöst. Plötzlich erschien ihm sein Vater und verkündete, er sei genesen und komme nun nach Hause. Jung schrieb, sein Vater sei ihm in dem Traum, der sich zwei Tage danach noch einmal wiederholte, so wirklich erschienen und es sei ein so unvergessliches Erlebnis gewesen, dass dies ihn „zum ersten Mal [zwang], über das Leben nach dem Tode nachzudenken".[6]

Jungs Interesse an diesen Dingen wuchs noch mehr, als er auf Literatur über spiritualistische Phänomene stieß, die offenbar authentische und objektive Berichte über Vorfälle enthielt, von denen er in seiner Kindheit auf dem Land gehört hatte. Dazu gehörten Begegnungen mit Geistern oder Träume, die den Tod vorhersahen. Jung war überrascht, mit welcher Selbstsicherheit seine Kollegen und auch seine engsten Freunde derartige Berichte verwarfen, obwohl aus der modernen Physik möglicherweise Unterstützung für sie kam.

Nach ausführlichen Untersuchungen und zahlreichen persönlichen Erfahrungen gelangte Jung zu der Auffassung, dass „die Bilder des Unbewussten nicht vom Bewusstsein erzeugt werden, sondern ihre eigene Realität und Spontaneität besitzen". Er bedauerte, dass sie „trotzdem … bloß als eine Art Randphänomene" betrachtet werden, da er glaubte, dass

Aufgeschlossenheit für derartige Erlebnisse dem eigenen Leben Kraft und Sinn geben könnte.

Ich will nun zwei Berichte über solche Phänomene wiedergeben, die ich von meinen Klienten erhalten habe. In beiden Fällen spielten sich die angeblichen Begegnungen mit Verstorbenen mit einer merkwürdigen zeitlichen Koordination ab, was die Betroffenen in ihrer Motivation und in ihrem Lebensziel bestärkte. Ich sollte vielleicht hinzufügen, dass nur Klienten, die erfahren hatten, dass ich ein Buch über Synchronizität schrieb, über derartige Beispiele mit mir sprachen.

Gary, ein erfolgreicher Geschäftsmann und Vater dreier erwachsener Kinder, hatte vor zwanzig Jahren eine Tochter verloren. Sie starb nur einen Tag nach ihrer Geburt an einer seltenen Blutkrankheit. Er kam zu mir, weil er nur begrenzt von seiner „schweren klinischen Depression" genesen war, obwohl er acht Jahre lang eine kombinierte psychiatrische und psychotherapeutische Behandlung erhalten hatte. Immer noch plagten ihn Schuldgefühle, weil er zugelassen hatte, dass die Beerdigung seiner Tochter unter teilweise unwürdigen Umständen verlief. Unter anderem hatte eine offenbar unnötige und makabre Leichenschau stattgefunden, und ihr Sarg war auf dem Rücksitz eines normalen Fahrzeugs statt in einem Leichenwagen überführt worden. Er schalt sich immer noch dafür, dass er ihren Grabstein und ihr Grab nicht besser in Ordnung gehalten hatte, befürchtete jedoch zugleich, wenn er diese Vernachlässigung wiedergutmachte, könnte er versucht sein, sich an ihrem Grab das Leben zu nehmen.

Wir verfolgten einen therapeutischen Ansatz mit dem Anfangsziel, seine chronischen posttraumatischen Belastungsreaktionen zu lindern. Dazu setzten wir EMDR (Eye Movement Desensitization and Reprocessing; Desensibilisierung und Verarbeitung durch Augenbewegung) ein, eine therapeutische Technik, bei der schmerzliche Erinnerungen absichtlich nacherlebt werden, um dadurch ihren negativen emotionalen Auswirkungen die Spitze zu nehmen. Während unserer vierten und fünften Sitzung hatte es zwar bereits den Anschein, als habe er von Anfang an positiv auf EMDR angesprochen, doch eine neue, zufällige Entwicklung, die in der Zeit dieser Sitzungen eintrat, beschleunigte seine Fortschritte noch einmal erheblich.

Am Ende unserer vierten Sitzung fragte mich Gary als erster Klient überhaupt: „Glauben Sie an Synchronizität?" Ich antwortete, ich glaubte daran und schriebe sogar gerade ein Buch darüber. Wir lachten und empfanden dies beide an sich schon als synchronistisch. Er ließ kaum Zweifel aufkommen, dass er von jenem Moment an bereit war, mir von ungewöhnlichen Erlebnissen zu berichten, die er normalerweise wohl für sich behalten hätte.

Im Laufe der nächsten beiden Wochen vertraute Gary mir an, dass er in der Nacht nach unserer ersten EMDR-Sitzung sehr unruhig war und die Sorge nicht loswurde, ob es seiner Tochter gut ginge. Dabei hatte er das deutliche Gefühl, es tätschele ihm jemand den Kopf. Seine Frau, die neben ihm tief und fest schlief, konnte es nicht gewesen sein. Nach der nächsten Sitzung trieb ihn beim Zubettgehen wieder die Frage um, ob es seiner Tochter gut ginge. Um drei Uhr morgens wachte er auf und stellte fest, dass der Wecker an seinem Bett blinkte, als sei zwischendurch der Strom ausgefallen. Er stand auf und sah nach, konnte nichts finden und ging wieder ins Bett. Dabei fiel ihm auf, dass das Blinken aus unerfindlichen Gründen aufgehört hatte. Danach schilderte er, wie tief es ihn berührt hatte, als er „zwei und zwei zusammenzählte": Es wurde ihm klar, dass das Tätscheln, das er unzweifelhaft in der Woche zuvor verspürt hatte, seine kleine Tochter gewesen war, die ihm „sagte, dass alles gut ist". Er glaubte, dass das Weckerblinken genau um die Uhrzeit, zu der er nachts öfter aufwachte, sowie das Tätscheln auf seinem Kopf in der Woche zuvor seine Tochter war, die ihm ein Zeichen oder Signal gab, das „zu zufällig wirkte". Er schloss daraus, dass „sie weiß, dass ich an sie denke, sie weiß, dass ich weiß, dass es ihr gut geht".

Bei seiner sechsten Therapiesitzung schilderte er eine noch lebendigere spiritualistische Begegnung. Er begann: „Gestern Nacht habe ich Anna gesehen … Ich habe mich noch nett unterhalten, bevor ich eingeschlafen bin. Etwa um drei Uhr morgens gab es dann ein Geräusch. Verschwommen sah ich den Kopf einer jungen Frau, der unmittelbar über dem Kopf [meiner Frau] schwebte." Er fügte hinzu, dass es eindeutig das Gesicht seiner Tochter war – er schaute zwei oder drei Mal hin, um sich ganz sicher zu sein. Zunächst glaubte er, es handele sich um das Gesicht seiner

Frau und wollte schon mit ihr reden, doch dann sah er, dass seine Frau ihm den Hinterkopf zugedreht hatte.

Gary gab an, nach diesen Erlebnissen, die seiner Meinung nach eindeutig mit seiner verstorbenen Tochter zusammenhingen, sei ihm wesentlich leichter ums Herz. Er fühlte sich von seiner Schuld freigesprochen und sagte, wenn sie irgendeinen Groll gegen ihn hegen würde, dann wäre sie ihm nicht auf diese beruhigende Art und Weise erschienen. Er ergänzte: „Es ist schön zu wissen, dass sie da ist. … Wenn sie will, kann sie jederzeit kommen!“

Eine objektive Überprüfung von Garys Symptombelastung zeigte, dass die Symptome seiner posttraumatischen Belastungsstörung und seiner Depression inzwischen auf ein Minimum gesunken waren. Im Beruf wurde er motivierter und effizienter, sein Energieniveau stieg, und die Beziehungen zu seiner Familie verbesserten sich. „Vor zehn Jahren hätte ich das wahrscheinlich als Dummheit abgetan“, sagte er. „Jetzt geschieht dies alles aus einem bestimmten Grund … das Timing ist perfekt … Sie kommt zu mir … In jener Nacht ist es passiert … alles hat seinen Grund. Es hat mir eine fantastische innere Haltung gegeben.“ Und er fügte hinzu: „Ich mache mir jetzt nicht mehr so viele Sorgen … Ich habe noch sehr viel Leben vor mir.“

Später gestand Gary, seine Frau habe oft das Gefühl, ihre verstorbene Großmutter „folge ihr auf Schritt und Tritt“. Eine Verwandte von ihr begegnete anscheinend fast täglich geisterhaften Erscheinungen, darunter einem Mann, der ihre Wohnung aufsuchte, und einer Katze, die manchmal am Fußende ihres Bettes saß. Gary sagte, er habe häufigere und intensivere synchronistische Erlebnisse, die „zu oft passieren, als dass man sie verwerfen könnte“, so will er etwa einen Arbeitskollegen oder einen Familienangehörigen anrufen und just im selben Moment ruft dieser ihn an. Er schrieb dies seinem „klareren Geist“ und einer „größeren Aufgeschlossenheit für derartige Dinge“ zu. Die wachsende Zahl synchronistischer Erlebnisse bestärkte ihn in dem Gefühl, „ich bin auf der richtigen Spur … Es geht eindeutig in die richtige Richtung.“

Ohne einen glücklichen Zufall hätten wir derart faszinierende Gespräche wahrscheinlich nie geführt. Im Nachhinein erklärte mir Gary, seine

Frage, ob ich an Synchronizität glaube, sei durch meine Bitte ausgelöst worden, unseren nächsten Termin auf einen Tag zu verschieben, an dem ich normalerweise keine Klienten annehme. Dabei wusste ich nicht, dass er unmittelbar zuvor unsere Rezeptionistin um dieselbe Verschiebung gebeten, diese aber abgelehnt hatte, weil sie nicht ahnen konnte, dass ich gleich selbst um diese außergewöhnliche Änderung bitten würde. Man könnte dies lediglich als glücklichen Zufall bezeichnen. Da wir aber beide die zeitliche Koordination als bedeutsam empfanden – als ob sie dafür sorgte, dass Dinge geschehen konnten, die einfach geschehen sollten – würde man von Synchronizität sprechen.

Eine andere Klientin, Diana, eine Frau Anfang vierzig, kam zu mir nach dem Ende einer Ehe, die durch jahrelangen körperlichen und emotionalen Missbrauch gekennzeichnet war. Außerdem hatte sie eine schwierige Kindheit gehabt, in der sie häufig in ähnlicher Weise misshandelt worden war. Aus ihrem relativ verarmten emotionalen und sozioökonomischen Umfeld wollte sie aufsteigen, indem sie sich Ziele setzte und „alles plante, was ich in der Zukunft will".

Im Laufe unserer monatlichen therapeutischen Kontakte, die sich (bisher) über zwei Jahre erstrecken, schimmerten ihre zielstrebige Entschlossenheit und ihre klare Ausrichtung immer mehr durch (nicht zuletzt in der Form, dass sie ein Vollzeitstudium der Sozialarbeit begann, dabei zwei Kinder großzog und nach zwei Semestern das Angebot erhielt, Mentorin für Erstsemester zu werden).

Unterstützung auf diesem Weg erhielt sie durch bemerkenswerte synchronistische Erlebnisse, von denen ich erst lange nach unserem Erstkontakt erfuhr, nachdem ich ihr erzählt hatte, ich schriebe ein Buch zu dem Thema.

Sie schilderte einen schmerzlichen Vorfall, der entscheidend dazu beitrug, dass sie ihrem Leben eine neue Richtung gab: Eine synchronistische Begegnung mit einem Geist. An einem bestimmten Punkt spürte Diana, dass sie auf ihrem künftigen Weg Unterstützung von ihren Ahnen erhalten könnte. Sie interessierte sich sehr für ihren Stammbaum, doch ihre diesbezüglichen Nachforschungen erbrachten nichts

Gespenstischer Kontakt

Eine Umfrage aus den Jahr 2012 hat ergeben, dass 45% aller Amerikaner an Gespenster glauben oder daran, dass die Geister der Toten unter bestimmten Umständen in die Welt der Lebenden zurückkehren können.[8] Trauernde, die eine Vision ihres Verstorbenen haben, befürchten oft, geisteskrank zu werden und behalten ihr Erlebnis deshalb häufig für sich. Dieses Verschweigen erklärt, warum derartige Kommunikationen im Allgemeinen für selten und womöglich sogar für ein Anzeichen psychischer Probleme gehalten werden. Jung warnte davor, Berichte über solche Erlebnisse als objektiven Beweis für übernatürliche Phänomene wie etwa das Leben nach dem Tod zu deuten. Viele anekdotische Berichte lassen jedoch darauf schließen, dass sich Informationen, die jemand aus einer Begegnung mit Geistern erhielt, als merkwürdig akkurat erwiesen haben, oft unter Umständen, in denen es keine rationale Erklärung dafür gab, wie der Betroffene anderweitig an diese Informationen gekommen sein sollte. Dies deutet offenbar darauf hin, dass Begegnungen mit Geistern zumindest manchmal nicht ohne Weiteres als bloße Projektion einer Fantasievorstellung abgetan werden können.

Wie die Fälle in diesem Kapitel zeigen, hat in der therapeutischen Situation am meisten Gewicht, was den Klienten am besten nutzt. Diese Beispiele lassen erkennen, dass es zumindest in einigen Situationen äußerst hilfreich sein kann, wenn jemand mit einem Gegenüber, das sich auf ihn einschwingt, aktiv über seine transpersonalen Erfahrungen nachdenken kann, auch wenn es dabei um Trauer geht.

von Wert. Enttäuscht betete sie darum, Informationen über ihre Ahnen zu erhalten. Als Diana eines Tages in ihrem Badezimmer war und sich bettfertig machte, hatte sie zu ihrer Überraschung eine Vision von einem kleinen, buckligen alten Mann, der vor ihr stand. Seine Kleidung war altmodisch: Er trug schwarze Hosen, ein Nadelstreifenhemd, Weste, Mütze und genagelte Schuhe. Er schaute sie an und sagte: „Die Information, um die du gebeten hast, wirst du am Morgen erhalten." Dann verschwand er, und sie ging zu Bett. Beim Erwachen fragte sie sich, ob sie wohl halluziniert hatte. Doch die Botschaft des Mannes veranlasste sie, sich an jenem Morgen noch einmal auf die Suche nach Informationen zu machen.

Keine halbe Stunde später stolperte sie im Internet über eine Website mit detaillierten Informationen über einen „gut situierten" Zweig ihrer Familie mit einer ganzen Reihe arrivierter Verwandter. Dazu gehörten ein berühmter Mitarbeiter des Herzogs von Wellington sowie ein prominenter Friedensrichter, der ihr Urgroßvater war. Es zeigte sich, dass viele Familienangehörige über beste Verbindungen verfügt und eine ungewöhnlich privilegierte Erziehung genossen hatten, ganz im Gegensatz zu ihrer bescheidenen Bildung. Die Vorteile dieser Privilegien endeten, als ein Vorfahr wegen Urkundenfälschung in Ungnade fiel. Da sie nun Beweise für eine akademische Linie unter ihren Vorfahren gefunden hatte, beschloss Diana, darauf aufzubauen, zugleich aber ihren Wurzeln in der Arbeiterklasse treu zu bleiben.

Trotz ihrer raschen Erfolge auf einem neuen Berufsweg war Diana doch hin und wieder anfällig für eine gewisse Toleranz gegenüber zumindest leicht missbräuchlichen oder ausbeuterischen Beziehungen zu Männern. Einmal half ihr jedoch eine Vorahnung in Verbindung mit einem synchronistischen Traum, sich daraus zu befreien. In dem Traum erschien ihr ein weibliches Gesicht, das ihr sagte, sie solle in der Wohnung ihres Freundes auf einem bestimmten Badezimmerschrank nachsehen. Sie hielt sich nach dem Aufwachen nicht daran, bekam jedoch in Gedanken „laute Botschaften", auf dem Schrank nachzusehen, dort würde sie bestimmte Papiere finden. Nachdem sie schließlich doch Kleider und andere Dinge, die auf dem Schrank lagen, anhob, entdeckte sie eine Hotelrechnung. Diese enthüllte die Untreue ihres Partners, welche er nun nicht mehr leugnen konnte. Sie beendete die Beziehung.

Diana berichtete von weiteren merkwürdigen Vorahnungen. Einmal war sie mit ihrer Mutter auf einem Friedhof, und die beiden machten ein Foto, auf dem auch ein Grabstein zu sehen war. Später entdeckten sie auf dem fotografierten Grabstein zu ihrer Verblüffung übereinstimmend das Bild eines männlichen Verwandten, das auf dem realen Stein nicht zu sehen gewesen war. Sie vermuteten, der Verwandte könnte dem Tode nahe sein, obwohl sein Gesundheitszustand keinerlei Anlass zu dieser Vermutung gab. Er starb ein halbes Jahr später.

Dianas synchronistische Erlebnisse – in Gestalt ankündigender Visionen und Träume – stimmen offenbar mit Jungs Idee überein, dass man derlei Dinge nicht einfach als einem persönlichen Bewusstsein entspringend und allein auf intuitiven Erkenntnissen beruhend abtun darf. Sie hatte den Eindruck, sie erhalte Unterstützung von außen oder Informationen aus einer anderen Quelle; und zumindest teilweise schrieb sie dies einer Führung durch verstorbene Vorfahren zu.

Im Moment eilt Diana von Erfolg zu Erfolg: Sie setzt ihr Studium fort, erweitert ihr soziales Netzwerk und bewegt sich selbstsicher in geschäftlichen, beruflichen und politischen Kreisen. Im Brustton der Überzeugung sagte sie mir: „Ich glaube, für mich geht der Weg dahin, dass ich Menschen bei ihrer Heilung unterstütze. … dass ich den Menschen helfe, ins Leben hineinzufinden und zu heilen … Ich glaube, ich werde in der Gesellschaft eine Stimme entwickeln … ich weiß bloß noch nicht wie.“ Ihre zufällig geknüpften gesellschaftlichen Kontakte „hatten so sein müssen“. „Synchronizität“, so sagte sie, „ist, wenn das Universum dir sagt, dass es allmählich wärmer wird.“

Dass Diana sich für Botschaften geöffnet hat, die von außerhalb ihrer selbst kommen, und dass sie sich nach ihren synchronistischen Vorahnungen richtet, hat sie ersichtlich in ihrem Entschluss bestärkt, aus der Sozialarbeit ihre Berufung zu machen, und es hat ihr die Kraft gegeben, mehr Selbstsicherheit aufzubauen. Sie verbindet Synchronizität mit *Kairos* und kreiert so ihren eigenen Weg.

Jung glaubte, „das Unbewusste gibt uns eine Chance, indem es uns etwas mitteilt .... Es ist imstande, uns gelegentlich Dinge mitzuteilen, die wir aller Logik nach nicht wissen können."[9] Diana würde seiner Behauptung wohl zustimmen, dass „das Unbewusste … bessere Informationsquellen hat als das Bewusstsein".[10]

Jung fand, dass seine synchronistischen Erlebnisse, einschließlich vorausahnender Visionen und Träume, ihm halfen, Klarheit über seinen Lebensweg zu gewinnen, der offenbar ganz wesentlich auf der Förderung eines tieferen Verständnisses der Psyche aufbaute. Seine inneren Bilder halfen ihm, „die Linie zu sehen, die durch mein Leben in die Welt geführt hat und aus der Welt wiederum herausführt".[11] Synchronizität ist mit der persönlichen Bestimmung verbunden: Sie kann Ihnen Ihren Lebensweg zeigen, als würde ein Teppich vor Ihnen ausgerollt.

Psi-Phänomene: Kann die Zeit rückwärtslaufen?

Wie Jung in seiner Schrift „Synchronizität als ein Prinzip akausaler Zusammenhänge" ausführt, haben J. B. Rhine und Kollegen anhand zahlreicher wissenschaftlicher Experimente den Beweis für übersinnliche Phänomene erbracht, die die üblichen Vorstellungen von Ursache und Wirkung infrage stellen. Unter anderem mussten die Probanden im Vorhinein erraten, welches von fünf geometrischen Zeichen aus einem Satz von fünfundzwanzig Karten gezeigt werden würde. Die Ergebnisse zahlreicher Experimente ergaben eine größere Anzahl von Treffern als nach der Zufallswahrscheinlichkeit zu erwarten gewesen wären (annähernd doppelt so viele). Zur Beschreibung dieser Phänomene verwendete Rhine den Begriff „außersinnliche Wahrnehmung".

Heute bezeichnet man übersinnliche Phänomene als „Psi"-Phänomene. Dazu gehören Telepathie (Gedankenübertragung zwischen Menschen), Hellsichtigkeit (Erlangen von Informationen, aber nicht über die bekannten Sinne), Psychokinese (geistige Beeinflussung einer physikalischen Aktion) sowie Präkognition

(Vorauswissen). Der Neurowissenschaftler Mario Beauregard hat in seinem Buch *Brain Wars* ebenso umfangreiche Beweise für Psi-Phänomene dokumentiert wie ein weiterer Wissenschaftler, nämlich Dean Radin, in *Supernormal*. Beide kommen zu dem Schluss, dass die zusammengenommenen Ergebnisse der bekannten Forschung zu Psi-Effekten die Realität von Psi-Phänomenen stark stützen, und zwar mit einer Wahrscheinlichkeit von Milliarden zu eins gegenüber der Zufallserwartung.

Dank der Arbeit des bedeutenden Psychologen Professor Daryl Bem von der Cornell University hat die Psi-Forschung nun Eingang in die klassische Psychologie gefunden.[12] Er führte mit tausend Studenten neun Experimente durch, die Beweise für Phänomene wie etwa Präkognition erbrachten. Bem stellte fest, dass die Studenten zutreffend erraten konnten (das heißt, mit mehr als Zufallswahrscheinlichkeit), hinter welchem von zwei Vorhängen ein erotisches Bild auftauchen würde, *noch bevor* ein Computer mithilfe eines Zufallsgenerators festlegte, wo das Bild erscheinen würde. Ein weiteres Experiment zeigte, dass die Vorteile des Übens sich auch rückwirkend bemerkbar machen können: Die Studenten wurden gebeten, achtundvierzig Wörter zu erinnern, die jeweils drei Sekunden lang auf einem Bildschirm erschienen. Wenn sie unmittelbar im Anschluss an diese Aufgabe gezielt übten, von diesen achtundvierzig Wörtern vierundzwanzig zufällig ausgewählte zu behalten, zeigte sich, dass sie *während des Tests* die vierundzwanzig Wörter, die sie im Nachhinein geübt hatten, besser erinnerten als die vierundzwanzig ungeübten Wörter.

In der konventionellen psychologischen Literatur sind dies die ersten Erkenntnisse, die darauf schließen lassen, dass künftige Ereignisse Vergangenes beeinflussen können (bekannt als „retrokausaler Effekt") oder die Zeit offenbar rückwärtslaufen kann. Gleichwohl erinnert diese anomale Idee an die in Kapitel Zwei beschriebenen Erkenntnisse aus der Quantenphysik.

VIER
Synchronizität und Ihr Lebensweg

Glauben Sie an Bestimmung? Kommt es Ihnen so vor, als entfalte sich Ihr Schicksal? Glauben Sie, dass viele Dinge, die in Ihrem Leben geschehen sind, kein Zufall waren, sondern Sie auf einen bestimmten Weg oder zu einer Berufung geführt haben, die Ihnen zugedacht sind? Die moderne Psychologie betrachtet solche Auffassungen im Allgemeinen als vorwissenschaftlich oder abergläubisch. Wie jedoch James Hillman in seinem Buch *Charakter und Bestimmung: eine Entdeckungsreise zum individuellen Sinn des Lebens* beschreibt, verwenden viele Kulturen für eine verborgene Tendenz, die uns unserer individuellen Bestimmung zuführt, ganz bestimmte Begriffe. Hillman verbindet dies mit der „Eichel-Theorie“, der zufolge jeder Mensch einen Samen in sich trägt; wird dieser gut versorgt und unterstützt, kann er, metaphorisch gesprochen, zu einer großen Eiche heranwachsen, die das einzigartige Wesen des jeweiligen Menschen widerspiegelt.[1]

Die Griechen sprechen von der Führung durch unseren Daimon; die Römer nannten ihn Genius; Christen sagen, sie hätten einen Schutzengel; Schamanen glauben, dass sie von ihrer Tier-Seele geleitet werden.[2] Die Chinesen schätzen das Tao oder den Weg, womit ein innerer spiritueller Pfad gemeint ist, der im Einklang mit der Harmonie der Natur steht und dem man bewusst zu folgen hat.[3] Buddhisten könnten Ihren Lebenszweck als die Erfüllung Ihres Dharma beschreiben.[4] Der amerikanische Psychologie-Pionier William James sprach von einem „höheren Selbst“[5] und Jung in ähnlicher Weise von einem archetypischen „Selbst“ als innerem Führer.[6]

Ihr Daimon kann Sie auf vielfältige, im Moment durchaus nicht immer angenehme Weise zu Ihrer Berufung oder Bestimmung führen. Wenn Sie zum Beispiel eine Richtung eingeschlagen haben, die im Widerstreit zu Ihrer Berufung steht, erleben Sie möglicherweise ständige Unzufriedenheit, Unruhe, Krankheit oder Pech. Wenn Sie andererseits engagiert einer Richtung folgen, die Ihrer Bestimmung entspricht, dann können Befriedigung, Motivation und ungewöhnliche Chancen oder Glück Ihre Begleiter sein.

Der amerikanische Mythologe Joseph Campbell fasste seine Ermutigung an die Menschen, ihre Berufung zu finden, mit den Worten zusammen: „Folge deiner Freude." In einer berühmten Interviewreihe mit Bill Moyers mit dem Titel *Die Kraft der Mythen* führte Campbell aus, „dass man sich, wenn man seiner Freude folgt, gewissermaßen auf eine Spur bringt, die immer schon da war und auf einen wartete, und das Leben, das man führen sollte, ist genau das Leben, das man führt. … Wenn Sie das so sehen können, fangen Sie an, Menschen zu begegnen, die im Feld Ihrer Freude sind, und sie machen Ihnen die Türen auf. … Folgen Sie Ihrer Freude und haben Sie keine Angst, und Türen werden sich öffnen, wo sie gar nicht damit gerechnet haben."[7] Dies passt auch zu meiner Erfahrung, wenn sich in meinem Leben ungewöhnliche Chancen auftaten, was stets durch ein Gefühl starker Synchronizität gekennzeichnet war; und ich kenne viele, die Ähnliches zu berichten haben. Meiner Ansicht nach sind solche Erlebnisse ein zuverlässiger Indikator, dass man sich auf der richtigen Spur zu seiner Berufung oder Bestimmung befindet. Sie sind ein „bejahendes Häkchen vom Universum"; und wenn solche Erlebnisse sich erkennbar als Segen erweisen, spreche ich auch gerne von einem „Elfmeter vom Universum".

Selbst schmerzliche Erlebnisse und Unglück können sich letzten Endes als äußerst hilfreiche Kurskorrektur erweisen und vielleicht sogar eine Lebensrichtung aufzeigen, die am Ende sinnvoller und erfüllender ist.

Aus dieser Sicht ist Synchronizität an sich nicht besonders bedeutungsvoll, so beeindruckend sie auch sein mag. Sie ist vielmehr besonders nützlich, weil sie uns hilft, das größere Ganze zu sehen, weil sie uns zu unserem optimalen Lebensweg hinführt oder uns darin bestärkt, dass wir auf dem richtigen Pfad sind. Meiner Ansicht nach ist Synchronizität eine Botschaft von unserem Daimon, die uns sagt „weiter so".

In seinem Buch mit dem vielsagenden Titel *Synchrodestiny* beschreibt Deepak Chopra Synchronizität als Weg zu Sinn und Ziel im Leben, der uns mit der „nichtlokalen Intelligenz des Universums" verbindet.[8] Einen sinnlosen Zufall, so behauptet Chopra, gibt es nicht. Mehr noch, „je mehr Aufmerksamkeit Sie Zufälligkeiten schenken und je intensiver Sie ihrer Bedeutung nachforschen, desto öfter treten Zufälle ein und desto klarer zeigt sich ihr Sinn."[9] Wenn ein Zufall eintritt, rät er zu fragen: „Was ist hier die Botschaft?" Die Antwort kann in Form einer plötzlichen Erkenntnis kommen. Sie kann sich aber auch erst später durch eine Begegnung oder ein anderes Erlebnis zeigen, die rückblickend ein erhellendes Licht auf den Zufall werfen, so dass er dann erst einen Sinn ergibt.[10]

Joseph Jaworskis persönlicher Bericht in seinem Buch *Synchronicity: The Inner Path of Leadership* veranschaulicht dies besonders deutlich. Jaworski schildert, wie er seine Stelle als gut situierter Partner einer Anwaltskanzlei aufgibt, um Fachmann für Organisationsführung zu werden. Im Alter von einundvierzig Jahren durchlebte Jaworski eine Krise, als ihm seine Frau sagte, sie wolle sich scheiden lassen. Er nahm sich eine berufliche Auszeit, reiste und dachte intensiv über Sinn und Ziel seines Lebens nach. In der verschneiten Wildnis Alaskas kam es zu einer sonderbar tiefgründigen Begegnung mit einem Wiesel. Es nahm ausgiebig Augenkontakt zu ihm auf und vollführte anschließend verschiedene Kunststückchen, als täte es dies speziell für ihn. Was er dabei empfand, konnte Jaworski nur als „eine Art Transzendenz der Zeit und Gefühl der Einheit mit dem gesamten Universum" beschreiben.[11]

So positiv dieses Erlebnis war, so beunruhigt war Jaworski jedoch wegen dessen Seltsamkeit. Ein befreundeter Psychiater versicherte ihm, dass er durchaus nicht drauf und dran sei, dem Wahn zu verfallen: Er hatte eine Erleuchtungserfahrung gehabt, wie sie in allen großen Religionen beschrieben wird. Jaworski spürte daraufhin, wie sich bei ihm ein Bewusstsein für die „Aufeinanderbezogenheit" als ordnendes Prinzip im Universum entwickelte, ein Bewusstsein, das seiner Meinung nach

Folge deiner Freude

Joseph Campbell hat in einen einzigen Satz sehr viel hineingepackt: „Folge deiner Freude." Dies ist ein anderer Ausdruck für „folge deinem Daimon". Tue, was du leidenschaftlich gern tust. Konzentriere dich auf das, was dich bewegt. Wenn Sie sich Aufgaben und Rollen widmen, die Ihren Leidenschaften entsprechen, sind Sie motiviert, energiegeladen und innerlich damit verbunden. Die Wahrscheinlichkeit ist größer, dass Sie öfter und länger im „Flow" sind. Höchstwahrscheinlich arbeiten Sie auch effektiver. Tendenziell erlangen Sie aus Ihrer selbstgewählten Aufgabe große Befriedigung. Dies gilt für Freizeit und Hobbys, aber es gilt auch und mehr noch für unsere Arbeit und die Lebensrollen, mit denen wir einen Großteil unserer wachen Stunden verbringen. Wie Konfuzius sagte: Wenn Sie einen Beruf wählen, den Sie lieben, müssen Sie in Ihrem Leben keinen Tag arbeiten.

Wenn wir aber umgekehrt mit unserer Tätigkeit zu kämpfen haben, wenn es uns schwerfällt, bei der Sache zu bleiben und unsere Motivation aufrechtzuerhalten, dann könnte dies ein Hinweis darauf sein, dass ein anderer Weg für uns wohl besser wäre. Manchmal müssen wir Aufgaben übernehmen oder eine Rolle ausfüllen, die uns nicht unbedingt zufriedenstellen. Es kann aber wichtig sein, dass wir es zumindest vorübergehend trotzdem tun, etwa um Einkommen zu erzielen, bestimmten Verpflichtungen und Verantwortlichkeiten nachzukommen oder weil sie ein Sprungbrett zu etwas Besserem sind. Unter solchen Umständen sollten wir unserer Freude unbedingt anderweitig folgen und auch bei den unfreiwilligen Tätigkeiten unser Bestes geben. Wenn das, was wir tun, uns nicht bewegt, sollten wir uns dies ehrlich eingestehen. Höhen und Tiefen gehören zu einem erfüllten Leben: Erst zusammen machen sie uns zu dem, was wir sind. In den Tiefen oder Flachphasen tritt Synchronizität anscheinend typischerweise seltener auf. Fehlende Synchronizität kann ein Hinweis darauf sein, dass wir mehr tun könnten, um unserer Freude zu folgen.

im heutigen Führungsverständnis fehlt.[12] Er empfand den dringenden Wunsch, ein Fortbildungsprogramm für kreative und visionäre Führung zu entwickeln, die den Schwerpunkt auf den Dienst am anderen legt.

Zunächst scheute sich Jaworski, mit anderen über seinen großen persönlichen Traum zu sprechen. Später jedoch inspirierte ihn sein verstorbener Neffe, den er in einer Vision auf seinem Sarg sitzen sah und sagen hörte: „Nichts wie ran!" Dies veranlasste Jaworski, tatsächlich aus seiner Kanzlei auszutreten und seinem Traum von der Einrichtung eines Fortbildungszentrums für Führungskräfte nachzugehen, obwohl er auf diesem Gebiet keinerlei Ausbildung oder anerkannte Fachkenntnisse hatte.

Jaworskis Fortschritte wurden gefördert durch eine zufällige Begegnung mit David Bohm, dem vielleicht herausragendsten Quantenphysiker seiner Zeit. Als Jaworski in einer Zeitung eine Schlagzeile entdeckte, die ihn ansprach, machte er Bohms Adresse ausfindig.[13] Bohm erklärte Jaworski sein wissenschaftliches Weltbild auf eine Art und Weise, die an Jungs Auffassung vom kollektiven Unbewussten erinnert: „Man kann sich die Existenz nicht lokal denken. … In Wirklichkeit sind Sie die gesamte Menschheit. … Die gesamte Vergangenheit ist jedem Menschen auf feine Weise eingefaltet. … Wir sind alle miteinander verbunden."[14]

Jaworski und Bohm unterhielten sich weiter darüber, dass der Geist über Kräfte verfügt, welche diejenigen, die wir gewöhnlich nutzen, übersteigen. Beiläufig bestärkte Bohm Jaworski nachdrücklich in seinen Bemühungen; er sagte: „Sie stehen am Rande eines schöpferischen Augenblicks. Ziehen Sie einfach mit." Er hielt Jaworski an: „Seien Sie aufmerksam, Ihrer selbst bewusst, damit Sie der Gelegenheit auch tatsächlich gewachsen sind, wenn sie sich bietet."[15] Ich würde dies als eine Mahnung bezeichnen, Synchronizität mit *Kairos* zu verbinden.

Nach diesem Treffen mit Bohm verspürte Jaworski einen umso stärkeren Antrieb, das *American Leadership* Forum zu entwickeln, das sich auf Ideen wie Verbundenheit mit anderen und erweiterte Auffassungen vom Bewusstsein konzentriert. Er las alles über Synchronizität, was er in die Finger bekommen konnte, und ging den Verbindungen zwischen Jungs Konzept und den Alten Griechen, den Philosophen der Renaissance sowie zu östlichen spirituellen Traditionen und paranormalen Phänomenen nach.

Jaworski bewies häufig die Bereitschaft, aufgrund einer scheinbar unwahrscheinlichen, aber zwingenden Intuition zu handeln. So ging er zum Beispiel an einem Flughafen auf eine attraktive Frau zu und erklärte ihr, sie seien einander zwar noch nie begegnet, aber er habe das Gefühl, er kenne sie von irgendwoher. Als sie später heirateten, bestätigte sich offensichtlich seine Vorahnung, wonach „das künftige Leben, das ich mit ihr haben würde, mir bereits angekündigt worden war“[16]. Er erfuhr, dass seine Frau geträumt hatte, sie würde auf diesem Auslandsflug einen Mann kennenlernen, der in ihrem Leben eine wichtige Rolle spielen werde. Sie war bereits enttäuscht, bis sich ihre Vorahnung etwas verspätet doch noch bestätigte, als er am Flugsteig auf sie zukam.

Ein Jahr danach heirateten sie. Jaworski berichtet ausführlich von vielen Beispielen für die intuitiven Fähigkeiten seiner Frau, unter anderem über ihre Vorhersage, sie würden im Zusammenhang mit seiner Arbeit von Houston nach London und von dort nach Boston ziehen, was völlig unwahrscheinlich war, weil sie gerade in Houston ein großes Haus gebaut und überhaupt nicht vorhatten wegzuziehen.

Wenn er über sein Leben und seine Führungserfahrung reflektiert, betont Jaworski, dass sich die Dinge allem Anschein nach immer dann am wirkungsvollsten entfalteten, wenn er sich dem hingab, was er als seinen Lebenssinn empfand, wenn er darauf vertraute, dass seine Bestimmung alles fügen würde, und wenn er die Kräfte des Lebens durch sich hindurchfließen ließ, ohne zu versuchen, den Prozess allzu sehr zu steuern. In einem solchen Zustand von Hingabe und Ergebung erlebte er oft Synchronizität in Gestalt „vorhersehbarer Wunder“.[17] Dazu gehörte auch, dass er zum richtigen Zeitpunkt den richtigen Leuten begegnete, die ihm halfen, seine scheinbar unmöglichen Ziele zu erreichen. Joseph Campbell spricht in diesem Zusammenhang von der Hilfe durch „unsichtbare Hände“.[18]

Damit vorhersehbare Wunder geschehen können, rät Jaworski, sich in eine Haltung der Aufgeschlossenheit und Verbundenheit zu begeben und gespannt darauf zu warten, dass sich der Kubikzentimeter Chance einstellt, um dann „mit Lichtgeschwindigkeit und praktisch ohne bewusstes Überlegen“[19] zu handeln. Ich bezeichne dies als die Kombination aus Synchronizität und *Kairos*.

Jaworski schildert aber auch Zeiten, in denen nichts im Fluss war, in denen Unstimmigkeiten mit Kollegen eintraten und Komplikationen entstanden.[20] Rückblickend betrachtet, war dies offenbar häufig darauf zurückzuführen, dass er seinem Ego erlegen war oder sich Gedanken über ein Scheitern beziehungsweise darüber machte, was andere wohl von seinem Verhalten dachten, statt sich auf seine größere Berufung zu konzentrieren. Er erkannte eine weitere potenzielle Falle: Überaktivität, wobei man sich in Einzelheiten verzettelt und Chancen verpasst, weil man unter Zeitdruck steht. Andere Male hielt er vielleicht zu eng an seinen ursprünglichen Plänen fest, statt sich den Umständen anzupassen. Wenn er so reagierte, fiel ihm auf, dass er wesentlich seltener Synchronizität erlebte. Ich kann seinen Rat sehr gut nachvollziehen.

Ein wichtiges archetypisches Motiv, das Ihnen beim Nachdenken über Ihren Lebensweg helfen kann, ist die „Heldenreise“, die Geschichte der Transformationsstufen im Leben.[21] Joseph Campbell entdeckt diesen Erzählstrang in vielen alten Mythen, doch er taucht auch in der Literatur und im Film auf. Einen Protagonisten ereilt der Ruf des Abenteuers. Irgendwann steht er vor einer großen Herausforderung und erlebt die „dunkle Nacht der Seele“. Der Held überwindet sie und kehrt nach seiner „Initiation“ nach Hause zurück, wobei er zum Segen für sein Volk wird. Dies gilt nicht nur für außergewöhnliche Menschen, im Kontext persönlicher Transformation besitzt es vielmehr für jedermann Relevanz.

Wie Robert Dilts[22] ausführt, beginnt die Heldenreise mit dem Gefühl, man befinde sich in einer Einöde oder führe ein Leben, das nicht authentisch ist. Dies kann Erwachsenen jeden Alters passieren – auch wenn man bereits gut Fuß gefasst sowie Liebe, Geld und Ansehen erworben hat. Das Gefühl, nicht am richtigen Ort zu sein sowie eine innere Leere führen dazu, dass der Mensch sich vom Bekannten abwendet und auf Distanz zu allem geht, was ihm üblicherweise Rückhalt gibt. Wer sich einem solchen Ruf seiner Seele widersetzt, kann Symptome wie Langeweile, Unruhe, Entfremdung, Depressionen oder andere Leidensformen entwickeln. Derartige Unzufriedenheiten bringen die

Betroffenen am Ende dazu, ein authentischeres oder erfüllteres Leben zu suchen.

Die Heldenreise beginnt, wenn wir eine Schwelle überschreiten, einen mutigen Schritt in eine neue Richtung außerhalb unserer Komfortzone tun. Unterwegs kann es wichtig sein, einen Begleiter oder Mentor zu haben, der uns unterstützt, insbesondere wenn er sich mit den Herausforderungen auskennt, vor denen wir stehen.

Erfolg ist uns auf der Lebensreise oft nicht durch Kämpfen, sondern durch eine Form der Ergebung beschieden – durch das Aufgeben von etwas Altem, woraufhin wir uns für etwas Neues entscheiden, das mit unserer Berufung im Einklang steht. Die Herausforderung besteht nicht darin, den Dämonen zu töten, der sich uns entgegenstellt, sondern ihn zu verwandeln. Ich verstehe dies als die Verwandlung eines Dämons in unseren Daimon.

Wie der Psychologe Ernest Rossi beschreibt, steht die Heldenreise in engem Zusammenhang mit einem vierstufigen Zyklus kreativer oder transformativer Veränderung.[23] Diese Stufen werden oft mit den Begriffen Präparation, Inkubation, Illumination und Verifikation bezeichnet. In der Psychotherapie könnte dieser vierstufige Veränderungsprozess beispielsweise den Übergang von ursprünglichem Wohlbefinden zu einer Depression beinhalten, worauf der Ausbruch aus alten Mustern und die Entwicklung neuer Muster aufgrund eines integrierten neuen Bewusstseins folgen. Dieser Veränderungszyklus spiegelt sich auch in der Natur wider, am offensichtlichsten vielleicht in den vier Jahreszeiten.

Der australische Karikaturist Michael Leunig beschreibt diese vier Veränderungsstufen meiner Meinung nach am einfachsten und einleuchtendsten:[24] Wenn er versucht, eine Idee für eine Karikatur zu finden, ist der Anfang oft völlig chaotisch. Während er weiter um eine Idee ringt, hat er manchmal ein Verlustgefühl und denkt, er könne nichts Gutes mehr kreieren – trotz früherer Erfolge. Dann kommt die Eingebung. Und wenn sein Werk im Entstehen begriffen ist, stellt sich Freude ein. Chaos, Verlust, Eingebung, Freude. Wie einprägsam und elegant diese Reihenfolge doch ist!

In der psychotherapeutischen Situation charakterisiere ich die vier Stufen transformativer Veränderung im Leben der Menschen typischerweise wie folgt: Zunächst führen sie ihr ganz normales Leben, dann tritt etwas ein, was ihr Gleichgewicht ins Wanken bringt und ihnen die Notwendigkeit einer Veränderung vor Augen führt. Es kann ein Gefühl der Unzufriedenheit oder der Wunsch nach innerer Bereicherung entstehen.

Die zweite Stufe, Inkubation, ist eine Wendung nach innen, die bis zum völligen Rückzug reichen kann und mit der die Betroffenen auf die Notwendigkeit der Veränderung reagieren. Dies ist oft schmerzlich, insbesondere wenn die Betroffenen in alten Reaktionsmustern stecken bleiben. Dieses Stadium ist mit hoher Erregung und zuweilen mit Depression verbunden. In der Literatur wird es oft als die „dunkle Nacht der Seele" bezeichnet. In ihrer akutesten Form bezeichne ich sie als „kleinen Tod".

Die dritte Stufe, Illumination, beinhaltet den Ausbruch aus alten Mustern mit einem neuen Bewusstsein, das ein erweitertes Spektrum an Möglichkeiten zum Umgang mit den Herausforderungen des Lebens eröffnet. Manchmal tritt jetzt eine plötzliche Erkenntnis ein, die eine subjektive Lösung für ein Problem oder einen Konflikt bietet.

Auf der vierten und letzten Stufe, Verifikation, nutzen die Betroffenen das neue Bewusstsein oder die Erkenntnisse und handeln entsprechend. Bei einer anschließenden Überprüfung sehen sie, dass die ursprüngliche Herausforderung damit bewältigt wird und dieses Handeln auch langfristig für sie funktioniert. Diese Themen sind universell, was zuweilen beruhigend ist. Auch dunkle Zeiten, vielleicht sogar besonders die allerdunkelsten Zeiten, können zu äußerst tiefgreifenden positiven Veränderungen führen, selbst wenn es sich im Moment des Geschehens wie ein Tod anfühlt. Höchste persönliche Entwicklung wird kaum eintreten, wenn man nur wenige Herausforderungen oder Unannehmlichkeiten zu bewältigen hat.

Diese vier Stufen erkenne ich auch in meiner eigenen Erfahrung mit einer schweren Depression wieder, durch die sich mein Verständnis für Probleme der psychischen Gesundheit stark weiterentwickelt hat. Sie hat mir in meiner späteren Arbeit als Psychologe ebenso sehr geholfen wie alle formellen Ausbildungen, die ich durchlaufen habe. Ich lade Sie, die

Leserinnen und Leser, ein, einmal darüber nachzudenken, ob Sie in Ihrem Leben auch selbst solche Veränderungsstufen durchschritten haben.

Wenn man dieses Veränderungsmuster versteht, kann es in einer Zeit der Krise oder Herausforderung eine große Hilfe sein. Es weckt Hoffnung und lässt einen erkennen, dass selbst aus dunkelsten Zeiten viel Gutes kommen kann. Joseph Campbell beschreibt ein gutes Leben als eine Heldenreise nach der anderen. Diese Metapher kann uns dazu ermuntern, die Krisen in unserem Leben mit Mut und Durchhaltevermögen zu deuten und anzugehen.

Meiner Ansicht nach steht die Heldenreise mit ihren vier Stufen der Veränderung in engem Zusammenhang mit dem Phänomen der Synchronizität. Jungs Vertraute Marie-Louise von Franz wies darauf hin, dass synchronistische Erlebnisse häufig in entscheidenden Phasen der von Jung so genannten „Individuation" auftreten, also des Prozesses, durch den wir immer mehr wir selbst werden, dass sie allerdings auch unbemerkt vorübergehen können, wenn die Menschen nicht gelernt haben, auf derartige Zufälle zu achten.[25] Mit anderen Worten, Synchronizität tritt mit größerer Wahrscheinlichkeit im Übergang zu oder im Laufe von Stufe Drei auf, die ja offenbar eine erhellende Stufe ist, wie viele hier beschriebene Beispiele zeigen. Auf Stufe Zwei tritt sie eher nicht auf; dort haben die Betroffenen oft den Eindruck festzustecken und nicht zu wissen, wohin es für sie im Leben gehen kann. Bei Menschen, die ihre Persönlichkeitsentwicklung auf einer erleuchteten Stufe gefestigt haben, wie dies offensichtlich bei Jung und einigen anderen (auch Deepak Chopra) der Fall ist, könnte sich dies in häufigen synchronistischen Erlebnissen auf Stufe Vier zeigen. Man könnte dies als fortlaufende bejahende Häkchen vom Universum bezeichnen, was offenbar anzeigt, dass die Betroffenen einen für sie einzig wahren und erfüllenden Lebensweg gewählt haben.

Die Heldenreise oder der Prozess des Vorantreibens der eigenen Entwicklung verläuft nicht immer ganz so dramatisch wie hier beschrieben. Doch wir alle müssen uns im Leben Herausforderungen stellen und haben Probleme zu bewältigen. Die Thematik der Veränderungsstufen zeigt sich dann vielleicht subtiler; aber sie ist vorhanden.

Lebensrückschau halten

Meiner Ansicht nach können wichtige Ereignisse aus Ihrem bisherigen Leben, die Ihren Entwicklungsverlauf mitgeprägt haben – insbesondere wenn sie zufällig waren oder mit einer markanten Synchronizität einhergingen – Licht auf ihren Schicksalsweg werfen.

Wenn Sie feststellen wollen, durch welche Entwicklung Ihr Genius leichter zutage treten und zu voller Entfaltung gelangen kann, kann es hilfreich sein, von entscheidenden Punkten auf Ihrem bisherigen Lebensweg aus zu extrapolieren.

Führen Sie sich Ihr bisheriges Leben in Form von zehn bis fünfzehn signifikanten lebensverändernden Ereignissen vor Augen, die Ihnen einfallen. Denken Sie an Dinge, die Sie zu einem Kurswechsel veranlasst haben, insbesondere wenn sie, zumindest rückblickend, Ihrem Empfinden nach in eine bessere oder erfüllendere Richtung geführt haben. Achten Sie auf die Dinge, die sich plötzlich und entscheidend auf die Veränderung Ihrer Lebensrichtung ausgewirkt haben – auf die Quantensprünge sozusagen. Zum Zeitpunkt des Geschehens können diese sogar wie Rückschläge, umgekehrt aber auch sichtlich günstig erschienen sein – etwa eine seltene Gelegenheit, die aus heiterem Himmel kam. Auf diese Liste gehören auch triftige Erkenntnisse, die Ihnen plötzlich gekommen sind und die Sie zu Ihrem Vorteil umgesetzt haben. Sie können auch Erfahrungen aufschreiben, die eher allmählich verlaufen sind, aber dennoch Ihren Entwicklungsverlauf verändert haben.

Heben Sie die Erlebnisse, die mit starker Synchronizität einhergegangen sind, durch Unterstreichen, Sternchen oder in anderer Weise besonders hervor: Diese führen Sie wahrscheinlich direkter zu Ihrem Genius oder Ihrem tieferen Lebenszweck. Ein derartiger

Lebensrückblick kann Ihnen ein besseres Gespür dafür vermitteln, dass das Schicksal Sie offenbar in eine bestimmte Richtung geschubst hat. Potenziell kann er auch den optimalen Weg für die Zukunft erhellen.

Teil 2
Erste Signale

FÜNF

Wandel in den Weltbildern

Ein Buch zu lesen, ist manchmal reine Unterhaltung, ein anderes Mal ist es eine Lernerfahrung, und in seltenen Fällen ist es sehr viel mehr.

1983 besuchte ich mit gerade einmal fünfundzwanzig Jahren ein Seminar von Dr. John Travis, Mediziner und Dozent an der Johns Hopkins University sowie Mitbegründer des „Wellness-Modells". Dieses Modell schuf einen Rahmen, innerhalb dessen Symptome körperlicher und psychischer Erkrankungen mit Lebensstil und Einstellung sowie einer zugrunde liegenden transpersonalen oder spirituellen Dimension in Verbindung gebracht wurden. Dr. Travis trug einen langen weißen, fließenden Kaftan. Hinter ihm wurden Wohlfühlbilder von einem Artgenossen der Möwe Jonathan auf eine Leinwand projiziert, der sich vor weißen Wolken in den Himmel schraubte – ein Spiegelbild des Friedens und der Freude, die hier zum Verkauf standen. Ich war äußerst skeptisch. Meiner Meinung nach sollten Erwachsene, insbesondere wenn sie gebildet und älter waren als ich, gefälligst vernünftig sein.

Als ich John nach dem Seminar persönlich sprach, war er sehr entgegenkommend und liebenswürdig. Er sagte, er habe sich vielleicht nicht gut ausgedrückt, aber vieles von dem, was er zu vermitteln versucht hätte, fände ich auch in einem Buch mit dem Titel *Die sanfte Verschwörung: persönliche und gesellschaftliche Transformation im Zeitalter des Wassermanns.* Er sprach über die Wissenschaftler, die sich als Reaktion auf das mysteriöse Weltbild der Quantenphysik zunehmend der Religion zuwandten. Dies überraschte mich, und ich beschloss, das Buch zu lesen, das er vorgeschlagen hatte.

Ich habe immer viel darauf gegeben, dass ich ein absolut rationaler und analytischer Denker war. Man könnte sagen, ich war sehr „linkshirnig". Doch *Die sanfte Verschwörung: persönliche und gesellschaftliche Transformation im Zeitalter des Wassermanns* (1980; dt. 1982) von Marilyn Ferguson hat meine Einstellung grundlegend und dauerhaft verändert.

Ferguson schreibt über Paradigmenwechsel, die in vielen Feldern auf die Enthüllungen der Quantenphysik folgten. Dann schildert sie das Potenzial zur persönlichen Transformation – zu einem geistigen Paradigmenwechsel. Dabei hebt sie die Vorteile intuitiver und ganzheitlicher Sichtweisen hervor, die über rational-analytisches oder lineares Denken hinausgehen. Als ich mit der Lektüre von *Die sanfte Verschwörung* begann, ging ich als Skeptiker an das Buch heran – zumindest auf der bewussten Ebene. Doch als ich in meinem Alltag eine geradezu explosive Häufung von Synchronizität erlebte, kaum dass ich in dem Buch darüber gelesen hatte, sagte mir nicht nur meine „rechte Hirnhälfte" oder meine intuitive Verarbeitung, dass hier ein Muster erkennbar war. Meine linke Hirnhälfte oder mein analytisches Denken registrierte, dass hier eine merkwürdige Häufung von Umständen vorlag, die sich jeder rationalen Erklärung entzog. Meine linke Hirnhälfte sagte mir, ich solle meiner rechten gefälligst mehr Aufmerksamkeit schenken!

Im Folgenden will ich versuchen zu vermitteln, was ich durch die Lektüre von *Die sanfte Verschwörung* gewonnen habe – die entscheidenden Ideen, die meine Sichtweise geprägt haben – und wie ich diese Ideen in meinem Arbeitsleben und anderswo zur Förderung einer besseren psychischen Gesundheit umgesetzt habe. Dazu gehört auch die historische Tatsache, dass bereits vor den offenkundig bedeutenden gesellschaftlichen Veränderungen der 1960er Jahre mit dem Aufstieg des Feminismus und der Protestbewegung gegen den Vietnamkrieg ein umfassender gesellschaftlicher und kultureller Wandel in Gang gesetzt worden war. Bereits im vorigen Jahrhundert waren derartige Veränderungen von vielen vorhergesagt worden.

Wandel im wissenschaftlichen Weltbild

Marilyn Ferguson erklärte, in welchem Ausmaß die moderne Naturwissenschaft unser Verständnis vom wahren Wesen der Wirklichkeit verändert hat. Entgegen allem Anschein und dem bis dahin üblichen Denken hatte sich herausgestellt, dass die Welt nicht aus festem „Stoff" besteht. Tatsächlich ähneln die physische Materie und die Atome, aus denen sie zusammengesetzt ist, eher einem Energietanz als einer festen materiellen Präsenz im Raum. Raum und Zeit existieren nicht an sich – sie sind eine Abstraktion. Das klang zunächst ziemlich merkwürdig!

In gewissem Sinne ist die Welt wie ein Hologramm, eine immaterielle Illusion. Unser Gehirn und unsere Sinnesorgane, durch die wir unser Erleben wahrnehmen, sind ebenfalls ein Hologramm, das dennoch das illusionäre Empfinden erzeugt, die Welt sei stabil, berührbar, sichtbar und hörbar. Astronomen und Physiker, auch Einstein, beschrieben das Universum als von immateriellem, aber geordnetem Wesen. Viele führende westliche Wissenschaftler wie etwa David Bohm behaupteten, das grundlegende Wesen der Materie gehe aus einer Form von Bewusstsein hervor, worin die Behauptungen östlicher Mystiker aus vielen Jahrhunderten anklingen.

Diese Konzepte wollen einem nur schwer in den Kopf. Die Veränderung in unserem Verständnis, die dazu erforderlich ist, erscheint weitaus dramatischer als der Wandel von der Vorstellung, die Welt sei eine Scheibe zu der von der Welt als Kugel – als jener frühere Paradigmenwechsel also, der zu seiner Zeit für viele Menschen kaum akzeptabel war. Hier stehen wir vor einer Begriffswandlung in einer völlig anderen Größenordnung. Wenn die scheinbare Festigkeit eines Tisches, die ich durch lautes Klopfen mit meinen Fingerknöcheln erfahrbar machen konnte, gewissermaßen eine Illusion ist, dann ist vielleicht alles fraglich, was ich mit meinen Sinnen wahrnehme.

Ich dachte darüber nach, was dies für meine Arbeit und mein Leben im Allgemeinen zu bedeuten hatte. Vielleicht sollte ich anderen Meinungen gegenüber ein wenig aufgeschlossener sein, so seltsam sie mir zunächst auch vorkommen mögen. Vielleicht war der junge Student in meinem Philosophie-Seminar im ersten Semester, der behauptete, er sei Idealist – und die Welt bestehe aus nichts als Bewusstsein – doch nicht der abgedrehte Spinner, für den ich ihn gehalten hatte.

Bisher hatte ich mich für aufgeschlossen und einen guten Zuhörer gehalten. Natürlich hielt ich bereits an dem psychologischen Grundprinzip fest, dass wir weniger von der Realität einer Situation berührt werden, in der wir uns befinden, als vielmehr von unserer Sicht der Dinge. Es ist völlig klar, dass unsere Interpretation der Ereignisse hochsubjektiv und äußerst individuell sein kann.

Dies alles veranlasste mich zu akzeptieren, dass die Ansichten jedes Menschen grundsätzlich subjektiver Natur sind. Es erhöhte außerdem meine Bereitschaft, meine Skepsis gegenüber allen möglichen Themen zurückzustellen. Ich war bereit, die Welt anders zu sehen. Ich bezweifelte eher die Wahrheit meiner eigenen Ansicht und verwarf die anderer nicht so schnell, ganz gleich wie überzeugend meine ursprünglichen Schlussfolgerungen gewirkt haben mochten.

Wandel im Weltbild auf anderen Gebieten

Weiter schilderte *Die sanfte Verschwörung* das Ausmaß des Paradigmenwechsels oder der markanten Veränderungen des Weltbilds, die gleichzeitig auf den Gebieten Gesundheit, Wirtschaft, Bildung, Politik und Religion eingetreten waren. So hielt zum Beispiel auf dem Gebiet des Gesundheitswesens eine ganzheitlichere Sicht Einzug, eine größere Aufgeschlossenheit für die Vorstellung von einer integrierten Wechselwirkung zwischen Geist und Körper. Es wird zunehmend anerkannt, dass geistige Mechanismen, einschließlich sozialer und emotionaler Faktoren, sich auf alle und nicht nur auf psychische Erkrankungen auswirken.[1]

Gesundheitliche Probleme sollten nicht nur als negative Ergebnisse, vergleichbar etwa mechanischen Problemen bei einem Fahrzeug, gesehen werden. Richtig verstanden sind sie vielmehr potenzielle Hinweise auf Lebensbereiche, die aus dem Gleichgewicht geraten sind. Diese Hinweise sind so geartet, dass sie zu konstruktivem Wachstum und zur Transformation führen können. Bei der Einschätzung der Gesundheit des Patienten wird auch die Intuition von Patient und Arzt zunehmend anerkannt.

Im Bereich der Bildung zeigt sich ein ganzheitlicheres Verständnis heute in mehrerer Hinsicht, zum Beispiel in Form von weniger autoritären Beziehungen zwischen Schülern und Lehrern, einer stärkeren Betonung selbstbestimmten Lernens und einer höheren Bedeutung von Kreativität und Erfahrungslernen. In Arbeit und Wirtschaft wird vermehrt darauf geachtet, dass der Mensch und seine Aufgaben, oft im Rahmen eines Teams, wirklich zusammenpassen. Die Beziehungen am Arbeitsplatz werden tendenziell weniger autoritär, sondern kollegialer, und die Auswirkungen der Arbeitsumgebung werden stärker berücksichtigt.

In Glaubensfragen gibt es im Westen weniger Unterwürfigkeit gegenüber religiösen Autoritäten. Die Menschen suchen Spiritualität zunehmend außerhalb der formellen Religionen und treffen eigene Entscheidungen. Oft kritisieren sie das Glaubenssystem, in dem sie aufgewachsen sind, und fühlen sich stattdessen in alternativen oder gar keinen Glaubensformen zu Hause. Insbesondere der Buddhismus hat das Denken vieler westlicher Menschen stark beeinflusst, die begreifen, was der Buddha über die gefährlichen Verlockungen weltlicher oder emotionaler Anhaftungen gesagt hat, auch wenn sie nicht meditieren oder beten.

In vielen Bereichen beobachten wir eine Stärkung der Stellung des Einzelnen, eine vermehrte Anerkennung individueller Unterschiede, zunehmende Akzeptanz abweichender Ansichten und eine stärkere Betonung der Intuition als innerer Führung. Es gibt ein großes Interesse an der von dem Psychologen Abraham Maslow so bezeichneten Selbstverwirklichung, einem Prozess, bei dem es darauf ankommt, über unsere Grundbedürfnisse hinauszuwachsen und Erfüllung durch die Maximierung unseres Potenzials anzustreben.[2] Diese Auffassungen lassen offenbar bereits die Entwicklung des „Wellness-Modells“ und das Gebiet der positiven Psychologie erahnen.

Solche Beweise für einen breiten gesellschaftlichen Wandel sind ermutigend. Sie stützen die Ansicht, dass transformative Veränderungen im eigenen Leben und im Leben anderer Menschen keine übertriebene Hoffnung sind.

Typen des Wandels

Nach der Beschreibung zahlreicher Bereiche, in denen markante Veränderungen eingetreten sind, erklärt *Die sanfte Verschwörung* Wesen und Prozesse dieser Veränderung.[3] Manche Veränderungsformen sind umfassender, schneller oder stabiler als andere. Die drei Arten der Veränderung sind die Veränderung durch Zuwachs, die Pendelveränderung und die Paradigmenveränderung. Anhand von Beispielen werde ich zeigen, wie diese Veränderungsformen im therapeutischen Zusammenhang auftreten können.

Mit Veränderung durch Zuwachs ist ein allmählicher, Schritt für Schritt ablaufender Wandel gemeint, bei dem sich Reaktionen und Umstände nach und nach ändern. Wenn wir uns neue Gewohnheiten zulegen, zum Beispiel mehr Sport treiben, dann tun wir dies häufig Schritt für Schritt und mit der Zeit. Solche Veränderungen durch Zuwachs können sich am Ende als äußerst segensreich erweisen, insbesondere wenn sich die kleinen Veränderungen zu einer tief verwurzelten Verhaltensänderung summieren, die durch neue Gewohnheiten aufrechterhalten wird. Allerdings gehen solche Veränderungen eher langsam vor sich.

Bei der Pendelveränderung haben wir es eher mit plötzlichen Verhaltensänderungen zu tun, die manchmal von einem Extrem ins andere schwanken. Sie ist ein weniger stabiles Phänomen. So könnte jemand beispielsweise plötzlich mit dem Konsum eines Rauschmittels aufhören oder reumütig schwören, sein gewalttätiges Verhalten sofort einzustellen. Wenn die Betroffenen jedoch noch keine Strategien zur Bewältigung künftiger Stresssituationen entwickeln, werden sie wahrscheinlich den Substanzmissbrauch oder ihr aggressives Verhalten wieder aufnehmen. Pendelveränderung erfolgt im Allgemeinen zwar schnell, ist aber mit geringerer Wahrscheinlichkeit von Dauer als die Veränderung durch

Zuwachs, weil sie häufig nicht mit einer grundlegenden Änderung der Haltung oder Sichtweise verbunden ist.

Ein Paradigmenwechsel ist wahrhaft transformativ. Er beruht auf einem echten und tiefgreifenden Wandel von Sichtweise oder Weltbild. Ein historisches Beispiel, das ich bereits erwähnt habe, ist das Verständnis der Welt als Kugel statt als Scheibe. Ein weiteres Beispiel ist die Akzeptanz, dass die scheinbare Festigkeit der Welt in Wirklichkeit eine Illusion ist. Dies erfordert eine umfassende Veränderung des Weltbildes. Man kann seine Ansicht nicht Schritt für Schritt ändern, um so nach und nach einen Paradigmenwechsel zu erleben: Er tritt plötzlich ein. Paradigmenwechsel werden oft durch einen intuitiven Gedankensprung entdeckt, vielleicht während man um die Deutung unerwarteter und verwirrender Beobachtungen ringt. Ich habe einen solchen Paradigmenwechsel erlebt, als ich meine Auffassung, Zufälle geschähen willkürlich, nicht mehr aufrechterhalten konnte.

Paradigmenwechsel können von Natur aus schwer zu bewältigen sein. Häufig sind wir emotional und gewohnheitsmäßig an bewährte Ansichten gebunden. Außerdem funktioniert unser altes Weltbild wahrscheinlich in vielen Situationen recht gut – oder zumindest hat es gut funktioniert, weshalb wir ja überhaupt so sehr daran festgehalten haben. Therapeuten sehen oft Klienten, deren Verhaltensmuster ihr Verfallsdatum längst überschritten haben. Doch das Weltbild, das diesem Verhalten zugrunde liegt, zum Beispiel, dass es sicherer ist, wenn man niemandem traut, ist angesichts der Vorgeschichte der Betroffenen – etwa wiederholter Missbrauch in der Kindheit – vollkommen verständlich.

Zwar vollzieht sich ein Paradigmenwechsel im Denken des Einzelnen typischerweise sehr plötzlich, doch bis sich ein solcher Wandel in einer Gruppe oder gar auf einem Gebiet vollzieht, kann es durchaus einige Zeit dauern. So ist zum Beispiel, wie in Kapitel Neunzehn beschrieben, bei unseren allgemeinen Erklärungen für psychische Erkrankungen eine Änderung dringend überfällig. Für gewöhnlich erklärt man Schwierigkeiten, wie etwa eine klinische Depression in der Psychiatrie, dahingehend, dass sie durch eine genetische Veranlagung ausgelöst werden, die zu einem biochemischen Ungleichgewicht im Gehirn führt, weshalb sie als primäre Behandlung eine Langzeitmedikation erfordern. Diese Erklärung ist nicht nur stark vereinfachend, sie ist auch pessimistisch und kann infolgedessen das Problem, das sie eigentlich lindern soll, noch verschärfen. Ich glaube, dass in der Psychiatrie generell ein Paradigmenwechsel fällig ist.

Wird ein Paradigmenwechsel von einer Einzelperson erlebt – nehmen wir zum Beispiel einmal an durch Psychotherapie – so wirkt er transformativ. Es tritt eine Art Erleuchtung ein. Viele Klienten, die unter psychischen Traumareaktionen leiden, profitieren stark von Therapien, bei denen frühere traumatische Erfahrungen mit dem Ziel nacherlebt werden, ihre Wirkung abzuschwächen. Zunächst sind sie wahrscheinlich der Meinung, dass sie diese Erfahrungen auf keinen Fall mehr nacherleben wollen. Doch bestimmte therapeutische Techniken können dramatische Erfolge erzielen, teilweise deshalb, weil die Betroffenen dadurch die traumatische Erinnerung ohne die Intensität des emotionalen Schmerzes noch einmal nacherleben können. Sie erkennen dann, dass die Belastung weniger von dem unveränderlichen Ereignis selbst, als vielmehr von der Art ihrer Erinnerung daran herrührt, und dass sie diese verändern können.

Menschen, die posttraumatische Belastungen überwinden, haben meist weitere transformative Erkenntnisse. Zum Beispiel können sie nun aus der Sicht des Erwachsenen besser erfassen, dass der wiederholte Missbrauch, den sie als Kind erlebt haben, nicht an ihnen lag, obwohl sie immer wieder Scham- und Schuldgefühle verspürt haben, teils aufgrund der heimtückischen Art und Weise, mit der der Täter die Verantwortung dafür abgelehnt hat. Ein anderer Klient erkennt vielleicht plötzlich, dass der tragische Tod eines Angehörigen womöglich relativ schnell und schmerzlos war und nicht als unauslöschlicher Moment blanken Horrors erlebt wurde, wie er ihn sich – wohl unbewusst – vorgestellt hat. Oder ein Klient kann vollständig akzeptieren, dass er alles Menschenmögliche getan hat, um den tödlichen Unfall eines anderen zu verhindern – obwohl es anders und schrecklich ausging und er sich wünschte, er hätte dies verhindern können.

Bei einer schweren Depression kann Transformation eintreten, wenn der Betroffene zum ersten Mal aus einem plötzlich veränderten Blickwinkel erkennt, dass tatsächlich Licht am Ende des Tunnels ist und er im Laufe seiner Genesung wertvolles Bewusstsein erlangt hat. Bei Panikattacken oder Sozialphobie kann sich das Therapieziel einer Klientin von der Angstvermeidung in gefürchteten Situationen zum bewussten Zulassen einer gewissen Angst und dem Umgang damit verschieben, so dass die Angst an sich nicht mehr ganz so bedrohlich empfunden wird. Wenn Menschen sich absichtlich Situationen aussetzen, vor denen sie übergroße Angst hatten, und feststellen, dass sie mit den unangenehmen Gefühlen zurechtkommen können, lässt die Angst üblicherweise nach. Bis dahin wird ihr Gefühl von Freiheit und Selbstsicherheit dadurch gestärkt, dass sie die Angst besser aushalten können, wenn sie kommt.

Bei aggressiven Durchbrüchen könnte der Betroffene erkennen, dass es weniger andere Menschen oder Situationen sind, die ihn wütend machen, als vielmehr seine eigenen Erwartungen. Diese können mit strengen Urteilen über andere sowie vielleicht dem übermäßigen Gebrauch eines Wortes wie „sollte" in Verbindung stehen. Oder vielleicht merken sie, dass sie eine eingebaute „Pausentaste" haben – mit anderen Worten, dass sie in der Lage sind, gewohnheitsmäßige Reaktionen zu bremsen, wenn ihre Emotionen mit ihnen durchzugehen drohen. So oder so erleben sie ein völlig anderes Ausmaß an interner Kontrolle und infolgedessen bessere Beziehungen.

Solche Erkenntnismomente werden in der Therapie normalerweise als Wendepunkte erlebt, die ich heute mit dem Übergang von Stufe Zwei zu Stufe Drei des kreativen Zyklus verbinde, den ich im letzten Kapitel beschrieben habe. Am besten schließen sich daran absichtliche Verhaltensänderungen an, um neue Gewohnheiten zu festigen. Dazu können gehören: Selteneres Vermeiden bisher gefürchteter Situationen; das Einüben neuer Möglichkeiten, die Angst zu regulieren; sich selbst aktiv daran zu erinnern, dass auch die finstersten Gedanken und Gefühle vergehen, oder die Festigung kollegialerer Arten des Umgangs mit Konflikten. Solche Bemühungen fördern die Genesung sowie anhaltende positive Veränderungen in Verhaltensmustern und Persönlichkeitsfunktionen, was wiederum ein Kennzeichen von Stufe Vier des kreativen Zyklus ist.

Andere Beispiele für eine transformative Veränderung oder einen Paradigmenwechsel haben ihren Ausgangspunkt in einer weniger belastenden Situation – etwa die Kündigung der Arbeitsstelle, um einem leidenschaftlichen Interesse nachzugehen; der Aufbruch zu einer abenteuerlichen Auslandsreise oder das Einlassen auf eine neue langfristige Beziehung. Bei vielen Menschen vollzieht sich eine persönliche Transformation jedoch im Kontext widriger Umstände – zum Beispiel als Reaktion auf eine schwere Krise. Marilyn Ferguson beschreibt eine aus der Chemie abgeleitete Theorie, die dies leichter verständlich macht.

Eine Theorie transformativer Veränderung

Der belgische Chemiker Ilya Prigogine erhielt 1977 den Nobelpreis für seine Theorie über *Dissipative Strukturen*.[4] Prigogine beschrieb, inwiefern diese Theorie auf transformative Veränderungen nicht nur in der Chemie in Bereichen wie etwa der Kristallbildung anwendbar ist, sondern auch auf beliebige lebende oder „offene" Systeme. Offen ist ein System, das in ständigem Energieaustausch mit seiner Umgebung steht – der Begriff ist auf jedes Lebewesen, aber auch auf ein Verkehrssystem, ein politisches System oder sogar einen Insektenstaat anwendbar. Geschlossene Systeme, zu denen unbelebte Objekte wie etwa ein Stein gehören, weisen keine innere Energieumwandlung auf und geben keine Energie an ihre Umgebung ab.

Prigogine erklärte, dass sich offene Systeme aufgrund der ständigen Bewegung der beteiligten Energie in einem Zustand fortwährenden Wandels befinden. Teile des Systems schwanken in ihren Kontakten zu anderen Teilen. Geringfügige Fluktuationen innerhalb des Systems haben kaum Auswirkung auf seine strukturelle Integrität insgesamt. Größere oder dramatischere Fluktuationen können zu plötzlichen Veränderungen führen, wodurch sich das System völlig anders zu einem neuen Ganzen ordnet. Diese neue Organisation ist stets höherer Ordnung und weist einen noch höheren Grad an Komplexität auf. Flexibilität erzeugt größere Flexibilität, so dass sich das System immer weiterentwickelt. Schwache

Bindungen zwischen den Teilen – vielleicht neben starken Bindungen – machen ein System flexibler, aber weniger stabil.

Ich deute dies so, dass transformative Veränderung in jedem offenen System erfordert, dass die Dinge erst auseinanderfallen, bevor das System auf neue Weise reorganisiert werden kann, üblicherweise auf einer höhergeordneten Entwicklungsstufe. Das Beispiel, das ich meist bei meinen Klienten verwende, lautet: Erst wenn ein Straßenverkehrssystem unter zu vielen Staus zusammenbricht, werden Neuerungen eingeführt, zum Beispiel eine neue Umgehungsstraße um eine Stadt. Alle alten Teile des Systems sind noch an Ort und Stelle – es gibt noch alle bisherigen Straßen – aber etwas Neues wird hinzugefügt. Die neue Anpassung mag das Verkehrsproblem für längere Zeit entschärfen, doch eines Tages wird es wahrscheinlich Bedarf für weitere Innovationen geben – zum Beispiel Initiativen für eine Verbesserung des öffentlichen Personennahverkehrs – um erneut auftretende Stauprobleme zu lösen.

Normalerweise fahre ich fort, dass es aus psychologischer Sicht oft so scheint, als müssten die Menschen zunächst einmal eine Zeit durchmachen, in der für sie bis zu einem gewissen Grad „alles aus den Fugen gerät", bevor sie den Schritt auf die nächste Stufe der Persönlichkeitsentwicklung tun können. Nicht selten folgt dies auf ein signifikantes, herausforderndes Ereignis. Alle früheren potenziellen Verhaltensweisen sind noch vorhanden, auch wenn es nicht immer so scheint, doch etwas Neues kann hinzugekommen sein.

Dies macht leichter erklärlich, warum Menschen oder Organisationen eine transformative Veränderung oft erst nach einer Zeit grundlegender Herausforderung oder großer Belastung durchmachen. Klienten, die schweres oder lang anhaltendes Leid durchstehen mussten, sage ich oft, dass ihre Persönlichkeit danach mit einiger Wahrscheinlichkeit auf einer höheren und stärker integrierten Ebene funktioniert – vorausgesetzt, ihr Leben findet zu einem relativen Gleichgewicht zurück. Wenn Menschen eine Krise oder extrem herausfordernde Umstände heil überstehen, ist oft unübersehbar, dass sie innerlich gewachsen sind. Nelson Mandela steht einem dabei sofort als anschauliches Beispiel vor Augen.

Wenn Klienten bei großem Leid eine Psychotherapie machen möchten, schildere ich ihnen den Veränderungsprozess folgendermaßen: Wenn wir schwer depressiv sind oder uns anderweitig festgefahren vorkommen, dann funktioniert irgendetwas in unserem Leben nicht in unserem Sinne. Es muss sich etwas ändern. Manchmal ist die erforderliche Veränderung dramatisch. Bisweilen müssen wir zu einem völlig neuen Standpunkt finden.

Üblicherweise illustriere ich das mit einer Geste beider Hände: Um von einer Anordnung verschränkter Finger zu einer anderen zu kommen, müssen Hände und Finger sich erst einmal voneinander lösen, damit Sie die Veränderung vornehmen können. Dieses symbolische Lösen kann sich wie ein „kleiner Tod" anfühlen. Wenn wir dieses Lösen jedoch dulden, wenn wir das damit verbundene Leid ertragen, dann erwartet uns ein Versprechen: Egal, wie wir die Dinge am Ende wieder zusammenfügen, es wird immer eine höherrangige Ordnung sein als zuvor. Auf die alte Art können wir normalerweise noch zurückgreifen, doch jetzt steht uns mehr zur Verfügung, daher wird sie wahrscheinlich ersetzt. So funktionieren alle lebendigen Systeme.

Heute kann ich den Klienten die gute Nachricht verkünden, dass viele andere diese Veränderung erfolgreich bewältigt haben. Ich verweise auf die objektiven klinischen Forschungsergebnisse, die in unserer Praxis erzielt worden sind und die auf eine gute Genesung von Erkrankungen wie posttraumatischer Belastungsstörung und klinischer Depression hinweisen. Schwer depressiven Klienten erzähle ich von meiner eigenen Genesung. Dabei sage ich ihnen auch, dass ich nicht daran geglaubt habe, obwohl ich diesen Prozess ja zuvor bei unzähligen anderen beobachtet hatte. Wenn man gerade einen kleinen Tod durchmacht, kann man kaum noch klar denken.

Methoden zur Herbeiführung eines Paradigmenwechsels

In *Die sanfte Verschwörung* beschreibt Marilyn Ferguson eine große Bandbreite an Situationen und Lebenserfahrungen, die Menschen zu einer transformativen Veränderung verhelfen können.[5] Dazu zählen kreatives Tun, spirituelle Erfahrungen, euphorisierende körperliche Tätigkeiten wie Bergsteigen, die Einnahme von Psychedelika oder kritische Herausforderungen wie etwa eine lebensbedrohliche Krankheit. Außerdem beschreibt sie bestimmte therapeutische Interventionen, die zu einer transformativen Veränderung führen sollen und die sie als „Psychotechnologien"[6] bezeichnet. In Psychologie und Medizin gehören dazu Methoden wie Hypnose, Meditation, Biofeedback sowie körperliche Disziplinen wie Yoga oder Kampfkünste, ferner das Führen eines Traumtagebuchs, Selbsthilfegruppen und moderne Psychotherapien. Ferguson ging zutreffend davon aus, dass weitere neue Psychotechniken entdeckt würden.

Eine Hauptthese dieses Buches lautet, dass die systematische Untersuchung synchronistischer Ereignisse als eine weitere Form der Psychotechnologien betrachtet werden könnte, und zwar aufgrund ihrer Fähigkeit, transformative Veränderung herbeizuführen – insbesondere, wenn man Synchronizität mit *Kairos* kombiniert, indem man besonnen und rechtzeitig entsprechend von Erkenntnissen handelt, die man durch die Synchronizität erlangt hat. Auf diese Weise kann Synchronizität sowohl ein hilfreicher Führer durch das Leben sein als auch das Gefühl der Zugehörigkeit stärken und die intuitive Wahrnehmung fördern.

Heute, an einem späteren Punkt meines Berufsweges, möchte ich das Hilfreichste, was ich aus meiner Erfahrung gelernt habe, weitergeben. Dies umfasst insbesondere einige Ideen, die speziell in der konventionellen Psychiatrie und Psychotherapie immer noch zu wenig anerkannt sind. Der Idee von der Synchronizität wird offenbar im konventionellen psychischen Gesundheitssystem kaum Glauben geschenkt. Vielen erscheint sie nicht ausreichend rational.

Wie ich in späteren Kapiteln noch ausführen werde, habe ich Synchronizität in meinem eigenen Leben ungeniert als Führerin genutzt, um wichtige persönliche und geschäftliche Entscheidungen zu treffen. Ich glaube, sie hat mir gut gedient. Sie hat meine Schritte gelenkt und mir Erkenntnisse darüber geschenkt, was es heißt, ein Mensch zu sein.

SECHS

Es tut sich etwas

Eine vom Zufall gelenkte Karriere

Bevor ich die wahre Synchronizitätsexplosion beschreibe, die nach der Lektüre von *Die sanfte Verschwörung* in mein Leben trat, erscheint es mir passend, einige frühere Zufallserlebnisse aus meinem persönlichen und beruflichen Leben zu schildern. Sie liefern den Kontext für das, was später kam. Die Auswirkungen von Zufällen auf Lebensentscheidungen waren mir schon früher aufgefallen, sogar als junger Erwachsener und Atheist, der ihnen keine besondere Bedeutung beimaß, sondern lediglich erkannte, dass sie den Lebensweg vollkommen verändern können.

Meine Laufbahn als Psychologe begann damit, dass ich mit zwanzig Jahren ein Cadetship erhielt. Dabei handelt es sich um ein Psychologie-Stipendium, bei dem man zwei Tage pro Woche in einer staatlichen Einrichtung arbeitet. Dies war auf einen glücklichen Zufall zurückzuführen: Ein Freund erzählte mir auf dem Weg zum Golfspielen, er habe sich um ein Psychologie-Stipendium beworben, daraufhin bewarb ich mich anschließend ebenfalls darum. Es sollte einen markanten Richtungswechsel in meinem Leben einleiten. So banal die Situation damals war, so sehr ist sie rückblickend ein „Türöffner-Moment". Dass mir das Stipendium zuerkannt wurde, war eine große Erleichterung, denn so konnte ich meinen Studentenjob als Pizzabäcker kündigen. Ich nahm das Angebot an, obwohl die Vorstellung, mit psychisch Kranken zu arbeiten, für mich sehr ambivalent war. Ich dachte, nach den zwei Jahren, zu denen ich mich verpflichtet hatte, könnte ich meine akademischen Interessen auf anderen Gebieten weiterverfolgen, wahrscheinlich in Sozialpsychologie.

Doch nachdem ich zum ersten Mal eine schwere Depression erlitt, änderte ich meine Ansicht über die Arbeit mit psychisch Kranken. Mein Zusammenbruch kam nach einer Unmenge von Belastungen, wozu unter anderem gehörte, dass meine Mutter bei einem Unfall schwer verletzt wurde und es zunächst hieß, sie werde nicht mit dem Leben davonkommen; dass meine langjährige Freundin sich von mir trennte und mir die härtesten Prüfungen meines ganzen bisherigen Studiums bevorstanden.

Meine Effizienz und Konzentration im Studium waren stark beeinträchtigt. Ich glaubte, ich stünde kurz vor dem Scheitern. In den schwärzesten Farben malte ich mir aus, welche Verluste das für mich und meine Familie mit sich brächte, einschließlich der Härten durch die Rückzahlung der bisher erhaltenen Stipendiengelder. Mit mir ging es im großen Stil bergab. Dies veränderte meine Ansicht über die Arbeit mit Menschen, bei denen 'eine Schraube locker' ist. Ich war jetzt einer von ihnen!

Wenn ich an einer Hausarbeit schrieb, begann ich den ersten Satz eines Aufsatzes, strich ihn durch und fing wieder von vorne an. Stundenlang konnte das so gehen. Und es ging wirklich stundenlang so. Dann machte ich einen kleinen Spaziergang, riss Blätter von den Bäumen, zerrupfte sie in winzige Stückchen und warf sie im Gehen auf den Boden. Über mehrere Monate hinweg kam ich nachts auf durchschnittlich drei bis vier Stunden Schlaf und wachte meist schweißgebadet auf. Prüfungs- und Versagensängste fraßen mich fast auf, und ich hegte Suizidgedanken, die anscheinend nie aufhören wollten.

Durch die Trennung meiner Eltern wurde die Situation zusätzlich erschwert. Meine Mutter hatte eine ausgeprägte bipolare Störung entwickelt, die vor einigen Monaten, nicht lange nach ihrem beinahe tödlichen Autounfall, diagnostiziert worden war. Mein Vater zog zu Hause aus, weil er glaubte, die Angriffe, die sie gegen ihn richtete, deuteten darauf hin, dass er entscheidenden Anteil an dem Problem hatte. Schließlich begriffen mein Vater und mein Onkel, dass das Verhalten meiner Mutter als Folge einer schweren psychischen Erkrankung zu verstehen war. Sie organisierten psychiatrische Hilfe für meine Mutter, die daraufhin stationär aufgenommen wurde und Medikamente erhielt. Die Situation beruhigte sich, zumindest in dieser Hinsicht. Schließlich zog mein Vater zu Hause wieder ein.

Unterdessen war es mit mir sogar noch weiter bergab gegangen. Ich hatte meine sozialen Kontakte merklich reduziert. An meinen einundzwanzigsten Geburtstag erinnere ich mich als einen der niederschmetterndsten Tage meines Lebens, obwohl ich mit einem Freund Golf gespielt und mit meiner Familie ein wenig gefeiert habe. Als ich an jenem Tag eine Karte erhielt, mit der mir ein paar Freunde von der Uni zum Geburtstag gratulierten und andeuteten, dass sie auf eine Einladung warteten, um mit mir zu feiern, empfand ich keinerlei Freude. Ich fühlte mich lediglich ihrer Freundschaft immer unwerter und hatte Schuldgefühle, dass ich mich einem Treffen mit ihnen entzogen hatte. Ich wartete, bis es zu spät war, etwas zu unternehmen. Ich hätte sowieso nicht die Energie dazu gehabt.

Danach sackte ich immer tiefer ab. Ich vermute, mein Gefühl der Isoliertheit und Entfremdung spiegelten sich in einer Notiz, die ich zu schreiben begonnen hatte und welche die Überschrift trug „An die Menschheit". Heute erscheint sie mir ein wenig melodramatisch. Dennoch zeigt sie in gewisser Weise, wie mir das Leben damals vorkam. Mit der Notiz, die ich nie jemandem gezeigt oder geschickt habe, wollte ich eine Erkenntnis festhalten, die ich für mein Empfinden darüber erlangt hatte, wie es ist, wenn man potenziell in einen noch gestörteren Geisteszustand verfällt. Mir war, als würden meine Gedanken flüssiger. Die Versuchung war groß, dem nachzugeben.

Ich spürte, dass eine Psychose in gewissem Sinn eine Entscheidung sein konnte. Ich verspürte die immense Versuchung, in eine andere Welt abzugleiten, in der meine Gefühle anders wären als sie damals waren, und ich hatte zunehmend unheilvolle Vorahnungen. Mich überraschte, wie stark ich beim Autofahren den körperlichen Impuls verspürte, plötzlich das Steuer herumzureißen; über so etwas hatte ich bisher noch niemanden reden hören.

Irgendwie habe ich es geschafft, meine Hausarbeiten fertigzustellen. Ich staunte, dass ich sogar gute Noten bekam, denn ich lief nicht gerade auf Hochtouren. Wie vor der Trennung geplant, zog ich mit einem Freund und meiner inzwischen Ex-Freundin in ein Haus. Dieser letztere Aspekt war wahrscheinlich nicht besonders schlau; aber allmählich fing ich mich wieder, teils auch deshalb, weil ich mit einer Therapie begonnen hatte. Als ich zum ersten Mal ins städtische psychiatrische Krankenhaus ging, um mich von einem Psychiater untersuchen zu lassen, hatte ich ungeheure Angst. Ich hielt es für ziemlich wahrscheinlich, dass ich stationär aufgenommen werden müsste. Dies war für mich eine Horrorvorstellung. Ziemlich zweifellos würde ich Medikamente brauchen. Auch darauf war ich nicht sonderlich erpicht. Ich nahm ja noch nicht einmal gern ein Aspirin.

Ich kam zu einem jungen Psychiater. Er sagte mir, er werde mir keine Medikamente anbieten. Von stationärer Aufnahme war schon gar nicht die Rede. Stattdessen riet er mir, einen Sozialpädagogen aufzusuchen. Bis heute kann ich mich kaum daran erinnern, was er sonst noch gesagt hat, aber er hatte eine Ausstrahlung, als wisse er ganz genau, was er tue. Ich war in einer eher passiven Gemütsverfassung und dachte, er werde schon gut genug zugehört haben, daher folgte ich seinem Vorschlag, mich an einen Sozialpädagogen zu wenden.

Im Laufe der Zeit erholte ich mich Schritt für Schritt. Es war nicht leicht. Ich kann mich erinnern, dass ich nach vier Monaten zum ersten Mal wieder lachte, als ich mit Freunden eine Vorstellung von Shakespeares *Wie es Euch gefällt* besuchte. Ein zweites Mal lachte ich, als mein Mitbewohner (ich hatte damals nur einen, weil meine Ex-Freundin aus irgendeinem Grund ausgezogen war) mich davon abhielt, einen Karton mit vollen Bierflaschen zusammen mit dem Restmüll zu entsorgen. Er rief, er wisse ja, dass ich gerade eine schwere Zeit durchmachte, aber wenn ich weiterhin dermaßen schlimme Sachen anstellen würde, dann müsste ich mich echt zusammenreißen. Dass wir zusammen über den Vorfall lachen konnten, half mir sehr.

Acht Monate lang ging ich zu der Sozialpädagogin. Als unser Kontakt sich vertiefte, fand ich, dass sie einen guten, einen sinnvollen Beruf hatte, und mir kam der Gedanke, es wäre mir nicht unlieb, ihren Beruf ebenfalls zu ergreifen; vielleicht stünde ich mich damit eines Tages ja ganz gut. Noch heute erinnere ich mich an das Wichtigste, was sie sagte und was am meisten in mir auslöste. Ich spüre, dass sie anhaltende Wirkung auf mich hatte. Sie entschied, was sie sagen musste, und drückte sich gut aus.

In Anspielung auf meine ablehnenden Reaktionen ihr gegenüber behauptete sie, ich sei wahrscheinlich so schlau, dass ich alles entkräften konnte, was sie sagte, vielleicht sogar so gründlich, dass ich alle meine Genesungschancen zunichtemachte. In ihre Bemerkung flocht sie ein, dass es in unserer Kultur nichts gab, was den Übergang zum Mannsein markierte. Ich empfand das alles als eine Herausforderung, die eine andere Reifestufe von mir verlangte. Ich erkannte, dass ich mich in mancher Hinsicht einfach hatte übel gehen lassen. Zwar glaubte ich immer noch, ich käme vielleicht nie aus meiner Depression heraus, aber ich wollte mich auch nicht mehr so verhalten. Von da an lenkte ich mich sofort ab, wenn ich mich bei einem negativen Gedanken erwischte – etwa, indem ich sofort das Autoradio anschaltete und versuchte, bestimmte Musikinstrumente herauszuhören. Nach und nach ging es mir besser.

In unserer letzten Sitzung versuchte ich ihr voller Dankbarkeit zu sagen, womit sie mir meiner Meinung nach am meisten geholfen hatte. Ich weiß nicht, wie gut sie mir wirklich zugehört hatte, denn sie war anderer Meinung. Sie erklärte, die Wirkung sei durch die kognitiv-verhaltenstherapeutischen Interventionen eingetreten, die wir angewandt hatten, einschließlich der Hausaufgaben. Ich traute mich nicht, ihr zu sagen, dass ich die Hausaufgaben eigentlich nie gemacht hatte. Aber ich bin ihr bis heute dankbar. Sie hat mir womöglich das Leben gerettet.

Meine beruflichen Planungen hatten sich verändert. Die zeitliche Koordination der Ereignisse während der ganzen Sache wirkte merkwürdig. An Synchronizität dachte ich dabei jedoch nicht, da mir dieses Konzept damals noch nicht begegnet war. Allerdings glaubte ich, dass meine Erkrankung und ihre Behandlung mir einen neuen Lebensweg wiesen.

Schließlich erholte ich mich vollständig – ohne Medikamente. Diese Erfahrung war für mich als Psychologe, der im therapeutischen Bereich arbeiten wollte, sehr wertvoll. Irgendwie bin ich dadurch … optimistischer geworden. Was furchtbar erschienen war, erwies sich als Bonus. Man könnte das als glücklichen Zufall bezeichnen. Am Ende sollte die ganze Episode, einschließlich meiner Genesung, zu einem sehr wichtigen Teil im Puzzle meines Lebens werden.

Ein Beispiel für eine merkwürdige zeitliche Koordination ereignete sich, als ich allmählich aus meiner Depression herausfand. Es war mittlerweile Mai 1979, und das achte und letzte Semester meines Bachelor-Studiums war bereits weit fortgeschritten. Ich hatte immer noch kein Thema für meine Bachelorarbeit, obwohl alle meine Mitstudenten ihres bereits seit Monaten festgelegt hatten.

Dass ich mein Studium in Regelzeit abschließen und damit mein Stipendium halten konnte, war in meinen Augen reine Spekulation. Ich musste einen Dozenten finden, der bereit war, mich bei meiner Bachelorarbeit zu betreuen, und der über bereits erhobene, „gesicherte“ Daten verfügte, was es praktisch nie gab. Außerdem musste er sie mir zur Verfügung stellen wollen, damit ich sie analysieren könnte. Dies würde mir Monate ersparen. Ich wandte mich an einen außerordentlichen Professor und fragte ihn, ob er irgendwelche gesicherten Daten hätte. Er erwiderte, eine bestimmte Möglichkeit sei für ihn denkbar, aber dies würde die unwahrscheinliche Zustimmung eines weiteren Dozenten erfordern. Gerade erst vor ein paar Tagen hatte er begonnen, mit einem neuen Ansatz in der psychometrischen Persönlichkeitsbeurteilung zu spielen. Er wusste, dass der andere Dozent eine große Datenmenge erhoben hatte, die für seine Idee relevant sein könnte.

Später sagte er mir, wenn ich mich ein paar Tage früher an ihn gewendet hätte, wäre er gar nicht auf die Idee gekommen, und wenn ich ein paar Tage später gekommen wäre, hätte er den Gedanken bereits wieder fallen gelassen und wäre nicht bereit gewesen, mir zu helfen. Als ich mich unmittelbar nach unserem Gespräch an den anderen Dozenten wandte, war dieser glücklicherweise einverstanden, mir seine Daten zur Verfügung zu stellen. Ich war wieder im Rennen!

Damals hielt ich das für einen positiven Zufall. Heute würde ich es für einen Fall von Synchronizität im Verbund mit *Kairos* halten.

Dieser Zufall im Zusammenhang mit meiner Bachelorarbeit vermittelte mir eine erste bewusste Ahnung, dass der Mensch einen gewissen Einfluss auf die glückliche zeitliche Koordination von Ereignissen haben könnte. Dies hieß nicht, dass wir im wahrsten Sinne des Wortes dafür sorgen, wenn etwas Gutes geschieht, und selber schuld sind, wenn es nicht geschieht. Allem Anschein nach hieß es aber, dass Gutes offensichtlich häufiger geschieht, wenn man sich innerlich darauf einstimmt; und wenn dann das Gute eintritt oder sich Chancen bieten, ist man zugleich schneller bereit, darauf zu reagieren, sogar ohne sich dafür besonders anstrengen zu müssen. Für mein Empfinden befand ich mich in diesem Zustand, seit ich aus meiner Depression wieder herausgekommen war.

Dies galt offensichtlich auch für andere. Es ähnelt Louis Pasteurs Idee, dass der Zufall den vorbereiteten Geist begünstigt. Mein Gefühl war: Wenn man etwas in sich verändert, so dass man offen und auf alles, was geschieht, gefasst ist; wenn man Erwartungen oder die Kontrolle loslässt, aber dennoch bereit ist, den Versuch zu wagen, dann steigt die Wahrscheinlichkeit, dass positive Ergebnisse eintreten.

Ich habe bei Freunden, Klienten und anderen viele Situationen erlebt, in denen mit verblüffender Häufigkeit auf die Haltungsänderung eines Menschen etwas sehr Günstiges folgte. So sucht zum Beispiel jemand geradezu verzweifelt einen Lebenspartner, gelangt dann aber zu einer größeren Akzeptanz seiner selbst und seiner Lebensumstände. Er wirkt mehr im Reinen mit sich selbst, gibt nicht auf, sondern lässt los, und zwar so, dass man es ihm anmerkt. Und dann … passiert etwas! Er begegnet seiner Partnerin – mit der er allem Anschein nach auch nach Jahrzehnten noch glücklich ist.

Meine eigene Erfahrung, unmittelbar nach diesem kleinen Vorgeschmack, verlief etwas anders – es war eine Kaskade bemerkenswerter Zufälle, die einem selbst dann aufgefallen wäre, wenn man Tomaten auf den Augen gehabt hätte. Der Titel einer neuen Radiosendung, in der ähnliche Themen besprochen wurden wie in *Die sanfte Verschwörung*, fasste es treffend zusammen: „Es tut sich etwas." So traf ich zum Beispiel an einem Tag sechs Klienten, die alle spontan von synchronistischen Erlebnissen berichteten.

Ein denkwürdiges Beispiel drehte sich um eine sozial isolierte junge Frau, die ich auch in der Woche zuvor schon getroffen hatte. Bei jener Sitzung hatte ich sie gefragt, ob sie schon einmal die Redensart gehört habe „Niemand ist eine Insel". Sie kannte sie nicht. Bei der jetzigen Sitzung berichtete sie jedoch, ihre Mutter habe gerade einen Kurs in kreativem Schreiben belegt und sei gebeten worden, einen Essay mit dem

Titel „Niemand ist eine Insel“ einzureichen. Die Mutter bat ihre Tochter, meine Klientin, den Aufsatz für sie zu schreiben. Das haute mich um! Es klang, als ob ein vorausschauender Mentor aus dem Universum meiner Klientin die Hausaufgaben aufgab.

Ich erzählte Vicki, meiner Kollegin in der Praxis nebenan, von diesem Erlebnis. Dies war wiederum eine Geschichte für sich. Vicki war erfahrene Psychiatrie-Krankenschwester. Sie war der erste Mensch, der mir sagte, es gäbe keinen reinen Zufall. Aufgrund ihrer Erfahrung, ihres Wissens und ihrer Intuition war sie hoch angesehen. Ihre Erkenntnisse wurden sehr geschätzt, auch ihre Nachbesprechung, wenn sie eine therapeutische Gruppe durch einen Einwegspiegel beobachtet hatte.

Tagebuchschreiben

Um synchronistische Erlebnisse besser zu verstehen und in vollem Umfang von ihnen zu profitieren, kann es hilfreich sein, sie in einem Tagebuch festzuhalten. Jedes Erlebnis, bei dem wir uns die Mühe machen, es aufzuschreiben, wird dadurch intensiviert. Tragen Sie immer ein kleines Notizbuch bei sich und nutzen Sie es für spontane Notizen oder Skizzen über merkwürdige Zufälle oder stark numinose Gefühle, die Sie erleben. Es lohnt sich auch, ein Handyfoto zu machen. Notieren Sie alles, was an dem Kontext, in dem sich das Erlebnis abspielte, besonders war, auch wann und wo es stattfand und wer bei Ihnen war. Bemühen Sie sich, die wichtigsten Einzelheiten objektiv zu erfassen, beschreiben Sie aber auch Ihre stärksten *subjektiven* Eindrücke – mit anderen Worten: „Achten Sie darauf, worauf Sie achten“. War die Synchronizität schwach, mittel oder stark? Übertragen Sie Ihre Notizen zu Hause vielleicht in ein größeres Tagebuch – eines, das Ihnen Platz bietet, um über längere Zeit hinweg Ihre Gedanken zu solchen Erlebnissen zu entwickeln und die mögliche Symbolik aufzuschreiben.

Es war wirklich ein Erlebnis, zusammen mit Vicki hinter der Scheibe eine Therapiegruppe zu beobachten. Seltsamerweise machte es weder mir noch sonst jemandem je etwas aus, dass sie gelegentlich die Finger an ihre Schläfen drückte und erklärte, sie werde dem Therapeuten eine telepathische Nachricht übermitteln, weil er etwas verpasst hatte oder auf dem falschen Dampfer war.

Vicki tat dies teils augenzwinkernd, teils glaubte sie wirklich daran. Sie litt unter einer paranoid-psychotischen Störung. Das gesamte Personal wusste dies, doch niemand machte sich deswegen Sorgen, und zwar völlig zurecht. Vicki kannte sich selbst gut. Wie sie mir einmal erklärte, merkte sie, wenn es mit ihr soweit war, dass sie vorübergehend nicht arbeiten konnte. Mithilfe einer geeigneten psychiatrischen Behandlung, einschließlich ihrer Dauermedikation, ging es ihr gut.

Ich war beeindruckt. Ich dachte, sie machte es genau richtig. Wenn unsere Patienten lernen würden, mit ihrer Krankheit so umzugehen wie Vicki, dann ginge es ihnen gut. Im Allgemeinen fand ich, dass die Dinge, die sie von sich gab – sogar in Pseudo-Telepathie durch einen Einwegspiegel hindurch an einen Gruppentherapeuten – klug und weise klangen.

Es stellte sich heraus, dass Vicki *Die sanfte Verschwörung* kannte. Ja, sie kannte sogar mehrere Personen, die in dem Buch erwähnt werden, und hatte in Großbritannien mit ihnen zusammengearbeitet. Vicki war mir eine wunderbare inoffizielle Mentorin. Sie schien sehr viel von der Sache zu verstehen. Damals war ich platt: Ich war auf ein erstaunliches Buch gestoßen und hatte ein ganzes Spektrum erstaunlicher Erlebnisse, und von allen Menschen, die ich kannte, nicht nur in Geelong, wo ich arbeitete, sondern überall, wusste ausgerechnet die Frau in der Praxis nebenan am meisten darüber.

Ich musste nicht nach London oder New York oder Oxford oder sonstwohin fahren, um jemanden zu finden, der mir fundiert weiterhelfen konnte. Wenn ich nur aufgeschlossen war, fand ich das, was ich brauchte, in meiner eigenen Welt, manchmal sogar nur ein paar Meter weiter. Das Universum sorgt für alles.

Bei dem synchronistischsten Ereignis, das ich damals während der Arbeit erlebt habe, spielte Vicki eine entscheidende Rolle. Weil sie wusste, dass mich die wissenschaftliche Erklärung hinter dem spukhaften Schein interessierte, hatte Vicki mir eine Tonkassette von Professor Karl Pribram geliehen, einem einflussreichen Hirnforscher an der Universität Stanford. Auf dieser Kassette schilderte er eine Sicht der Gedächtnisfunktionen, die viel ganzheitlicher war, als ich noch vor Kurzem in meiner neuropsychologischen Ausbildung gelernt hatte.

Bald nachdem ich das Band erhalten hatte, sollte eine längere Sitzung stattfinden, zu der das gesamte psychiatrische Krankenhauspersonal kam und bei der wir über unsere Arbeitsweise nachdenken wollten. Sie stand unter der Überschrift „Meeting of the Minds" (Gedankenaustausch). Ich spürte, dass dieses bevorstehende Zusammentreffen sehr wichtig werden könnte. Es bot Gelegenheit, eine echte Auseinandersetzung über unsere Arbeitsweise in Gang zu bringen, den Status quo zu hinterfragen und vorzuschlagen, ob wir nicht über die Konsequenzen moderner wissenschaftlicher Entwicklungen sprechen sollten. Themen unserer Erörterung könnten unter anderem sein: Das Wesen offener Systeme; die Paradigmenwechsel, die sich gerade außerhalb unseres Gebietes abspielten; und die Frage, ob wir im psychologischen und psychiatrischen Gesundheitswesen einen ganzheitlicheren Ansatz übernehmen sollten. Zum Mindesten sollten wir eine ganzheitlichere Art der Verbindung von linkshirnigem mit rechtshirnigem Denken in Erwägung ziehen. Ich war vorbereitet.

Ich nahm die Kassette zur Hand, und während ich noch darüber nachdachte, welches Potenzial die Konferenz bot, warf ich einen flüchtigen Blick darauf. Da las ich zum ersten Mal den Titel von Karl Pribrams Kassette: „Meeting of the Minds". Dies sagte mir: „Nichts wie ran!" Ich war zwar vielleicht einer der jüngsten Mitarbeiter an dem Krankenhaus, aber ich hatte meiner Meinung nach etwas Wichtiges zu sagen. Ich sorgte dafür, dass ich es auch sagen konnte. Ich sprach von der Notwendigkeit eines weiteren Paradigmenwechsels auf dem Gebiet der psychischen Gesundheitsfürsorge, der umfassendere und intuitivere Arbeitsmethoden zulassen würde, und davon, die strenge Konzentration auf diagnostische Klassifizierung und Medikation zu überwinden. Dem Anschein nach lief es gut.

Damals hatten wir einen aufgeschlossenen klinischen Leiter, der abweichende Meinungen, die auf der Konferenz vertreten wurden, großzügig zuließ. Erst später ist mir übrigens klargeworden, wie selten so etwas in Krankenhäusern oder anderen Organisationen ist. Diese Erfahrung ermutigte mich, meine Ansichten in Zukunft deutlicher zu äußern, ganz gleich, wie seltsam sie erscheinen oder wie sehr sie von der Ansicht meiner Kollegen abweichen mochten. Sie festigte Erkenntnisse, die ich durch *Die sanfte Verschwörung* erlangt hatte.

Leider wurde Vicki wenig später gezwungen zu kündigen. Wie ich von anderen erfuhr, hatte man ihr aufgrund ihrer signifikanten psychiatrischen Erkrankung die Kündigung nahegelegt, ungeachtet dessen, wie gut sie damit umgehen konnte.

Ich habe das nicht verstanden. In meinen Augen stach Vicki als angesehene Kollegin hervor, hoch geachtet für ihren aktiven und effektiven Einsatz für Patienten und Personal gleichermaßen. Sie war eine große Bereicherung für die Organisation. Selten ist mir jemand begegnet, der mit einer signifikanten psychiatrischen Störung so offen und umsichtig umgeht. Es war die Zeit, als mit psychischen Erkrankungen noch ein klares Stigma verbunden war, doch Vicki wirkte wie ein Paradebeispiel für eine gesunde Akzeptanz. Es ist mir nie untergekommen, dass ein Patient aufgrund von Vickis Umgang mit ihm Nachteile erfahren hätte. Es stimmt mich auch heute noch traurig, wenn ich daran denke, dass man Vicki gezwungen hat, zu gehen. Sie fehlte mir.

Synchronistische Ereignisse mit Freunden, Mitbewohnern und anderen Menschen in meinem Umfeld häuften sich. Eines Abends begleitete ich eine Freundin zu einem Treffen an einer Hotelbar in der Stadt. Irgendwer erzählte uns von einem lustigen Buch, das er gerade las. Es hieß *Per Anhalter durch die Galaxis*. Er schilderte, wie amüsant das Buch die Frage nach dem Sinn des Lebens, der Welt und allem beantwortete. Aus irgendeinem Grund sagte ich, die Antwort sei „42“ – was sich exakt als die Antwort herausstellte, die in dem Buch gegeben wurde. Er nahm an, ich hätte es gelesen. Aber das hatte ich nicht. Ich weiß bis heute nicht, warum ich das gesagt habe, aber in dem Moment kam es mir absolut einleuchtend vor, dass die Antwort so lauten musste.

Meine Freundin, die dies beobachtet und der ich erst vor Kurzem von meinen zunehmend häufigeren synchronistischen Erlebnissen berichtet hatte, war offenbar genauso überrascht wie ich, als meine flapsige Antwort bestätigt wurde. Man könnte einwenden, ich müsse die Antwort irgendwann einmal gehört haben, vielleicht sogar im Schlaf. Ich kann das nicht ausschließen, aber ich bezweifle es.

Meine nächste Erinnerung ist peinlicher. Zwei Arbeitskollegen, einer davon ein guter Freund, beschlossen, sich an meinem Geburtstag einen Spaß mit mir zu machen. Sie sorgten dafür, dass ich durch das ganze Krankenhaus gerufen wurde, und zwar mit dem leicht veränderten Vornamen Chancres Mackey, um damit anzudeuten, ich hätte eine sexuell übertragbare Krankheit.* Später rief ich einen angeblichen Klienten zurück, der eine Nachricht auf dem Anrufbeantworter hinterlassen hatte, und musste feststellen, dass ich mit jemandem von einem Bordell am Ort sprach. Als ich daraufhin eine schriftliche Überweisung einer älteren Dame mit ungewöhnlichem Namen erhielt, die vor allem über ein Kribbeln in der Scheide klagte, warf ich die Überweisung postwendend in den Papierkorb. Jetzt reichte es!

Es gibt Zeiten, in denen das Personal in psychiatrischen Kliniken besonders gerne tratscht – über interne Angelegenheiten, versteht sich; das Vertrauen der Patienten wird nicht gebrochen. Ein Kollege kam vorbei und fragte, ob ich von der Überweisung der Frau mit den vaginalen Problemen gehört hätte. Ganz offensichtlich steckte er mit den anderen unter einer Decke. Ich sagte ihm, mir sei schon klar, dass dies ein Streich war. Er brauchte mindestens fünf Minuten, um mich vom Gegenteil zu überzeugen. Ich fischte die zerknüllte, aber noch gültige Überweisung aus dem Papierkorb, strich sie glatt und reichte sie verlegen an eine Kollegin weiter. Ich konnte das Ganze schon nicht mehr ernst nehmen. Meine verspielten Quälgeister hatten damit gar nichts zu tun gehabt. Von einer ähnlichen Überweisung habe ich weder zuvor noch danach je wieder gehört. Daher schob ich sie in die Kategorie „kosmische Eulenspiegelei".

---

* Chancre: Englisch für Schanker, das typische Geschwür im Anfangsstadium der Syphilis, (Anm. d. Ü.)

SIEBEN

Die synchronistische Kupplerin

Ein Flirt mit der Numerologie

Die zeitliche Koordination diverser Ereignisse, die dazu führten, dass ich mir die klinische Psychologie zum Arbeitsgebiet wählte – oder sie mich – wirkte wie *Serendipität*: Zufallsfaktoren mit glücklichem Ausgang. Diese Ereignisse waren unter anderen: Dass ich auf dem Weg zum Golfspielen zufällig von einem Freund erfuhr, dass es ein Psychologie-Stipendium für die Arbeit im therapeutischen Bereich gibt, weil der Freund sich ebenfalls für dieses Stipendium beworben hatte; dass ich in letzter Minute einen Dozenten fand, der meine Bachelorarbeit betreute und mich an ein Projekt in klinischer Psychologie vermittelt hatte; sowie dass ich selbst depressiv wurde, was mein Interesse an einem neuen Gebiet weckte. Die Wahl meiner Lebenspartnerin beruhte jedoch zweifellos auf *Synchronizität.* Ich entschied mich ganz bewusst dafür, meine Frau auch aufgrund der Zahl sechs zu heiraten.

Als ich um meine Frau warb, hatte ich keine Ahnung, was es mit der Zahl sechs auf sich hatte. Sie begegnete mir lediglich sehr oft. Ihre numerologische Bedeutung habe ich sogar erst vor Kurzem nachgelesen. Was mich aber verblüffte, war ihr wiederholtes Auftauchen. Und es war klar, dass dies hauptsächlich, oder sogar ausschließlich, im Umfeld des Kontaktes mit meiner Freundin Sue geschah.

Die Zahl sechs hatte bereits in verschiedener Hinsicht meine Aufmerksamkeit auf sich gezogen, obwohl ich mich bisher nie für Numerologie interessiert hatte. Ich achtete noch nicht einmal besonders auf Zahlen. Wir machten Ferien im Ausland und buchten ein Hotelzimmer: Zimmer 66. Anderswo buchten wir wieder eine Hotelübernachtung: Zimmer 66.

Die Sechs trat häufig doppelt auf. Auf unserem Flug ins Urlaubsland schrie ein Passagier die Zahl sechs so laut, dass es bereits komisch war – er hatte wohl Kopfhörer auf und sagte vielleicht einem Freund, welche Frequenz er einstellen sollte. So ging es ständig.

Irgendwann verstand ich die Sechs oder Sechsundsechzig schlicht als Symbol unserer Beziehung; denn wie es schien, tauchten die beiden Zahlen in diesem Zusammenhang sehr häufig auf. Unsere Beziehung vertiefte sich, und ich dachte an den nächsten Schritt – die berühmte Frage zu stellen.

Allerdings waren wir in vieler Hinsicht sehr unterschiedlich. In Jungschen Begriffen gesprochen, war ich sehr viel mehr der intuitive Typ, Sue hingegen deutlich mehr am praktischen oder „Sinnes"-Ende des Spektrums angesiedelt. Insbesondere fragte ich mich, ob Sue mit transpersonalen oder spirituellen Themen überhaupt etwas anfangen konnte. Wenn nicht, passten wir wohl nicht zusammen. Akzeptieren zu können, dass dem Universum eine tiefe Ordnung zugrunde liegt, war damals grundlegend für meine sich entwickelnde Identität.

Damals besuchte ich ein einjähriges Seminar in Erlebnis-Gruppentherapie mit Schwerpunkt Gestalttherapie. So etwas lässt einen noch tiefer über Beziehungen nachdenken. Daher kreisten meine Gedanken noch intensiver um die zutiefst persönliche Frage, ob ich Sue heiraten sollte. Aus irgendeinem Grund formte sich in meinem Kopf irgendwann ein klarer Gedanke – ich weiß nicht, warum – und der lautete: Im Laufe der folgenden Woche würde ich wahrscheinlich die Antwort auf die Frage erhalten, die mich umtrieb. Ich wusste nicht, woher, aber ich glaubte, ich würde ein unmissverständlich deutliches Zeichen entdecken.

Gegen Ende dieser Woche machte Sue mich auf etwas aufmerksam. Sie zeigte auf die Streichholzschachtel, aus der wir uns eben bedient hatten. Bei dieser Marke war bisher immer eine rothaarige Frau auf dem Deckel abgebildet gewesen. Doch dieses Mal zeigte das Bild eine Spielkarte: Herz Sechs! Ich staunte. Ich fragte mich, wie ich die Herz Sechs hatte übersehen können, da ich die Schachtel doch im Blick gehabt hatte.

Es verblüffte mich, dass Sue nicht nur die synchronistische Bedeutung dieses Vorfalls als Symbol unserer liebevollen Verbundenheit akzeptierte, sondern sogar gezeigt hatte, dass sie mich auf Dinge hinweisen konnte, die ich übersah – transpersonale oder spirituelle Dinge. Für mich reichte das. Ich war überzeugt. Ich verstand es so, dass Sue meine spirituelle Seite nicht nur akzeptieren, sondern sogar aktiv in ihrer Entwicklung fördern konnte. Ich war überzeugt, dass sie die richtige Partnerin für mich war.

Von da an hatte ich keine Zweifel mehr. Vor Kurzem, nach der Feier zu Sues fünfzigstem Geburtstag, habe ich diese Geschichte in Teilen meinem Onkel und meinem Schwager erzählt. Jemand wollte wissen, warum ein Gast auf dem Fest als Herz-Sechs-Spielkarte verkleidet gewesen war. Nur wenige Freunde kannten die ganze Geschichte, doch dieser Freund war auf die Idee gekommen, weil das Motto des Festes gelautet hatte, jeder solle etwas tragen, was er besonders mit Sue verbindet.

„Gut zu wissen, dass Eure Ehe auf Vernunft gebaut ist", witzelte mein Schwager. Mein Onkel erwiderte: „Wahrscheinlich hat sie gerade deshalb so gut funktioniert, weil sie das nicht ist!" Er hatte recht. Unter den Belastungen durch Arbeit und Studium, Kindererziehung und anderem Druck gab es auch Zeiten, in denen sich Risse auftaten. Ich weiß mit Gewissheit, dass nichts meine bewusste Entscheidung für unsere Ehe in schwierigen Zeiten stärker getragen hat als jene Herz Sechs. Sie hatte etwas an sich, was sie für mich unfehlbar richtungsweisend machte.

Es gab noch eine Wendung: Sue und ich verlobten uns um am 6. Juni um sechs Uhr nachmittags, was meinen Eindruck, dass unsere Verbindung richtig war, nur noch verstärkte. Mir war eigentlich der Abend zuvor während unseres Urlaubs auf einer Tropeninsel vorgeschwebt, doch der Dresscode für jenen Abend lautete „Inselnacht". Bei dieser Gelegenheit trugen die Männer Sarong. Und in einem Kleid würde ich mich auf keinen Fall verloben! Am nächsten Tag wollte ich die berühmte Frage eigentlich früher stellen, aber Sue war wegen einer plötzlich einsetzenden Flaute mit ihrem Surfbrett gestrandet, was ihre Ankunft in unserem Hotelzimmer um ein, zwei Stunden verzögerte. Meine Heiterkeit war einem Antrag auch nicht gerade förderlich, daher dauerte es nochmals etwa eine Stunde, bis der richtige Zeitpunkt gekommen schien. So geschah es, dass der Zeitpunkt unabsichtlich auf sechs Uhr verlegt wurde.

Auch später tauchte die Zahl sechs, vielleicht auch in doppelter Form oder in anderen Varianten wie sechshundertsechsundsechzig oder sechshundertsechs, immer wieder auf. So bestellten wir zum Beispiel an unserer Silberhochzeit zu Beginn unserer Auslandsreise, die sich wie zweite Flitterwochen anfühlte, noch vor dem Einsteigen ins Flugzeug einen Kaffee. Sue machte mich darauf aufmerksam, dass unsere Bon-Nummer für die Kaffee-Schlange Sechsundsechzig lautete.

Ich habe mir nie die Mühe gemacht nachzuschlagen, was die Zahl sechs oder ihre Varianten bedeuten könnten – bis zu den Vorbereitungen für dieses Buch. Vor einigen Monaten habe ich im Internet zum ersten Mal nach „Numerologie" und insbesondere nach der Zahl sechs gesucht. Auf der ersten Seite, auf die ich traf, ist von „Heiligen Schreibern" die Rede.[1] Hier las ich, dass sich die Sechs auf die Tarot-Karte „Die Liebenden" bezieht. Ja, das passt! Sie wird mit Venus, der Göttin der Liebe, verbunden. Ja, auch das passt natürlich. Ich überprüfte die Bedeutung aller zehn Ziffern, aber wie sich herausstellte, hat nur die Zahl sechs einen Bezug zur Liebe.

Die Beschreibung zur Zahl sechs begann damit, dass sie „oben und unten verbindet" – mit Anklängen an Vereinigung, Liebe und die Fähigkeit, Fantasie und Vernunft gemeinsam einzusetzen.[2] Dies konnte ich sehr gut nachvollziehen, wohingegen mich die Beschreibung der anderen Zahlen bei weitem nicht so sehr berührt hat.

Auf derselben Numerologie-Seite sah ich bei der Zahl sechsundsechzig nach: „Dienst, tiefe Sensibilität, Wahrheit, Ordnung, Ökonomie, tiefes inneres Wissen, Verantwortung." Dies kam mir wie eine verdichtete Variante der Sechs vor. Ich suchte weitere Websites und entdeckte eine über „die numerologische Bedeutung der Zahl Sechsundsechzig" von Saravanakkumar.[3] Er schreibt, dies sei eine „doppelte Venuszahl", die zugleich einen Bezug zu Jupiter habe, weshalb sie äußerst günstig sei. Angeblich besagt sie „Erfolg in Beziehungen". So hatte ich sie bereits intuitiv verstanden. Ich hatte nicht den Eindruck, sonderlich viel verpasst zu haben, weil ich die numerologische Bedeutung nicht gleich nachgeschlagen hatte.

Allerdings war ich froh, dass ich diese positiven Deutungen hatte, denn später erfuhr ich, dass die Sechsundsechzig auch mit Kali, der hinduistischen Göttin der Zerstörung, verbunden ist – was bei wörtlicher Auslegung überhaupt nicht gut klingt. Anschließend schlug ich Kali im Internet nach und erfuhr, dass der Name von *kala* kommt, was „schwarz", „Zeit" und „Tod" bedeutet – Eigenschaften, die mit ihrem Gefährten Shiva, dem Herrn des Todes, verbunden werden. Kali ist die Göttin der Zeit und der Veränderung. Dies ließ mich an die Idee denken, dass für etwas „die Zeit gekommen ist" – mit beeindruckenden Anklängen an die Themen Synchronizität, *Kairos* und den günstigen Moment.

Meine Skepsis sank minütlich. Die mit der Sechsundsechzig verbundene Kali schien einen Bezug zum Auseinanderfallen von Systemen zu haben, wie es im Gesetz der „dissipativen Strukturen" beschrieben wird. Bei dieser Idee – wichtig in der Chemie und in der Physik – geht es um transformative Veränderung und Wachstum, obwohl es so klingt, als bedeute es das völlige Gegenteil.

Die Macht der Zahlen

Der griechische Denker Pythagoras glaubte, die Welt sei „auf der Macht der Zahlen aufgebaut" und betrachtete diese sogar als göttlich. Viele kennen seinen Beitrag zur Mathematik, aber nur wenige wissen, dass sein Interesse für Zahlensymbolik späteren numerologischen Systemen den Weg geebnet hat. Die moderne Numerologie schreibt dem Geburtsdatum und, indem sie Buchstaben in Zahlen übersetzt, dem Namen eines Menschen divinatorische Bedeutung zu. Aus Sicht der Synchronizität können wiederholt auftretende Zahlen im Sinne ihrer allgemein akzeptierten traditionellen Bedeutung interpretiert werden, allerdings erscheint eine persönliche Bedeutung zuweilen als die relevantere. Ich hatte mehrere Klienten, die mir berichtet haben, wie sehr es sie erstaunt hat, dass ihnen häufig die Zahl elf begegnet, vielleicht sogar in wiederholter Form wie bei der Zeitangabe 11:11 auf einer Digitaluhr. Wie auch die zweiundzwanzig und die dreiunddreißig, wird die Elf als „Meisterzahl" mit besonderer Kraft bezeichnet. Von der Elf heißt es oft, sie sei eng mit Intuition und medialen Fähigkeiten verbunden, was umso beeindruckender macht, dass Klienten in der Therapie sie offensichtlich spontan häufiger ansprechen als andere Zahlen.

Die folgenden Assoziationen wurden aus Recherchen auf mehreren numerologischen Websites abgeleitet. Sie können allerdings auch selbst potenziellen Assoziationen nachspüren, besonders wenn Ihnen eine Zahl mit frappierender Häufigkeit oder in einem numinosen Zusammenhang begegnet. Viele Zahlen können symbolisch in Bezug zu positiven und negativen Eigenschaften oder Situationen stehen – es kommt auf die Umstände an.

Eins	Reine Energie, Neuanfänge, Reinheit.
Zwei	Gleichgewicht, Dualität, Güte.
Drei	Magie, Intuition, Fruchtbarkeit.
Vier	Stabilität, Ruhe, Zuhause.
Fünf	Bewegung, Reisen, Unberechenbarkeit.
Sechs	Liebe, Wahrheit, Ehrlichkeit.
Sieben	Magie, Geheimnis, Fantasie.
Acht	Unternehmergeist, Erfolg, Wohlstand.
Neun	Leistung, Errungenschaften, Intellekt

Eine Parallele wären die Assoziationen zur Farbe Schwarz in der Renaissance: Sie bedeutet nicht Tod in einem morbiden Sinne, sondern „fort mit dem Alten und her mit dem Neuen". Außerdem erfuhr ich, dass die wiederholte Zahl 666 nicht immer als negativ galt – trotz der Konnotationen, die durch den Hollywoodfilm *Das Omen* verbreitet wurden. Ja, die Zahl galt sogar häufig als Ermutigung, sich einer spirituellen statt einer materialistischen Lebensauffassung zuzuwenden. In einigen Kulturen gilt sie sogar als heilig.

Danach recherchierte ich zur 606, was schon schwieriger war. Schließlich fand ich eine Seite, die sich „The Mystic Board" (das mystische Brett) nannte, was für meinen Geschmack ein bisschen arg esoterisch klang. Dennoch beschäftigte ich mich damit. Der erste Eintrag, den ich entdeckte, bezog sich darauf, dass jemand um 6.06 Uhr aufgewacht war.[4] Ich war verblüfft, weil es mir oft so ergangen war, als ich anfing, dieses Buch zu schreiben, auch am ersten Tag sowie an vielen weiteren in der Anfangsphase meiner Arbeit. Ich nahm dies als günstiges Zeichen.

Ein paar Monate später las ich einen Abschnitt in Roderick Mains Buch *Revelations of Chance*, in dem besprochen wurde, inwiefern Synchronizität jemandem unmittelbar hilft, seine Berufung oder seinen Partner beziehungsweise seine Partnerin zu finden. Eine Fußnote verwies auf ein einschlägiges Kapitel aus einem anderen Buch: „Significant Meetings and the Synchronistic Matchmaker" (Signifikante Begegnungen und die synchronistische Kupplerin). Diesen Ausdruck hörte ich hier zum ersten Mal. Passenderweise war es Fußnote 66.[5] Ich verstand dies als weiteres bejahendes Häkchen.

Ein paar Stunden nach dem Abschluss eines ersten Entwurfs für dieses Kapitel bin ich dem kosmischen Eulenspiegel erneut begegnet. Ich ging zu einem Freund, weil sich dort jeden Monat unser Filmclub traf. Unser Gastgeber hatte überraschenderweise eine kurze Filmparodie kreiert, die einen versteckten Bezug zum Hauptfilm *The Shining* hatte. Seine Parodie drehte sich um groteske numerologische Hinweise, durch die ein Unbekannter oder etwas Unbekanntes unserer Filmgruppe Nachrichten zukommen ließ.

In diesem Kurzfilm wurde hervorgehoben, dass *The Shining* in dem

Buch *1001 Movies You Must See Before You Die* auf Seite 666 stand. Die Parodie endete mit der Pointe, Menschen, die derartige Bedeutungen in Zahlen hineinlesen, seien „Verlierer, die zu viel Zeit haben". Später schickte ich meinem Gastgeber und den anderen Filmfreunden eine Mail, in der ich meine gespielte Verärgerung darüber ausdrückte, in eine solche Kategorie gesteckt zu werden – insbesondere da ich gerade ein Buchkapitel geschrieben hätte, das den Wert der Numerologie bekräftigte. Ich erklärte, ich sei besonders gekränkt, weil sich die entscheidenden Anekdoten darin um die wiederholte Zahl sechs drehten. Wie ich bereits wusste, hatte mein Freund, der die Parodie erstellt hatte, keine Ahnung, dass ich über das Thema schrieb. In Wirklichkeit war ich aber natürlich dankbar für diese zusätzliche Anekdote.

Vor Kurzem sah ich eine Schlagzeile zur Synchronizität in einem Zeitungsartikel über die Pensionierung eines berühmten australischen Nachrichtensprechers. Beim Rückblick auf seine Karriere berichtete Mal Walden von vielen Zufällen, die sich am 6. Juni zugetragen haben, unter anderem war dies sein erster Arbeitstag bei mehreren Radiosendern sowie als Fernsehnachrichten-Sprecher.[6] Deshalb wählte er sich den 6. Juni zum Tag seiner Pensionierung. Ich frage mich, ob Mal Walden weiß, dass der 6. Juni auch Jungs Todestag ist, was ich übrigens erst vor Kurzem bei der Lektüre von *Jung the Mystic* von Gary Lachman erfahren habe. Angesichts meiner Affinität zu Jungs Werk betrachte ich dies als besonders spukhaften Zufall.

Das Tarot

Außer dem I Ging und der Numerologie gibt es ein weiteres strukturiertes System, das Bezug zur Synchronizität sowie einen Unterbau mit ausführlicher Philosophie über spirituelle Themen und persönliche Transformation hat: das Tarot. Wie das I Ging ist auch das Tarot mehr als Wahrsagerei: Es ist ein profundes Symbolik-System und reich an psychologischer Weisheit.

Bei einer Tarot-Sitzung werden aus einem gut gemischten Satz einzelne Karten gezogen, umgedreht und nach einem bestimmten Muster ausgelegt. Die einundzwanzig Karten der Großen Arkana im Tarot ergeben eine systematische Darstellung der verschiedenen Stufen der Heldenreise – eine archetypische Geschichte über die Transformationsstufen im Leben des Menschen.[7]

Am Anfang der Reise steht der naive *Narr*. Zu den ersten Karten gehören ferner der *Herrscher* und die *Herrscherin*, was mit der Beziehung zu Mutter- und Vaterfiguren zu tun hat. Die Karte *Die Liebenden* spiegelt die Entwicklung des freien Willens. Beim *Wagen* geht es darum, von zu Hause fortzugehen. Der *Eremit* bezieht sich auf einen weisen alten Mann sowie die Führung, die uns den Weg weist. Das *Glücksrad* kann eine chaotische Zeit darstellen, in der wir stagnieren. Die Karte *Gerechtigkeit* bezeichnet die Auswirkungen früherer Traumata, die dennoch überwunden werden können. *Der Gehängte* kann für eine Zeit stehen, in der wir nicht weiterkommen und eine Prüfung zu bestehen haben. Die Karte *Tod* steht für die dunkle Nacht der Seele. Der *Teufel* bezieht sich darauf, dass wir durch Schuldgefühle, Ko-Abhängigkeit oder Ähnliches selbst dafür sorgen, dass wir in unseren momentanen Umständen stecken bleiben. Der *Turm* steht für einen Zusammenbruch unserer Persönlichkeit, um sie auf gesunde Weise wiederaufzubauen. Der *Stern* bezieht sich auf unsere Hoffnungen und die Verwirklichung unserer Träume. Die *Sonne* steht für eine wiedergeborene Seele. *Gericht* bedeutet das Fortschreiten zur Ganzheit. Die *Welt* steht für Ganzheit am Ende der Reise – für Erleuchtung, wenn Sie so wollen.

Drei Mal bin ich zu einer Tarot-Deutung gegangen. Ermutigt durch meinen Mentor Ross, ging ich unmittelbar nach der Einreichung meiner Master-Arbeit zu einem Tarot-Deuter. Ohne zu wissen, dass ich Student war – und übrigens auch ohne andere Einzelheiten zu kennen – sprach der Deuter sofort von einem Dilemma, vor dem ich stand. Er sagte mir, ein Universitätsdekan (in Wirklichkeit war es ein Professor) rede mir zu, weiter zu studieren. Er arbeitete heraus, ich sei hin und her gerissen zwischen Weitermachen und Abbrechen des anspruchsvollen Studiums im Interesse eines ausgewogenen Lebensstils und größerer Zufriedenheit.

Wie hatte er dies herausgefunden? Er hatte recht. Es fasste meine Gedanken zusammen und half mir, eine bewusstere Entscheidung zu treffen. Später benannten zwei weitere Tarot-Deuter ebenfalls Einzelheiten meines Lebens mit verblüffender Genauigkeit.

ACHT

Aufschlussreiche Träume

Pass auf, ein Hai!

Wie synchronistische Erlebnisse können auch Träume auffallend rätselhaft sein. Doch was bedeuten sie, wenn sie denn überhaupt etwas bedeuten? Jung und seine Anhänger, also auch ich, glauben, dass Träume uns individualisierte weiterführende Hinweise für uns selbst und unseren Lebensweg geben können, und zwar so, als entstammten sie einer tieferen oder profunderen Quelle als unserem üblichen Denken. Allerdings erfolgen diese Hinweise typischerweise in einer Symbolsprache, die nur unter großen Mühen zu entziffern sein kann. Aktiv darüber nachzudenken, inwiefern sich eine Traumsymbolik auf unsere momentanen Lebensumstände beziehen könnte, ist ein kreatives Projekt, das unsere Eigenwahrnehmung verbessert. Meiner Erfahrung nach eignen sich die Jungschen Traumdeutungsprinzipien auch am besten dafür, synchronistischen Erlebnissen einen Sinn abzugewinnen. Dieses Kapitel beschreibt einige Techniken, die ich am hilfreichsten finde, um in meinen und den Träumen anderer Menschen einen Sinn zu finden.

Ich befinde mich vor einem bedeutenden Universitätsgebäude. Mir gegenüber stehen zwei ins Gespräch vertiefte Menschen. Einer von ihnen ist Akademiker; er arbeitet dort und ich nicht. Ich bin hier, um jemanden abzuholen. Als ich ihm über die Schulter schaue, bietet sich mir ein seltsamer Anblick: Ein übergroßes Schaf gebiert einen riesigen Beutel, der anschließend platzt. Zwei hässliche, übergroße Lämmer kommen heraus und stehen sofort auf. Sie sind überraschend trittsicher.

Sofort kommt mir ein Wort in den Sinn: lebensfähig.

Wenn ich heute einen Traum deute, dann sondere ich sehr schnell Assoziationen ab. Insbesondere halte ich Ausschau nach den eigentümlichsten Elementen des Traumes: Nach den Merkmalen, die etwas in mir ansprechen. In diesem Fall denke ich aus irgendeinem Grund sofort, dass die beiden Lämmer für meine beiden spontanen und ungeplanten Versuche stehen, eine Einführung zu diesem Buch zu verfassen, etwa vier Monate, nachdem ich mich entschlossen hatte, dieses Buch zu schreiben. Sofort stellt sich ein deutlich bestätigendes Gefühl ein: Meine ersten Versuche sind zwar vielleicht alles andere als elegant, aber sie sind lebensfähig. Sie waren lange, vielleicht zu lange im Mutterleib. Um ihre Lebensfähigkeit zu erkennen, muss ich über den Akademiker hinausschauen, der mir gegenübersteht. Wahrscheinlich muss ich meine perfektionistischen Tendenzen im Auge behalten und daran denken, dass ich nicht in erster Linie für ein akademisches Publikum schreibe.

Das Gefühl der Bestätigung, das die persönliche Botschaft dieses Traumes in mir auslöste, half mir, an der Herausforderung zu wachsen, die das Schreiben für mich darstellte. Ich betrachte den Traum als speziell auf mich gemünzt. Ich verstehe ihn als einen Brief von den Göttern.

Ich erinnere mich an einen weiteren denkwürdigen Traum, den ich vor vielen Jahren hatte. Ich nannte ihn „Der furchterregende Flug mit primitiven Menschen“, und er trat nach der bereits beschriebenen großen Blüte synchronistischer Erlebnisse auf. Ich träumte, dass ich aufrecht, aber gefährlich schwankend auf einem schmalen fliegenden Brett stand. Vor und hinter mir auf dem Brett standen Eingeborenen-Männer, die gelassen ihr Gleichgewicht hielten, obwohl wir mit hoher Geschwindigkeit über eine Landschaft flogen, die viele hundert Meter unter uns lag. Zunächst hatte ich große Angst. Doch überraschend schnell stellte ich fest, dass auch ich, wie die Männer, das Gleichgewicht auf dem Brett halten konnte, während es am Himmel seine Kurven zog. Der Traum half mir, mich vertrauensvoller auf meine Intuition zu verlassen, eine angeborene Verarbeitungsform, die ich mit Eingeborenenvölkern assoziierte.

Ich mache mir immer die Mühe, über mögliche Deutungen meiner Träume nachzudenken, nicht zuletzt deshalb, weil ich finde, dass sie auch von praktischem Nutzen sind. Das Geheimnis liegt darin, zu einer

Deutung zu finden, die in einem nachhallt. Am Anfang habe ich meine Traumdeutung auf das gestützt, was ich aus Peter O'Connors Büchern *Innere Welten: C. G. Jung verstehen – sich selbst verstehen* und *Dreams*[1] gelernt habe, bevor ich Jungs Schriften studierte, die sich mir zunächst nicht so leicht erschlossen.

Eines der wichtigsten praktischen Prinzipien, denen ich folge, lautet, dass jedes Traumelement sich in gewisser Weise auf einen selbst beziehen kann – darauf, was im eigenen Leben gerade geschieht, auf die Zukunftshoffnungen und Zukunftsängste oder vielleicht auf Ereignisse aus der Vergangenheit, die sich immer noch auf einen auswirken. Wenn Sie mit diesen Möglichkeiten im Hinterkopf an einen Traum herangehen, wird sich wahrscheinlich eine Assoziation einstellen. Wenn diese Assoziation Sie stark berührt oder sich intuitiv richtig anfühlt, können Sie sich Ihrer Deutung relativ sicher sein.

Jung hätte Freuds berühmter Bezeichnung der Träume als „Königsweg zum Unbewussten" und seiner Behauptung, dass die Traumanalyse zu größerer Selbsterkenntnis führt, wohl zugestimmt. Freuds Ansicht, wonach die Symbolsprache der Träume hauptsächlich dazu diente, inakzeptable Impulse und Triebe vor dem Bewusstsein zu verbergen, widersprach er jedoch; denn Jung glaubte im Gegenteil, die Traumsymbolik sei eher dazu da, Dinge zu offenbaren, als sie zu verbergen. Für ihn waren Traumgeschichten oft wie Parabeln oder metaphorische Aussagen, die eine tiefere Wahrheit über uns enthüllen als uns bewusst ist.

Insbesondere behauptete Jung, dass Träume typischerweise kompensatorische Funktion haben und auf etwas in uns hinweisen, das aus dem Gleichgewicht geraten ist, etwa abgelehnte negative Aspekte unserer Persönlichkeit. Er nennt das Beispiel einer Frau, die für ihre arrogante Selbstgefälligkeit bekannt war. Sie träumte, sie nehme an einem wichtigen gesellschaftlichen Anlass teil, einem Anlass, der zweifellos ihrem selbst empfundenen Status entsprach. Die sympathische Gastgeberin führte sie dorthin, wohin sie hingehörte – in einen Kuhstall! Mit der Zeit half ihr die Traumsymbolik, in dem derben Witz einen wahren Kern zu entdecken.[2]

Jung nannte sogar das noch bemerkenswertere Beispiel eines Kollegen mit einer Leidenschaft für gefährliches Bergsteigen, der sich mehrfach über ihn lustig gemacht hatte, weil er behauptete, Träume hätten etwas zu bedeuten. Eines Tages erzählte der Mann skeptisch einen „blödsinnigen" Traum, in dem er vom Gipfel eines hohen Berges in einem Glücksgefühl immer weiter in die Luft hinaufsteigt. Jung warnte ihn ausdrücklich, dieser Traum könne wahrscheinlich eine Vorahnung seines Todes bei einem Kletterunfall sein, wenn er nicht vorsichtig sei. Der Mann schlug die Warnung aus und trat sechs Monate später aus einer Wand tatsächlich in die Luft, wodurch nicht nur er selbst, sondern auch ein Freund, der unter ihm stand, den Tod fand. In diesem Fall bezahlte der Mann mit seinem Leben dafür, dass er nicht akzeptierte, dass Träume verborgene und zerstörerische Aspekte der eigenen Persönlichkeit offenbaren können.[3]

Manche Träume enthalten eine leichter erkennbare archetypische Bilderwelt, wie etwa der eines Patienten von Jung, eines jungen Mannes, der davon träumte, er pflücke einen Apfel von einem Baum und schaue sich vorsichtig um, ob ihn auch niemand sehe.[4] Jung zeigt, wie die Bedeutung des Traumes „amplifiziert" werden kann, indem man ihn zum archetypischen Motiv des Pflückens der verbotenen Frucht in Beziehung setzt, das in den Erzählungen vieler Kulturen einen „Fall" auslöst, darunter auch der Verlust der Unschuld im Biblischen Garten Eden. (Jung definierte „Amplifikation" als „Erweiterung und Vertiefung eines Traumbildes durch gerichtete Assoziationen und mit Parallelen aus … Mythologie, …, Folklore, Religion, Ethnologie … usw.")[5]

Am Abend vor diesem Traum hatte der junge Mann ein Rendezvous mit einem Zimmermädchen, mit dem er vor Kurzem eine Liebesaffäre begonnen hatte. Auf der bewussten Ebene behauptet er, an seinem verliebten Verhalten nichts falsch zu finden, da viele seiner Freunde ja das Gleiche täten. Im Gegensatz dazu lässt sein Verhalten im Traum auf ein gewisses Maß an verdrängten Schuldgefühlen schließen.

Eine wichtige Symbolfigur in vielen Träumen ist der „Schatten". Er hat typischerweise dasselbe Geschlecht wie der Träumer oder die Träumerin und stellt meist einen verdrängten Aspekt unserer selbst dar, etwas, was wir nicht offen zugeben.[6] So schreibt zum Beispiel Peter O'Connor über einen Klienten, der unter Depressionen und zahlreichen psychosomatischen Symptomen litt: Er träumte, er befände sich in einem dunklen Gang einer Lagerhalle. Dort begegnete er drei Bikern, die einen alten Mann kaltblütig mit einem Schraubendreher erstachen und ihm dann die Leiche übergaben.[7] Er ließ den Leichnam fallen und lief davon. Als er überlegte, inwiefern die Traumgestalten sich auf ihn beziehen könnten, erkannte er, dass das Verhalten der Biker seine eigene Wut und seine aggressiven Impulse widerspiegeln könnte, die er schon sein Leben lang unterdrückte. Aufopferungsvoll wie er war, versuchte er stets liebenswürdig zu anderen zu sein. Träume, in denen Schattenfiguren auftauchen, können einem Zweck dienen, weil sie dazu beitragen, dass wir uns selbst vollständiger und mit allen Fehlern zu akzeptieren vermögen.

Im Folgenden fasse ich die hilfreichsten Prinzipien, die ich für die Traumdeutung gefunden habe und die oft auch für die Deutung von Synchronizität gelten, zusammen. Achten Sie im Traum (oder bei einem synchronistischen Erlebnis) auf alles, was neuartig, eigenwillig oder seltsam wirkt; denn dies weist wahrscheinlich auf etwas Neues, das sich in Ihrem Leben entwickelt. Oder, wie ich gerne sage, „achten Sie darauf, worauf Sie achten“. Fragen Sie, wie Jung vorschlug, nach dem Zweck des Traumes (oder der Synchronizität). Was versucht er (oder sie) Ihnen zu sagen? Meiden Sie alle standardisierten, kochrezeptartigen Traumsymbol-Deutungen, denn der Schlüssel liegt darin, was Ihnen als besonders relevant *für Sie* auffällt. Überlegen Sie, ob die Symbolsprache des Traums Ihnen etwas über Ihr subjektives Befinden nahelegt, eine innere Wahrheit, die vielleicht über das hinausgeht, was Sie allein mit dem Verstand erkennen könnten. Achten Sie auf die Stimmung im Traum. Fragen Sie sich, was Ihnen der Traum im Hinblick auf Ihre momentanen Lebensumstände, Überzeugungen und Werte sagen könnte: Verbindet er in gewisser Weise Ihre innere und äußere Lebenserfahrung? Versuchen Sie, die Bedeutung offenbarer Symbole nach Jungs Methode zu „amplifizieren“ – was noch besser geht, wenn Sie sich über Mythen, Volksmärchen und Archetypen kundig machen.

Beachten Sie, dass Traumsymbole verschiedene Bedeutungsebenen haben können. Wenn Sie also zum Beispiel in einem Fahrzeug sitzen – was etwas über Ihre Fortschritte in einem wichtigen Bereich Ihres Lebens aussagen könnte – dann überlegen Sie, warum es etwa ein Auto ist im Gegensatz zu einem Zug oder Flugzeug. Sind Sie alleine unterwegs, werden Sie von Hindernissen aufgehalten oder ist Ihre Fahrt riskant?

Traumgestalten

Obwohl Traumdeutung stets subjektiver Natur ist, gab Jung einige hilfreiche Hinweise auf mögliche Bedeutungen. Ein Ansatz ist, sorgfältig zu überlegen, welche Figurentypen in Träumen auftauchen.

Die Persona: Den Begriff „Persona“ verwendete Jung für das öffentliche Gesicht, das wir der Welt zeigen, und das zugleich die Schutzfunktion einer Maske haben kann. Im Traum kann sich Ihre Persona in der Kleidung spiegeln, die Sie tragen. Wenn Sie also zum Beispiel von jemanden in einem Clown-Kostüm träumen, könnte dies eine unbewusste Angst spiegeln, dass Sie sich womöglich zum Narren gemacht haben. Träumen Sie, dass Sie nackt sind, dies jedoch niemand bemerkt, so könnte dies ein Gefühl der Verletzlichkeit oder der Selbstentblößung anzeigen. Tragen Sie Uniform, so kann dies für eine gewisse Strenge stehen, mit der Sie sich anderen gegenüber zeigen.

Der Schatten: Im Traum repräsentiert diese Gestalt eine dunklere oder weniger akzeptable Seite Ihres Wesens – eine Seite, die Sie möglicherweise ablehnen. Der Schatten hat normalerweise dasselbe Geschlecht wie der Träumer oder die Träumerin. Ein Beispiel für einen Schatten, wie er sich in einem Traum zeigen kann, ist jemand, der andere stark kritisiert, was Ihre eigene Neigung zum Urteilen widerspiegeln könnte. Jeder Auftritt des Schatten-Archetyps kann uns helfen, abgelehnte Aspekte unserer selbst anzunehmen, um dadurch vollständiger zu werden, und er kann uns vielleicht anregen, darüber nachzudenken, wie wir in Zukunft lieber handeln möchten.

Anima und Animus: In manchen Träumen kommt ein ganz bestimmter Typus einer archetypischen Gestalt vor, der sich auf das Gleichgewicht in unserer Persönlichkeit bezieht. Wenn ein Mann von einer schattenhaften Frauengestalt träumt, mag dies auf den Anima-Archetyp hindeuten, der das weibliche oder Yin-Element in der männlichen Psyche darstellt. Die weibliche Gestalt im Traum kann dann für etwas in der weniger entwickelten weiblichen Seite des Mannes stehen. Wenn zum Beispiel ein übermäßig wettbewerbsorientierter und emotional distanzierter Mann von einer unterernährten Frau träumt, dann kann dies ein Bild dafür sein, wie sehr er seine „weibliche" Seite noch entwickeln muss, die stärker im Kontakt mit seinen Gefühlen und denen anderer wäre und dadurch eine sinnvollere Verbindung mit anderen ermöglichen könnte. Ähnlich kann eine Frau von einer männlichen Gestalt träumen, die mit ihrem Animus oder dem männlichen Bild in ihrer Psyche zu tun hat. Solche Träume treten häufiger in der Lebensmitte, im Alter von rund vierzig Jahren auf, wenn diese Themen eher in den Vordergrund treten.

Wenn Ihnen bei dem Versuch einer Traumdeutung nicht gleich etwas einfällt, der Traum aber etwas besonders Numinoses an sich hat, dann legen Sie ihn innerlich „ad acta" und warten Sie ab, bis sich nach einiger Zeit in Ihrem Hinterkopf mögliche Assoziationen oder Bedeutungen einstellen. Manchmal zeigt sich die Wahrheit hinter einem Traum erst später, wie zum Beispiel als Jung wiederholt furchterregende Träume hatte, in denen weite Teile Europas zu Eis erstarrten – und ihm erst später klar wurde, dass sie sich wahrscheinlich auf den Ausbruch des Ersten Weltkrieges einige Monate später bezogen.[8]

An dieser Stelle möchte ich die beiden Träume schildern, die meinen Lebensweg geprägt haben, als ich dreißig war. Vollständig verstanden habe ich sie erst später, aber schon damals konnte ich erkennen, dass sie den Entscheidungen galten, vor denen ich stand. Beide Träume bezogen sich anscheinend auf herausfordernde Umstände in meinem Berufsleben. Seit zehn Jahren arbeitete ich im örtlichen psychiatrischen Krankenhaus, seit fünf Jahren als leitender Psychologe. An meinem Arbeitsplatz gab es einiges, was mich ärgerte, obwohl mir die Intensität meines Empfindens damals vielleicht nicht ganz klar war.

Es gab dort einen seit mehreren Jahren schwelenden Konflikt, den auch externe Regionalleiter nicht effektiv hatten lösen können, obwohl sie als Krisenhelfer gerufen worden waren. Die Beziehungen zwischen jemandem aus der Krankenhausleitung und seinen Mitarbeitern waren extrem angespannt, viele fühlten sich schlecht behandelt und schikaniert. Sein Umgang war streng und autokratisch.

Es war längst überfällig, dass diese Führungsperson auf ihr Verhalten angesprochen wurde. Ich beschloss, bei einer bevorstehenden Management-Bewertungssitzung, an der das gesamte Personal teilnehmen würde, meine Meinung zu sagen. Dass viele dies begrüßten, wusste ich, nicht aber, wie viele zum damaligen Zeitpunkt ihre Unterstützung auch zum Ausdruck bringen würden. Wenn ich jemanden hinterfragte, der objektiv in einer stärkeren Position war als ich, könnte meine Karriere auf dem Spiel stehen, so glaubte ich.

In dieser Zeit hatte ich zwei Träume. In dem einen befand ich mich in einem großen Schwimmbad. Es waren nur wenige Badegäste da, und außer mir war fast niemand im Wasser. Ich spürte, dass ein Hai im Becken war und auf mich zuhielt. Er wollte mich holen. Ich musste rasch heraus. Verzweifelt schwamm ich so schnell ich konnte zum Beckenrand. Beim Schwimmen entdeckte ich einen fitten Bademeister. Er war ein junger Mann, ein paar Jahre älter als ich, und rannte, um mich rechtzeitig herauszuholen. Er bekam mich zu fassen und zog mich heraus – genau in dem Moment, als der Hai zubeißen wollte.

Ich deutete die Traumgestalten als Aspekte meiner selbst. Sofort kam mir der Gedanke, dass der Hai meine eigene Wut darstellen könnte, die ich mir nicht vollständig eingestand. Das Schwimmbecken interpretierte ich als die Gefühle, die mich überfluteten, weil ich wusste, dass Wasser üblicherweise für Gefühle steht. Der Bademeister stellte wohl eine reifere Version meiner selbst dar. Ich glaubte, ich hatte eine nützliche Erkenntnis gewonnen. Ich musste auf eine reifere Seite von mir zurückgreifen, die meine Wut fassen und mit ihr umgehen konnte. Sonst wäre dieses starke Gefühl schädlich und kontraproduktiv. Ich verfügte über die notwendigen Fähigkeiten, damit mir dies gelingen konnte, aber ich musste mit großer Sorgfalt vorgehen.

Im zweiten Traum stand ich am Rand der Sydney Harbour Bridge. Ich hatte Angst, denn ich wusste, ich musste auf der von der Oper abgewandten Seite ins Wasser springen und Richtung Circular Quay, in die Sydney Cove schwimmen. Das Wasser wirkte nicht so weit unten wie im richtigen Leben, aber es war dennoch ein tiefer und angsteinflößender Sprung. Doch irgendwie wusste ich, dass ich überleben würde. Bevor ich sprang, bemerkte ich in der Mitte der Sydney Cove, ein paar hundert Meter vor dem Circular Quay, ein großes halbkugelförmiges Bauwerk aus Metallstäben. Zu diesem halbkugeligen Bauwerk müsste ich schwimmen, dann wäre ich in Sicherheit.

Ich erinnere mich nicht daran, dass ich gesprungen bin, wohl aber, dass ich im Wasser war. Ich schwamm und hielt dabei auf das Bauwerk zu. Als ich näherkam, bemerkte ich einen alten Mann in einem kleinen Boot, der auf den rückwärtigen Teil des Metallgerüstes zusteuerte. Ich erreichte das Metallgerüst und zog mich hinauf. Ich war erschöpft, spürte aber, dass alles gut gehen würde. Der ältere Mann kam zur gleichen Zeit bei dem Bauwerk an, und ich spürte, dass er mich gerettet hatte. Das Licht war düster, und die Wellen waren kabbelig. Ich fühlte mich hilflos: Ohne den Mann und das Bauwerk wäre ich ernsthaft in Gefahr.

Die Brücke verstand ich als Sinnbild für eine Übergangsphase in meinem Leben. In gewissem Sinne war mir bewusst, dass ich einen ganz anderen Weg einschlagen musste – ich konnte einfach nicht mehr in derselben Richtung weitermachen. Was mich in dem Traum aber wirklich verblüffte, war das halbrunde Bauwerk im Wasser. Normalerweise stand eine Kugel für mich für das Selbst. Daher begriff ich das halbkugelförmige Metallgerüst als relativ unreifes, sich neu entwickelndes Selbst – unvollendet, aber dennoch wichtig. Den Sprung in die Wellen in der Dunkelheit deutete ich wörtlich als den „Sprung ins kalte Wasser“, den ich wagen musste. Natürlich würde ich von starken und schwierigen Gefühlen gebeutelt werden. Der alte Mann stand für Weisheit, auf die ich mich würde verlassen müssen – von einer Figur, die mir ferner war als der junge Bademeister im Traum zuvor. Dies ließ vermuten, dass ich auch Hilfe von außen bräuchte sowie außerdem meinen Blickwinkel erweitern müsste, um weitere Weisheit im eigenen Inneren zu finden.

Die Träume halfen mir, in einer zermürbenden Zeit im Beruf, die durch einen extremen Konflikt gekennzeichnet war, mit meinen Gefühlen zurechtzukommen. Wie Synchronizität vermittelten sie mir Führung, als kämen sie aus einer profunderen Quelle. Wenn ich dunklere Zeiten durchmachen muss, dann werde ich eher durch Träume als durch Synchronizität geführt, welche ich wiederum typischerweise erlebe, wenn ich mich vollständiger fühle oder in positiver Gemütsverfassung bin. Es war gut, eine Warnung von meinem Unbewussten zu bekommen, dass ich im Umgang mit dem Konflikt sehr wachsam sein musste. Vielleicht hätte ich diese Botschaft noch konsequenter befolgen können, aber sie hat mich dazu gebracht, mein Verhalten zu mäßigen. Manchmal ist ein Traum, wie ein synchronistisches Erlebnis, einzig und allein dazu da, einen vorzuwarnen. Und dies kann ein kostbares Geschenk sein.

Typen von Träumen

In seinem Aufsatz „Allgemeine Gesichtspunkte zur Psychologie des Traumes" in dem Buch *Traum und Traumdeutung* beschreibt Jung mehrere Traumtypen, deren Eigenschaften sich jedoch zum Teil überschneiden.

Reaktionsträume: Diese Träume gehen auf frühere Traumata zurück – ein Beispiel wären etwa Albträume infolge schrecklicher Kriegserlebnisse oder eines schweren Angriffs. Der Traum ist wie eine Reproduktion des ursprünglichen traumatisierenden Erlebnisses, jedoch mit verzerrten Elementen. Jung verglich diese Träume mit einer Läsion des Nervensystems und erklärte, dass sie typischerweise nicht durch Traumanalyse gelindert werden. Heute gelten solche Träume als Symptom traumabedingter Störungen wie etwa der posttraumatischen Belastungsstörung.

Prospektive Träume: Diese können in gewisser Weise die Zukunft voraussehen, sich um Planungen für ein künftiges Ereignis drehen oder vielleicht eine Lösung für ein bereits bestehendes Problem aufzeigen. Jung behauptete, solche Träume könnten zuweilen Lösungen nahelegen, die unserem bewussten Denken überlegen sind, weil sie auf eine Kombination aus unterschwelligen Gedanken, Gefühlen und Wahrnehmungen oder, wie wir sagen würden, auf implizites, auf Intuition basierendes Verarbeiten zurückgreifen können. Jung warnte davor, prospektive Träume als unfehlbare Vorhersagen zu behandeln.

Telepathische Träume: Sie drehen sich um ein merkwürdiges Vorhersehen bestimmter Ereignisse, etwa Jungs in Kapitel Drei beschriebene Träume, in denen er jemandes Tod vorausahnte. Zwar stehen sie oft mit stark gefühlsbehafteten Themen in Verbindung, doch sie können auch scheinbar belanglose Ereignisse vorausahnen wie etwa den Erhalt eines Briefes.

Archetypische Träume: Dies sind üblicherweise „große" oder besonders numinose Träume, die mit höherer Wahrscheinlichkeit auf unbestimmte Zeit erinnert werden. Typischerweise kommen darin archetypische Symbole vor, manchmal solche, die der Träumer realistischerweise zuvor noch nie gesehen haben kann, wie etwa mythische und religiöse Symbole und Motive. Zum Beispiel schreibt Jung, dass ein zehnjähriges Mädchen eine ganze Serie von Träumen mit zahlreichen Hinweisen auf mythische und religiöse Symbole und Motive gehabt hatte, denen sie im Alltag nicht begegnet sein konnte, etwa eine gehörnte Schlange, Engel in der Hölle und vier einzelne Götter. Leider sagte Jung zutreffend voraus, dass die Träume, die wiederholt von Zerstörung und Wiederherstellung handelten, auf den frühen Tod des Kindes hindeuteten.[9]

Kompensatorische Träume: Jung war der Meinung, dass Träume im Allgemeinen kompensatorischen Charakter haben und auf Aspekte des Lebens hinwiesen, die dem Alltagsbewusstsein des Träumers nicht zugänglich sind. So kann der Traum zum Beispiel einen großspurigen Menschen in einem bescheideneren Licht oder eine nur scheinbar bescheidene Person als äußerst ehrgeizig darstellen. Wenn Sie allzu sehr zu einer Vaterfigur aufgeschaut haben, dann könnte dieser Mensch Ihnen im Traum etwas fehlbarer gezeigt werden, was Sie auffordern soll, sich mehr auf Ihr eigenes Urteil zu verlassen.

NEUN

Eine größere Welt

Segnungen und Missgeschicke

In der zermürbenden Zeit aufwühlender Krankenhaus-Querelen, die ich im vorangegangenen Kapitel beschrieben habe, konnte ich mich auf einen sehr wirksamen Stressabbau freuen: Ich hatte bereits geplant, im kommenden Jahr acht Monate freizunehmen – Sonderurlaub anlässlich meines Dienstjubiläums – und mit meiner Frau die Welt zu bereisen. Erst Jahre später wurde mir, insbesondere bei der Lektüre meiner Reisetagebücher, vollständig klar, wie diese Zeit meine Sicht des Lebens und mein Verständnis psychischer Gesundheit beeinflusst hat.

Eine lange Reise nach Übersee ist eine Ausbildung für sich, mit garantierten Neuartigkeiten und Herausforderungen, kombiniert mit der Freiheit, diese zu erkunden. Doch auch ein Teil meiner Lektüre auf dieser Reise, die in ich diesem Kapitel schildere, hat mein sich entwickelndes Weltbild im selben Maße geprägt wie alle anderen Erfahrungen.

Nach einem vergleichsweise freudlosen Jahr 1988 genoss ich es, meine Rolle mit der eines Rucksacktouristen zu tauschen. Unter anderem freute ich mich sehr darauf, bei einer Konferenz in Oxford einigen altgedienten Helden meines Berufes zu begegnen, bevor ich nach Findhorn, einer spirituellen Gemeinschaft in Nordschottland, weiterreisen würde.

Da ich ein Mensch bin, der zur Introspektion neigt, beziehen sich viele meiner Tagebucheinträge auf dieser Reise ebenso auf innere Erlebnisse wie auf die schönen Sehenswürdigkeiten, die ich mir anschaute. Synchronizität kann zu persönlichem Wachstum beitragen, aber es geht nichts über neuartige Erlebnisse und das Nachdenken darüber. Man denkt sie sich am besten als Quelle nützlicher Fingerzeige, welche die Bedeutung einer Erfahrung potenziell unterstreichen. Synchronizität ist weniger eine Lebenserfahrung an sich als vielmehr ein Prisma, durch das man sich wahrhaftiger sieht.

Vieles, was ich auf dieser Fahrt gelernt habe, war unerwartet und bezog sich auf die Natur des Reisens als solche. Es war keineswegs so idyllisch, wie ich es mir im Vorfeld ausgemalt hatte. Die Höhen und Tiefen des Reisens, die Segnungen und Missgeschicke haben uns kalt erwischt. Auf eine Autopanne auf einer kaum befahrenen Straße auf dem Rückweg von Gallipoli folgten eine Tasse Tee und ein spektakulärer Blick über die Ägäis, die uns ein mitfühlender Ranger spendierte. Auf wiederholtes Bremsversagen auf einspurigen Straßen in der kargen Landschaft des schottischen Nordens folgte eine zufällige Reparatur durch einen Mechaniker und eine atemberaubende Fahrt bei Sonnenuntergang um Loch Ness im Nebel. Die Aussicht auf eine weitere Nacht im Auto weckte den optimistischen Wunsch, gleich um die nächste Ecke direkt am See eine Jugendherberge zu finden – und bemerkenswerterweise traf er genauso ein!

In den Herausforderungen des Reisens zeichnete sich ein Motiv ab: Ein Wechsel von guten und schlechten Zeiten, der zunehmend wie eine Metapher für das ganze Leben wirkte. Selten waren die Dinge länger als ein paar Stunden am Stück furchtbar.

Aus dieser Zeit des Reisens haben wir noch viel mehr gelernt. Ich hatte immer geglaubt, die amerikanische Kultur sei oberflächlich. Doch dann brachte eine hawaiianische Zeitung, die mir gleich am ersten Tag in die Hände fiel, einen der anspruchsvollsten Artikel über Schizophrenie und Gemeinschaftsmaßnahmen, der mir je begegnet ist. Ich sah ein Fernsehinterview mit dem Mythenexperten Joseph Campbell, den ich bis dahin noch nicht kannte, in dem er über die Ehe sprach. Was er sagte, war so tiefgründig, dass ich es seither in der Paartherapie verwende.

Campbells Idee war unter anderem, eine Beziehung als etwas anzusehen, das von höherer Ordnung ist als die beteiligten Individuen. Was jeder Partner einbringt, wird vermehrt, und die Beziehung gibt reichlich zurück. Entscheidend dafür ist, dass man erkennt, dass jedes Opfer, das man erbringt, weniger dem anderen als vielmehr der Verbindung zwischen beiden gilt. Mit ansprechender Schlichtheit fügte Campbell hinzu, wen man heiraten solle, wisse man, wenn man seinem Herzen folge. Dies erinnerte mich an die Streichholzschachtel mit der Herz Sechs darauf. Ein anderes umfassendes Thema, auf das er abhob, lautete „Folge deiner Freude“. Damals schrieb ich in mein Tagebuch: „Synchronizität ist für mich ein Schlüssel.“ Mittlerweile hatte ich erkannt, dass die freudigsten Momente in meinem Leben oft mit Koinzidenzen einhergingen, die meiner festen Überzeugung nach mehr waren als bloße Zufälle.

Die verblüffendste Synchronizität, die ich auf dieser Reise erlebt habe, trat in Findhorn, einer spirituellen Gemeinschaft in Nordschottland, ein. Sue und ich nahmen an einer „Erlebniswoche“ teil, einem Einführungskurs mit fünfundzwanzig Teilnehmerinnen und Teilnehmern aus der ganzen Welt. Es war eine Erfahrungsgruppe mit Kleingruppen zu Themen wie persönliche Entwicklung, Spiritualität und tätige Mitarbeit.

Bei unserem ersten Rundgang durch das Hauptgebäude und seine Umgebung kamen wir an eine ebene Rasenfläche neben einem Hügel, wo ich zu meinem Erstaunen ein großes, halbkugelförmiges, gerüstähnliches Bauwerk sah, das genau dieselbe Form hatte wie das halbkugelige Metallgerüst in meinem Traum von dem furchterregenden Sprung von der Sydney Harbour Bridge. Angesichts der unübersehbaren Verbindung verschlug es mir den Atem. Das Bauwerk war so groß, dass man hineingehen konnte, und es überspannte ein rundes Mandala auf dem Boden, ein archetypisches Symbol der Ganzheit.

Dies war das erste starke Synchronizitätserlebnis, das mir auf unserer bis dahin siebenwöchigen Reise aufgefallen war. Es beeindruckte mich, dass es am Tag unserer Ankunft in einer spirituellen Gemeinschaft eintrat. Doch in einem Punkt unterschied sich das Bauwerk auffallend von dem in meinem Traum: Abgesehen davon, dass es aus Holz statt aus Metall war, wirkte es „stabiler und solider, nicht so rudimentär“, wie ich in meinem Tagebuch schrieb. Ich begriff dies als „Wiederverbindung mit meiner Spiritualität und Ermutigung, dass ich weitergekommen war“ – weil das, was ich als symbolische Darstellung meines Selbst begriff, nun vollständiger entwickelt wirkte.

Im Laufe der Tage bemerkte ich, dass es in der Art und Weise, wie die

Gruppe in Findhorn miteinander umging, etwas gab, was ich frustrierend fand. Wenn die Menschen zu großen strukturierten Gruppengesprächen zusammenkamen, herrschte eine Atmosphäre überzogener Positivität. Die Teilnehmenden äußerten sich augenscheinlich anders und zensierten alle kritischen Bemerkungen, die sie zaghaft oder offen an anderer Stelle vorgebracht hatten. Dies war unter anderem der Grund, warum mir Einzelgespräche lieber waren. Damals merkte ich, wenn Gruppen sich offener äußern könnten, dann wären sie mir wohl lieber, weil sie das Gefühl vermittelten, Teil von etwas Größerem zu sein.

Am darauffolgenden Tag erlebte ich Synchronizität zu diesen Gedankengängen, als die Gruppenmitglieder reihum Passagen aus einem Buch von einem gewissen „John" vorlasen, der von jemand anderem „gechannelt" worden war. Mittlerweile hatte ich mich an eine gewisse Seltsamkeit gewöhnt, daher kam mir dies nicht völlig ungewöhnlich vor. In dem Abschnitt, den ich vorlas, ging es darum, dass die Menschen gelernt hatten, als einzelne gute Beziehungen zueinander herzustellen, nicht aber in Gruppen. In Worten, in denen mein Tagebucheintrag vom Vortag anklang, hieß es in dem Text, es bestehe das Potenzial zu einer wesentlich weitergehenden Entwicklung kollektiver Beziehungen zwischen den Menschen. Ich merkte, dass dies wahrscheinlich mein Leben lang ein relevantes Thema bleiben würde.

Erst vor Kurzem ist mir bei der Durchsicht meines Reisetagebuches in vollem Umfang klargeworden, welche langfristigen Auswirkungen meine Überlegungen zu Gruppen in jener Woche hatten. Seither habe ich dauerhaftes Interesse an der Arbeit in Gruppen; so habe ich eine große psychologische Gruppenpraxis gegründet, Gruppeninterventionen und Gruppenprogramme entwickelt sowie Intervisionssitzungen geleitet.

Als ich mich in Findhorn trotz der offenbar positiven Kultur des Ortes auch an anderen Dingen rieb, habe ich noch mehr Synchronizität erlebt. Es gab auffallend viel „Szenesprache", so wurden Gruppenleiter als „focalizer" und ein Kennenlernritual für Gruppen als „attunement" bezeichnet. Ich verspürte eine gewisse Scheinheiligkeit, wozu auch eine offenbar wachsende Diskrepanz zwischen dem gehörte, was die Leute offiziell und was sie im Privaten sagten. Es gab Anzeichen für eine Hierarchie, die sich auch in dem spürbar andächtigen Ton zeigten, in dem von der Gründerin Eileen Caddy gesprochen wurde.

Über dies alles sprach ich mit einigen anderen, darunter einer jungen Schwedin namens Maria, die viele meiner kritischen Beobachtungen teilte. In meinem Tagebuch schrieb ich, dass wir beide der Meinung waren, in der Findhorn-Gemeinschaft gebe es ein gewisses Nichtwahrhabenwollen, was daher rührte, dass der Ort „den Anspruch an sich hatte, ein Utopia zu sein".

Die Erlebniswoche näherte sich ihrem Ende. Ich fand, dass ich zu dem, was mich störte, etwas sagen musste. In einer der ersten Gruppensitzungen nach unserer Ankunft in Findhorn wurde jeder Teilnehmer gebeten, einen Engel auszusuchen, der ihn bei seinem Besuch angeblich leiten würde. Ich hatte den „Engel der Wahrheit" gewählt.

Für mich entwickelte sich alles dahin, dass ich den Engel der Wahrheit von der Leine lassen sollte. Meine Bereitschaft dazu wurde auf gespenstische Weise gestärkt, nachdem es mir endlich gelungen war, die abgebrochene Antenne an unserem Auto auszutauschen. Während der Reparaturarbeiten hatte ich die ganze Zeit über mein Gespräch mit Maria über Findhorns utopische Ansprüche nachgedacht. Kurz danach unternahmen Sue und ich eine Spazierfahrt. Als wir das frisch angeschlossene Radio einschalteten, erwischten wir zufällig ein Programm, in dem gerade ein Interview gesendet wurde: Jemand sagte, man solle sich vor dem Größenwahn hüten, der mit Orten verbunden sei, die versuchten, ein „Utopia" zu sein. Solche Orte könnten am Ende restriktiv oder unterschwellig kontrollierend werden, selbst wenn ihnen aufrichtige Ideale zugrunde lägen. Gerade dadurch, dass sie versuchten, zu gut zu sein, könnten sie ihre Schattenseite entwickeln. Wow! Das nenne ich starke Synchronizität.

Serendipität – mehr als ein „glücklicher Zufall"

Wann könnten zufällige günstige Ergebnisse oder „Serendipität" mehr sein als bloß ein glücklicher Zufall? Solche Umstände sind etwa, wenn Sie neuen Leuten begegnen, auf erhellende Informationen stoßen oder (vielleicht unmittelbar nach einem Missgeschick) einen Glücksfall erleben, wodurch sich Ihre Chancen eindeutig verbessern.

Forscher am University College London haben dieses Thema jahrelang mit dem Ziel untersucht, seine Kraft nutzbar zu machen. Sie ermittelten drei Erkennungsmerkmale für Serendipität: Unerwartete Umstände, ein Aha-Erlebnis und ein wertvolles Ergebnis. Dr. Stephan Makri und seine Kollegen behaupten, wir könnten unsere Chancen mehren, Serendipität zu erleben, indem wir:[1]

- durch einen Wechsel der Umgebung geistigen Freiraum schaffen, und sei es durch einen Spaziergang
- Abwechslung in die Alltagsroutine bringen und gezielt versuchen, neue Leute kennenzulernen
- aufmerksam sind – Augen und Ohren offenhalten
- das Neue suchen und Grenzen erweitern – zum Beispiel neue Nahrungsmittel, Orte und Ideen ausprobieren
- nach Mustern Ausschau halten und dabei zugleich Verbindungen zu unseren alten Erfahrungen herstellen
- uns zum Ziel setzen, vom Unerwarteten zu profitieren.

Es mag ja leichter sein, diesen Empfehlungen zu folgen, wenn man unterwegs ist und das Neuartige sowie die Freiheit des Reisens genießt. Doch auch in unserem Alltag können wir diese Prinzipien anwenden, wenn wir uns auf die beiden Dinge konzentrieren, die Menschen, die öfter Serendipität erleben, gemäß den Feststellungen der Wissenschaftler am UCL gemeinsam haben:

- die Weisheit zu erkennen, wenn sich uns eine Chance bietet,
- das Zupackende: Die Gelegenheit ergreifen und handeln – dies stellt eine Verbindung zu meinen vorherigen Beobachtungen über Synchronizität und *Kairos* her

Ich nahm dies als ein bejahendes Häkchen vom Universum, dass ich meine Meinung sagen sollte. Als ich es tat, empfand ich es als größere Herausforderung, als ich erwartet hatte. Tränen flossen, als ich sprach. Aber ich glaube, die Menschen haben gespürt, dass von Herzen kam, was ich sagte. Den meisten gefiel meine Bemerkung, dass ich bei der Ankunft in Findhorn gedacht hatte, dies sei das Zweitbeste nach Disneyland. Vielleicht betrachteten sie Findhorn doch nicht ganz so andächtig, wie ich gedacht hatte. Selbst einige, die nicht meiner Meinung waren, sagten, sie respektierten mich dafür, dass ich gesagt hatte, was ich dachte. Für mein Empfinden hatte es sich gelohnt, offen meine Meinung zu sagen. Normalerweise mache ich das immer, auch wenn es schwierig ist.

Etwas später reisten wir auf die griechischen Inseln. Auf der Fähre lernte ich eine junge Frau kennen, die das Buch, das ich damals las, bereits gelesen hatte, *Zen oder die Kunst, ein Motorrad zu warten* von Robert Pirsig. Sie sagte, praktisch alle Bücher über philosophische und spirituelle Themen, die sie gelesen hatte, betonten eines: die Einheit von allem. Ich stimmte ihr zu.

Pirsigs Buch veranlasste mich zum Nachdenken über meine Neigung zum Intellektualisieren und meinen Egoismus. Ich reflektierte, dass diese Eigenschaften oft kulturell geprägt sind und in unserem Bildungssystem belohnt werden. Mir wurde deutlicher bewusst, wie sehr ich dazu neigte, in übergroße Begeisterung darüber auszubrechen, wie interessant alles war, statt mich darauf zu konzentrieren, eine intensivere Beziehung zu anderen oder zu meiner Umgebung aufzubauen. Für mich passte dies zu Pirsigs Thema, aus der Qualität des Erlebens zu schöpfen – aus dem Tao.

Als ich Pirsigs Bemerkungen über die Alten Griechen las, fiel mir eine Münze aus der Tasche. Die Kopfseite zeigte Demokrit. Auf mich wirkte das synchronistisch. Später erfuhr ich, dass Demokrit eine Schlüsselfigur in Geschichte und Philosophie der Naturwissenschaften ist und entscheidend zu einer rationalistischen Perspektive in der Wissenschaft beigetragen hat. Ich vermute, dass ich vor all den Jahren, als mir die Münze aus der Tasche fiel, eine deutlich größere Bereitschaft entwickelt hatte, Demokrit loszulassen.

Pirsig beleuchtete unsere kulturelle Bevorzugung des rationalen Denkens gegenüber der Intuition. Diese Ansicht klingt auch in Joseph Campbells Buch *Myths to Live By* an, das ich kurz danach las. Als Anleitung zur Lebensführung wird das rationale Denken überschätzt, würde ich behaupten. Sehr häufig ignorieren wir die „Wahrheit" eines Mythos als Verhaltensanleitung: Über viele Jahrhunderte angesammelte menschliche Weisheit verdient mehr Akzeptanz.

Diese Gedanken spann ich weiter, und sie brachten mich dazu, mechanische Modelle der Gesundheitsfürsorge zu hinterfragen. Wenn jemand einen „Zusammenbruch" hat, dann klingt in dem Wort schon an, dass er wie eine kaputte Maschine wohl am besten so wiederhergestellt wird, dass er seinen früheren Effizienzgrad erneut erreicht. Tatsächlich jedoch kann ein Ungleichgewicht die Situation herbeiführen, aus der heraus kreatives Wachstum möglich wird. Das negative Image der psychisch Kranken ist ungerechtfertigt. Es ist für die Betroffenen wesentlich leichter, aus psychischem Chaos herauszufinden, wenn sie sehen, dass es den Samen der Hoffnung auf eine umfassendere Entwicklung in sich trägt und ihnen helfen kann, am Ende weiter zu sein als sie es vorher waren. Diese Ideen schrieb ich in mein Reisetagebuch.

Zwei spätere Tagebucheinträge stehen damit offenbar besonders deutlich im Einklang. Ich hatte gerade *Teachings of Gurdjieff: A Pupil's Journal* von C. S. Nott gelesen. Gurdjieff legte allem Anschein nach großen Wert auf das Handeln und nicht nur auf höheren Erkenntnisgewinn. Ich notierte mir, dass ich, um zu lernen, anders handeln musste. Ich fand, dies war eine wichtige Botschaft für die gegenseitige Entwicklung von Verstand, Körper und Geist. Spontan entstanden einige Vorsätze – und ich kam zu dem Schluss, dass ich wirklich gerne dauerhaft einen Mentor hätte.

Ich beklagte, dass sich offensichtlich nur wenige Psychologen, denen ich begegnete, für Philosophie oder transpersonale Themen interessierten. Außerdem war es meiner Meinung nach wichtig, sich stärker an gemeinschaftlichen Aktivitäten zu beteiligen. Darüber hinaus notierte ich ein „Bedürfnis, mehr Leid zu erleben", und ich riet mir, dies sei ein „Brennpunkt, um den herum ich mehr lernen könne". Ich hatte ganz vergessen, dass ich diesen Eintrag verfasst hatte, bis ich meine Reisetagebücher im Rahmen der Vorbereitungen für dieses Buch wieder zur Hand nahm. Seien Sie vorsichtig, was Sie sich wünschen.

Auf der idyllischen thailändischen Insel Kho Phangan genossen wir an den letzten Abenden vor unserer Rückreise wunderschöne Sonnenuntergänge, und ich notierte einen meiner abschließenden Gedanken in meinem Tagebuch: „Ich möchte im Leben nicht allzu sehr auf Nummer sicher gehen. Ich möchte ein gewisses Risiko eingehen, aber aus den richtigen Gründen. Bei mehreren Optionen hätte ich gerne Führung ‘von oben‘ sozusagen.“

Wir kehrten nach Hause zurück, und wenige Tage später arbeitete ich wieder im Krankenhaus. Ich hatte den Eindruck, dass mein Blick ungewöhnlich scharf und neu war. Aber die Dinge standen nicht gut. Viele Kollegen wirkten zutiefst demoralisiert. Dies galt offensichtlich besonders für die „angeschlossenen Heilbereiche“ Psychologie, Sozialarbeit und Beschäftigungstherapie. Diese Disziplinen waren anscheinend von einem exemplarischen Fallmanagement-System geschluckt worden, in dem spezialisierten Aufgaben Professionalität und Autonomie abgesprochen wurden.

Entmutigte Kollegen berichteten mir von ihrer Unzufriedenheit bei der Arbeit. Schikanen nahmen überhand. Wo Türen früher offen gestanden waren, damit die Kollegen sich eingeladen fühlten einzutreten, waren sie nun größtenteils geschlossen. Die Atmosphäre war vergiftet. Es kam mir vor wie eine Einöde.

Nach meiner Rückkehr fasste ich nicht mehr Fuß. Es war mir unbegreiflich. Im Anschluss an meine Reise brauchte ich beunruhigend lange, um mich wieder einzugewöhnen. Zunehmend nagten Selbstzweifel an mir. Viele, die noch wussten, welche Rolle ich eingenommen hatte, als es darum ging, Management-Probleme im Krankenhaus offen anzusprechen, wollten, dass ich jetzt wieder in eine ähnliche Rolle schlüpfte; andere taten alles, um dies zu verhindern.

Aber eigentlich wollte ich nur noch wieder auf die Beine kommen und das Krankenhaus verlassen. Diesen Entschluss hatte ich bereits vor meiner Rückkehr gefasst. Aber ich kam nicht in Tritt. Noch bevor ich auch nur einen blassen Schimmer hatte, was vor sich ging, versank ich in einer Art Krankheitsgefühl. Ich fand, ich hatte keinerlei Gewissheiten mehr. Es bedurfte einiger Zeit, bis ich begriff, dass ich depressiv wurde.

Was sich dann entwickelte, war zweifellos die schlimmste Erfahrung meines Lebens. Dennoch glaube ich, dass ich auf keine andere Art mehr über das Wesen psychischer Erkrankungen hätte lernen können.

ZEHN
Hölle auf Erden

In den Abgrund

Manchmal ist etwas so schlimm, dass man sich beim besten Willen nicht vorstellen kann, wie je etwas Gutes daraus erwachsen soll. Mit einer schweren Depression ins Krankenhaus eingeliefert zu werden, könnte zum Beispiel so etwas sein. Aber durch diese Hölle auf Erden und meine Genesung habe ich sehr wertvolle Lektionen gelernt, ganz sicher für meine Arbeit, aber auch für mein Leben im Allgemeinen. Vor allem und mehr als alles andere hat das, was ich aus dieser Erfahrung gelernt habe, mich später auf den Weg geführt, mich für eine „positive Psychiatrie" einzusetzen. Hier lesen Sie die zutiefst persönliche Geschichte meiner Krise und Transformation.

Ich erinnere mich an eine Zeit, als ich in nichts mehr einen Sinn erkennen konnte. Kein Wunder, wünschte ich, ich wäre tot. Damals gab es nicht viel Synchronizität. Ich vermute, das passt; denn meiner Erfahrung nach ist Synchronizität ein Anzeichen dafür, dass man auf dem richtigen Weg ist. Das war ich nicht.

Es wurde dunkel. Eigentlich wurde es schon eine ganze Weile dunkel, aber jetzt wurde es sehr viel schneller sehr viel dunkler – und das kam für mich überraschend. Meine Kollegen am psychiatrischen Krankenhaus merkten offensichtlich gar nicht, wie orientierungslos ich innerlich geworden war. Sie reagierten auf das alte Ich, das sie sahen – was wohl nicht weiter verwunderlich ist, denn äußerlich war ich bestimmt noch so ziemlich derselbe.

Sie merkten nicht, dass mir mehr Fehler unterliefen, was wahrscheinlich ebenfalls nicht verwundert, da viele dieser Fehler eher geringfügig waren. Aber ich bemerkte sie. Für mich waren sie riesig.

Ein bestimmter Fehler führte dazu, dass ich endgültig ins Wanken geriet. Eines Vormittags warf ich einen Blick in meine oberste Schreibtischschublade und sah, dass ich die falschen Schlüssel mitgebracht hatte. Ich war am Boden zerstört! Mir war, als hätte ich vollkommen den Verstand verloren. Es kam mir vor, als würde ich in einen Strudel hineingezogen. Mein Leben war ein einziges Chaos.

Ich machte einen Spaziergang. Während der Arbeitszeit verließ ich das Gebäude nur selten, es sei denn zum Mittagessen oder weil ich etwas Dienstliches besorgen musste. Dieses Mal musste ich einfach raus! Ich ging zum Hafen. Aus irgendeinem Grund dachte ich an meinen verstorbenen Großvater. Er hatte mir sehr nahegestanden, obwohl ich ihn nicht oft gesehen hatte. Er war ein warmherziger und freundlicher Mann. Sogar mit Anfang achtzig hatte er noch gelegentlich als Apotheker gearbeitet und angefangen, an der Sonntagsschule zu unterrichten.

Jetzt war mein Großvater für mich verloren, sogar im Geiste. Ich schaute hinauf zu den Wolken und versuchte, Verbindung zu ihm aufzunehmen, aber vergeblich. Ich weiß noch, dass es eine Minute vor zwölf war, als ich das Gebäude verließ. Ich hatte das überwältigende Gefühl, dass etwas geschehen musste – um zwölf musste sich etwas in mir verändern, was mich da wieder herauszöge. Andernfalls rechnete ich mit einer Kaskade negativer Erfahrungen. Rückblickend vermute ich, dass ich schon tiefer drinsteckte, als mir klar war. Auf jeden Fall hatte sich meine Abwärtsspirale in den letzten beiden Wochen sehr schnell gedreht. Eine halbe Stunde war vergangen. Nichts war anders. Nichts hatte sich verändert. Ich war verloren.

Nur noch eine Hülle meines früheren Ichs, ging ich um den Hafen herum in das Einkaufszentrum in der Innenstadt. Ich wusste, wo ich war, aber ich kam mir so verloren vor wie noch nie. Die Dinge spitzten sich zu. So etwas betrifft einen nicht nur selbst. Es war auch eine massive Belastung für meine Frau. Ich schlief wenig. Ich stand auf und ging im ganzen Haus umher. Es musste sich etwas ändern. Aber nichts änderte sich. Außer dass ich nicht mehr arbeiten konnte.

Um diesen beinahe tiefsten Punkt herum trat vielleicht doch eine Veränderung ein – wenngleich kaum spürbar. Mitten in der Nacht wachte ich auf und hatte kurz ein Bild vor Augen, das mir ein flüchtiges Gefühl innerer Ruhe vermittelte: Der Blick durch das rückwärtige Fenster im Haus eines Freundes auf das saftige Grün draußen. Ich spürte, dass es wichtig war, meinen klugen Freund Ross anzurufen. Gleich am nächsten Morgen tat ich es. Ross meldete sich mit seinem typischen „Hallo“, bei dem er am Ende die Stimme leicht anhebt. Es war eine große Erleichterung, dies zu hören. Er brauchte nicht lange, um den Ernst der Lage zu erfassen.

Nach einiger Zeit sagte er ruhig, er glaube, wir sollten über einen Krankenhausaufenthalt nachdenken. Daran hatte ich auch selbst schon gedacht – voller Angst. Ross sprach ebenfalls mit Sue. Nach dem Telefonat saß ich mit ihr auf dem Sofa. Wir sprachen über das Thema Krankenhaus. Ich erinnere mich, dass ich auf dem Sofa geweint habe, so ausgiebig wie ein kleines Kind. Doch trotz meiner Not gab es zumindest auch einen Teil in mir, der eine gewisse Erleichterung empfand – eine Art Loslassen. Noch während ich weinte und Sue mit mir, kam ich zu dem Entschluss – wenn man es angesichts dessen, dass ich jeden Lebenswillen verloren hatte, überhaupt einen Entschluss nennen kann – dass ich ins Krankenhaus gehen würde. Dies war der größte „kleine Tod“, den ich je durchgemacht habe.

Als Sue über die Westgate Bridge nach Melbourne hineinfuhr, türmten sich düstere Wolken über der Bucht, was meine schlimmen Vorahnungen noch verstärkte. Im Geist probte ich schon meine Flucht: Einfach während der Fahrt aus dem Auto springen oder auf die weniger spontane, dafür zweifellos auch weniger schmerzhafte Option einer geeigneten Ampel warten. Äußerlich hätte man mir nichts angemerkt.

Es war wohl erst Jahre später, dass ich die Ironie des Ganzen erkannte. Ich erinnere mich, dass ich im ersten Berufsjahr als Psychologe in Geelong kurz nach der Eröffnung der Belegabteilung die Fantasie hatte, mich stationär einweisen zu lassen, um zu sehen, wie das so ist. Dies wäre allerdings nur Fiktion gewesen; als echter Patient eingeliefert zu werden, ist etwas völlig anderes.

An das Aufnahmegespräch erinnere ich mich nur vage. Erst Monate später erfuhr ich von Sue, dass ich an einem 6. Juni um sechs Uhr abends aufgenommen worden war, genau sechs Jahre nach unserer Verlobung. Wenn ich die Synchronizität damals schon erkannt hätte, hätte ich das als gespenstisch empfunden – vorausgesetzt ich hätte überhaupt etwas empfinden können. Vielleicht hätte es mir auch einen Hinweis vermittelt, dass am Ende doch etwas Lohnendes dabei herauskommen könnte.

Doch an jenem ersten Abend verspürte ich, zumindest kurzfristig, etwas anderes als Verzweiflung. Es gab eine kurze Phase, höchstens eine halbe Stunde wohl, einer seltsamen Ruhe – vielleicht die im Auge des Orkans. Ich sprach mit einer jungen Frau, die genau wie ich gerade eben aufgenommen worden war. Ich glaube, sie staunte, als sie erfuhr, welchen Beruf ich hatte. In diesem kurzen Zeitfenster floss einfach etwas aus mir heraus. Ich erzählte ihr von dem immergleichen uralten Prozess, dass sich die Dinge erst lösen müssen, damit sie wieder neu zusammengesetzt werden können. Dabei machte ich mit Händen und Fingern dieselben Gesten, mit denen ich dies immer untermale. Ich führte alles noch ein wenig weiter aus … im Prinzip so wie immer.

„Kann ich bei Ihnen Therapie machen?“, fragte sie völlig unerwartet, obwohl sie bereits bei jemand anderem in Behandlung war. Ich war verdutzt über ihre Frage. Ich wollte nicht jemandem das Leben vermasseln – zum Beispiel dadurch, dass ich ihm oder ihr falsche Hoffnungen machte – wenn ich gerade selbst ziemlich mies drauf war. Ich habe immer noch leichte Schuldgefühle, weil ich von da an sehr auf Distanz zu ihr ging. Dies verunsicherte sie offenbar ein wenig. Ich glaube, sie hatte das Gefühl, uns verbinde etwas Bedeutsames, und dies zu einer Zeit, in der sie mit kaum jemandem etwas Bedeutsames verband.

Noch am selben Abend trat eine Offenbarung ein, die mich durch alle Verzweiflung hindurch doch beeindruckt hat. Wenn das Personal sehr viel weniger zu sehen war, wurden die Patienten deutlich luzider. Ich war schockiert, als ich hörte, wie sie sich vertraulich und selbstbewusst über ihre Einschätzungen bestimmter Mediziner austauschten – welche Ärzte sie empfehlen würden und welche nicht. Sie nahmen kein Blatt vor den Mund. Um diese Zeit wirkten sie wesentlich weniger passiv und entfremdet. Doch derartige Beobachtungen von dem, was um mich herum geschah, waren ziemlich kurz. Ich war zu weit weg. Ich grübelte unentwegt.

Bei einem frühen Mittagessen mit anderen Patienten stellte mir eine Frau die übliche Frage: „Wie lange sind Sie noch hier?" „Noch etwa eine Woche", erwiderte ich; meinen Optimismus hatte ich doch noch nicht ganz verloren, aber nur, weil die Alternativen gar zu schrecklich schienen. „Das sagen alle!", gab sie zurück und sagte mir sechs Wochen voraus – anderswo ein ungewöhnlich langer Klinikaufenthalt, in dieser Privatklinik aber offenbar die Norm. Mein Herz wurde schwer, wenn es denn überhaupt noch schwerer werden konnte. Mir wurde klar, dass man ihr ungeachtet ihrer attraktiven Erscheinung wohl besser aus dem Weg ging.

In der ersten Nacht im Krankenhaus wachte ich voller Entsetzen auf, eigentlich nichts Neues. Doch dieses Mal war es viel schlimmer. Ich stand auf und sah in den Spiegel. Bisher war ich dabei immer zutiefst erschrocken, aber jetzt war es der blanke Horror. Ein außerirdisches Wesen mit rotglühenden Augen schaute mir aus dem Spiegel entgegen. Ich hatte nicht bedacht, dass ich eine gehörige Dosis starker Medikamente bekommen hatte. Ich hatte sehr düstere Vorahnungen und glaubte, dass von meinem früheren gesunden Ich nichts mehr übrig wäre. Vom leitenden Psychologen in einem psychiatrischen Krankenhaus war ich nun zum Psychiatrie-Patienten geworden. Es war, als würde ich in einen sehr dunklen Strudel hinabgezogen. Ich war vollkommen eingetaucht in die dunkle Nacht der Seele. Ich war verloren.

Ich versuchte mich umzubringen, indem ich einen Herzinfarkt herbeiführte. Ich stellte mir vor, wenn ich mir nur entsprechend Mühe gäbe und willentlich für einen massiven Pulsanstieg sorgte, könnte ich ganz ohne äußerlich erkennbare Spuren oder Sauerei das Zeitliche segnen. Mein Puls stieg tatsächlich. Ich zählte einen Anstieg auf etwa zweihundertzwanzig Schläge in der Minute. Ich hatte ein unseliges Klingeln im Ohr, das unsäglich laut wurde. Ich dachte, es könnte funktionieren. Hat es aber nicht.

Später ging ich ins Schwesternzimmer. Sachlich-nüchtern erklärte ich,

ich glaubte, gerade einen Herzinfarkt gehabt zu haben. Kurz danach wurden meine Werte gemessen. Man hielt mich für körperlich gesund. Ich blieb skeptisch.

Im Vorfeld meiner stationären Aufnahme plagte mich eine zusätzliche besondere Sorge. Ich war gerade erst gebeten worden, einen stationären Patienten zu übernehmen, der ungewöhnliche Sturzanfälle hatte, bei denen er unvermittelt zu Boden fiel. Wir waren stark unterbesetzt, und ich konnte nur ein oder zwei kurze Sitzungen mit ihm machen, wobei einmal seine Frau mit dabei war. Ich wusste, dass er später in dieselbe Privatklinik eingewiesen worden war, in die ich mich nun begeben würde. Bei meiner Aufnahme erklärte ich die Zwickmühle, in der ich mich befand. Man versicherte mir, die Wahrscheinlichkeit, dass wir einander begegneten, sei nicht gegeben, denn wir seien auf zwei verschiedenen Stationen auf derselben Etage untergebracht.

Wie sich herausstellte, waren die beiden Stationen lediglich durch zwei lange, offene Korridore voneinander getrennt. Ironischerweise waren dieser Herr und ich die einzigen beiden „Spaziergänger" in dem Gebäude – er von seiner und ich von meiner Station aus. Ich entwickelte rasch ein gewisses Geschick herauszufinden, wo er gerade steckte, und achtete darauf, dass ich immer eine Flurlänge hinter ihm blieb. Ich wusste nicht, wie lange es dauern würde, bis er mich entdeckte. In den ersten Tagen glaubte ich, ich sei vielleicht zur Strafe hier eingewiesen worden, weil ich mir nicht mehr Zeit für ihn genommen hatte – so dachte ich damals.

Eines Tages saß ich beim Monopoly-Spiel, in Jogginghose und umringt von anderen. Da sah ich, wie er mit seiner Frau um die Ecke kam. Es gab kein Entrinnen. Sie gingen auf unsere Gruppe zu, vielleicht dankbar für jede kleine Ablenkung. Oh nein! Ein Kontakt war unvermeidlich. Sie erreichten uns und blieben stehen. Ich saß ihnen genau gegenüber. Dann kam er, der erstaunte Blick des Wiedererkennens. Ein kaum angedeutetes schwaches Lächeln. Ich war bloßgestellt. Nun war es offiziell: Mein kleiner Tod war besiegelt.

In einer der ersten Sitzungen fragte mich der Psychiater nach meiner persönlichen Geschichte. Ich ertappte mich dabei, dass ich von meinen ersten Erinnerungen als Kindergartenkind auf Fidschi erzählte. Es hatte etwas seltsam Beruhigendes. Von Fidschi und anderen Episoden aus meinem früheren Leben zu erzählen, verband mich ein wenig mehr mit etwas Altem in mir, das gut war. Später nahm ich mir vor, die potenziell heilsame Wirkung der Fragen nach der Vorgeschichte eines Patienten niemals einfach so hinzunehmen.

Der Psychiater verschrieb mir eine ganze Menge Pillen – Antidepressiva in der höchsten verschreibungsfähigen Dosierung. Ich hasste sie. Als ich sie das erste Mal zum Mund führte und eine nach der anderen schluckte, dachte ich, ich nähme meinen Tod zu mir. So viel zum umgekehrten Placebo-Effekt! Niemand fragte mich, was ich vom Pillenschlucken hielt – schon gar nicht der Psychiater oder andere Ärzte.

Ich erinnere mich, dass ich an einer Kunsttherapie teilnahm. Ich malte ein Bild. Schockiert beobachtete ich, wie ein Band aus krakelig nebeneinander laufenden, leuchtend roten Wellenlinien entstand, die zu einer kolossalen Welle verschmolzen, welche anscheinend kurz davor war, in sich zusammenzubrechen. Es sah fast vulkanisch aus. Ich vermute, dass ich mich innerlich so gefühlt habe.

Es gab kurze Abschnitte relativer Ruhe. Ich erinnere mich an ein Gespräch mit einem Mann, der ein wenig älter war als ich – und zufällig ein Freund meines Bruders. Wir fragten einander, was uns jeweils ins Krankenhaus geführt hatte. Wie sich herausstellte, hatte er Panik-Attacken. Ich war verblüfft, dass er allein deswegen eingewiesen worden war, insbesondere da er keine Ahnung zu haben schien, warum er im Krankenhaus war oder welche Therapien er erhalten würde. Ich fragte, ob er klassische Strategien zur Angstbewältigung bei Panik-Attacken anwenden würde, wozu auch gehört, dass er seinen Paniksymptomen absichtlich ausgesetzt wird. Er merkte, wie überrascht ich war, als er mir zu verstehen gab, dass er keinen blassen Schimmer hatte, wovon ich sprach. Etwas später erfuhr ich von meinem Bruder, dass sein Freund sich nach unserem Gespräch prompt selbst entlassen hatte.

Auch wenn ich selbst mich nach einiger Zeit ein wenig besser daran gewöhnt hatte, dass ich im Krankenhaus war, gelang dies einigen Freunden offenbar nicht. Ich sah das Entsetzen in den Augen eines guten Freundes, als er mitbekam, wie anders ich aussah. (Aufgrund der Medikamente bekommen die Patienten oft bereits Stunden nach ihrer Aufnahme scheußlich rote Augen.)

Meine Frau Sue besuchte mich oft. Als mein Freund Ian eines Tages vorbei kam, sagte er: „Du musst dich jetzt um dich selbst kümmern." Ich hatte das immer für einen egoistischen Spruch gehalten, aber so meinte er es nicht. Es half. Mit Authentizität erreicht man in solchen Situationen viel. Ian war so gut gewesen, zu kommen und einfach er selbst zu sein, auch wenn er nervös war. Ein anderer Besucher gab mir ein Buch – *Chaos*. Das war gut gemeint, aber der Titel stieß mich sehr vor den Kopf. Es klang wie ein Buch über eine innere Welt.

Wenn ich über die Straße schaute, sah ich täglich ein Café, das „Anderswo" hieß. Dort wäre ich gerne gewesen. Ich war damals aufrichtig davon überzeugt, dass ich es nie anderswohin schaffen würde. Wenn aber doch, dann würde ich das mit einem Besuch in diesem Café feiern. Eines Tages ging ich hinein, mit Sue. Es war die schönste Enttäuschung, die ich je erlebt habe.

Und dann trat eine Art Heilung ein – ein Mini-Wendepunkt gegen Ende dieser ersten Woche. Eine junge Lernkrankenschwester wurde mir zugewiesen. Wir gingen in einen kleinen Raum in der Nähe des Schwesternzimmers, in dem ein Klavier und ein Trainingsfahrrad standen. Sie spielte Klavier, und ich fuhr Fahrrad – aus Leibeskräften. Ich glaubte immer noch, ich könne an einem Herzinfarkt sterben, doch dieses Mal, bei ihrem sanften Klavierspiel, stand ein Fragezeichen dahinter. Ich würde es dem Zufall überlassen.

Frenetisch trat ich in die Pedale. Dann wurde ich müde. Ich machte langsamer. Schließlich glaubte ich nicht mehr, dass ich einen Herzinfarkt bekäme. Von diesem Zeitpunkt an war ich ein bisschen … hoffnungsvoller. Nur ein kleines bisschen. Mir kam es wie das bisher heilsamste Erlebnis in diesem Krankenhaus vor. Ich spürte, dass diese Lernkrankenschwester eine gute Ausstrahlung hatte. Ihre Anwesenheit wirkte beruhigend und zugleich aufbauend, was tatsächlich etwas bewirkte.

Der Aufenthalt in einer Privatklinik war sehr teuer, und unsere Versi-

Autobiographische Therapie

Wenn man einigermaßen detailliert über schmerzliche alte Erfahrungen schreibt, kann dies die Verarbeitung der damit verbundenen Gefühle sehr günstig beeinflussen. Dies gilt für zutiefst persönliche Erlebnisse wie etwa den Verlust eines lieben Menschen, ein quälendes Versagen, Missbrauchserfahrungen, das Ende einer Beziehung oder einen Konflikt am Arbeitsplatz.

Mehrere Wissenschaftler, darunter auch James Pennebaker von der University of Texas, haben beschrieben, in welcher Hinsicht die Betroffenen von diesem Schreiben profitieren können, unter anderem durch eine Verbesserung von Stimmungslage, körperlicher Gesundheit und sozialer Anpassung. Am besten schreiben Sie über Ereignisse oder Situationen, mit denen Sie Ihrer Meinung nach im Moment gut umgehen können.

Es kann hilfreich sein, wenn Sie sich an mehreren aufeinanderfolgenden Tagen oder über mehrere Wochen hinweg jeweils einmal wöchentlich zwanzig Minuten Zeit nehmen, um über eine belastende Situation zu schreiben, die sehr starke Auswirkungen auf Ihr Leben hatte. Schreiben Sie kontinuierlich über Ihre tiefsten Gefühle und Gedanken zu der Situation sowie darüber, was sie mit Ihnen gemacht hat. Fragen Sie sich auch, ob Sie aus der Erfahrung etwas gewonnen haben, und wenn ja, was. Sie könnten vielleicht schildern, wie sie mit einer solchen Notlage umgehen wollen, falls Sie erneut eintritt. Sie können über ein einziges oder jeden Tag über ein anderes Thema schreiben. Sie brauchen Ihr Werk niemandem zu zeigen.

Diese Art des Selbstausdrucks ist insbesondere dann hilfreich, wenn Sie feststellen, dass Sie mit der Zeit strukturierter oder kohärenter über die Situation berichten können und weniger das Bedürfnis haben, Gedanken und Gefühle dazu zu verdrängen, oder aber, wenn Sie weitere Erkenntnisse darüber gewonnen haben.

cherung bot nur einen begrenzten Leistungsumfang. Es war Zeit umzuziehen, aber ich war noch lange nicht so weit, dass ich wieder nach Hause konnte. Daher kamen wir zu dem Entschluss, dass ich in ein öffentliches psychiatrisches Krankenhaus gehen würde. Als ich die Klinik verließ, wurde mir ein unerwartet ergreifender Abschied bereitet. Ich hatte mir das Zimmer mit einem jungen Mann mit auffälligen Tattoos geteilt. Wir kamen offenbar aus verschiedenen Welten. Doch obwohl wir die ganze Woche lang kaum ein Wort miteinander gewechselt hatten, gab es eine unübersehbare Nähe zwischen uns. Unmittelbar bevor ich aus unserem Zimmer ging, sahen wir einander an. Er kam zu mir, wir breiteten beide die Arme aus und nahmen einander herzlich in den Arm – und bei uns beiden kam es wirklich von Herzen.

Ein oder zwei Tage nach meinem Umzug in das öffentliche Krankenhaus ging es mir spürbar besser – ich fühlte mich ein bisschen lebendiger. Es half mir sehr, dass ich einen Architekten kennenlernte, der in einem ähnlichen Alter war wie ich. Wir kamen gut miteinander aus. Wir konnten sogar Witze machen. Bei einem Kinobesuch wunderten wir uns lautstark darüber, wie verrückt die Menschen sich bei einer Busfahrt verhielten. Wir machten ein paar Geräusche und flatternde Gesten mit der Hand. Es tat gut, Witze machen zu können, auch wenn sie platt waren.

Auf unserer Station plauderten wir oft mit zwei Hausfrauen in mittleren Jahren. Abgesehen von ein paar Teenagern mit Anorexie waren sie deutlich jünger als die meisten stationären Patienten. Manchmal lachten wir vier. Wenn wir zusammen waren, fühlten wir uns offenbar normaler. Eines Tages kamen wir irgendwie an einen Korbball und warfen ihn in einem Patienten-Aufenthaltsraum herum. Die jüngere Frau war sehr geschickt, sie hatte eine tolle Ballkontrolle und konnte ausgezeichnet werfen. Wir sahen sie mit anderen Augen. Ein paar Minuten lang war sie eine begabte Sportlerin.

Leider erfuhr ich später, dass die Ärzte diesen Zwischenfall zum Anlass nahmen, über manische Tendenzen bei mir zu spekulieren. Während des Spiels war ich sicher etwas aufgedreht gewesen, wahrscheinlich mehr als zu jedem anderen Zeitpunkt in dem Krankenhaus. Ich vermute, es bestand ein geringes Risiko, dass wir etwas hätten kaputtmachen können. Aber nicht viel. Es war schade, dass ein seltener Moment magischer Heilung auf ein potenzielles Symptom reduziert werden konnte.

Wieder war ich verblüfft, wie unverblümt die Patienten ihre Meinung äußerten, wenn kein Personal in der Nähe war. Sie waren brutal ehrlich in ihrer Einschätzung der Leistung der verschiedenen Therapiegruppenleiter.

Einige Freunde besuchten mich auch weiterhin, darunter auch Rod, der selbst Psychologe war. Er drängte mich, mir gut zu merken, was ich gerade durchmachte. Ich bezweifelte, ob ich das wollte: Es war doch nur der reine Schmerz. Doch auf irgendeiner Ebene habe ich wohl beschlossen – oder zumindest zugelassen – dass ich meine Erfahrung von da an bewusster wahrnahm. Mit der Zeit war mir, als bildete sich in meinem Rücken ein Netz aus Fäden, das durch den Kontakt zu Freunden und Familie (und die klavierspielende Lernkrankenschwester) entstand und verhinderte, dass ich weiter abstürzte.

Erstaunlicherweise fühlte ich mich nach etwa einer Woche in dem öffentlichen Krankenhaus bereit für die Entlassung. Ich verabschiedete mich von einer Mitpatientin, die sagte, sie wisse, ich gehöre zu denen, die nie wiederkämen. Dies bestärkte mich in meinem Empfinden. Als ich ging, fühlte ich mich so normal, dass ich geradewegs an einer fünftägigen Psychologie-Konferenz teilnahm. Ich erinnere mich, dass ich die Antidepressiva klammheimlich auf der Uni-Toilette eingenommen habe, weil ich mich fragte, wie schockiert meine Konferenzkollegen wohl wären, wenn sie wüssten, wo ich die letzten beiden Wochen verbracht hatte.

Am folgenden Wochenende fuhren Sue und ich nach Daylesford. Das Städtchen liegt anderthalb Autostunden landeinwärts von Geelong und ist mit seinen Seeuferpromenaden und Thermalbädern normalerweise ein wunderbarer Hort der Ruhe. Doch dieses Mal war die Ruhe dahin. Ich wachte mitten in der Nacht auf, und mir stand das Bild zweier Arbeitskollegen vor Augen. Mir kam sofort der Gedanke, sie seien leblose „Überlebende" in einem kräftezehrenden Krankenhaussystem. Ich glaubte nicht, dass ich das auch könnte – bloß überleben. Aber genau dies wurde offensichtlich verlangt. Schnell fiel ich wieder in ein tiefes schwarzes Loch. Ich war wieder suizidal. Innerlich tot.

Noch einmal wurde ich in das öffentliche Krankenhaus eingewiesen. Dieses Mal waren die anderen Patienten anscheinend fast alle alt. Nur zu einer Patientin konnte ich eine Beziehung aufbauen, zu einer jungen Psychiatrie-Krankenschwester. Wie der Zufall es wollte, begegneten wir uns später im selben Team in einem psychiatrischen Krankenhaus wieder. Ich denke, ich kann getrost sagen, dass wir zu den Leistungsträgern in diesem Team gehörten. Wenn unsere Kollegen wüssten, dass wir beide einmal Patienten auf einer psychiatrischen Station waren! Bei der gemeinsamen Arbeit haben wir nie über unsere beiderseitige Krankenhauserfahrung gesprochen, noch nicht einmal in Andeutungen. Es war wahrscheinlich noch nicht lange genug her.

Eines Tages fühlte ich mich besonders niedergeschlagen. Ich hatte gekämpft, so sehr ich nur konnte. Es war gnadenlos gewesen. Ich beschloss: Wenn in den nächsten fünf Minuten nichts passieren würde, würde ich eine radikale Entscheidung treffen. Ich wusste nicht wie, aber ich würde eine Möglichkeit finden, meinem Leiden ein Ende zu setzen. Innerhalb von ein oder zwei Minuten klingelte das Telefon. Es war eine gute Freundin, die mich selten, aber immer von Herzen anrief und mir eine Stütze war. Das war gutes Timing. Seither habe ich oft gedacht, wenn dieser Anruf nicht gewesen wäre, wäre ich vielleicht nicht mehr hier. Durch diesen Anruf konnte ich den Entschluss fassen, weiterzumachen. Die zeitliche Koordination konnte ich kaum von der Hand weisen: Selbst in meiner Finsternis glaubte ich, dass sie synchronistisch war.

Teil 3
Einstimmung auf das Universum

ELF

Rückkehr ins Licht

Das wiedererlangte Selbst

Ich habe nicht das Gefühl, dass ich durch den leitenden Psychiater, bei dem ich in dem öffentlichen Krankenhaus war, viel gewonnen habe. Im Grunde reduzierte er das Ganze auf die Empfehlung: Wenn Therapeuten die Ellbogen aufstützen und so aussehen, als seien sie faul, dann teilen sie sich wahrscheinlich nur ihre Kräfte gut ein. Damit wollte er offenbar sagen, dass ich besser mit meinen Kräften haushalten sollte und wohl in erster Linie an einer Form des Burnouts litt. Dies erschien mir doch etwas zu stark vereinfachend.

Einmal meinte ein psychiatrischer Assistenzarzt, der es so eingerichtet hatte, dass ich zu ihm kam, ich gehöre eigentlich gar nicht ins Krankenhaus. Er hatte offensichtlich keine Therapie, die mir helfen könnte, aber ich glaube, dass seine Aufrichtigkeit und Ehrlichkeit für mich ein kleiner Schritt nach vorne waren. Viele kleine Schritte ergeben manchmal einen großen.

Ganz allmählich fing ich mich wieder. Ich nahm wieder mehr von dem wahr, was um mich herum geschah. Meinem Eindruck nach gab es unter dem medizinischen Personal Leute, vielleicht zehn Prozent, in deren Gesellschaft ich einen leichten Stimmungsaufschwung verspürte. Sie waren unterschiedlichsten Alters und hatten die verschiedensten Berufe. Andererseits gab es offenbar auch Leute, die kontrollierend oder sehr wettbewerbsorientiert waren, und immer, wenn ich mit ihnen zu tun hatte, ging es mir schlechter. Im Allgemeinen war es nicht schwer, ihnen aus dem Weg zu gehen.

Freunde besuchten mich auch weiterhin. Ein Freund fuhr mit mir in einen Park in der Nähe, und wir plauderten. Auf der Rückfahrt verriet er mir, dass man ihm gesagt hatte, er dürfe mich nur unter der Bedingung mitnehmen, dass er mich anschließend persönlich wieder auf Station abliefere, da ich suizidal sei. Doch er ließ mich vor dem Krankenhaus aussteigen und fuhr davon. Er hatte ein gutes Urteilsvermögen bewiesen: Inzwischen fühlte ich mich normaler.

Es ging mir nur schrittweise besser, aber dafür konnte ich dankbar sein. Mein Entlassungsdatum war auf etwa vier Wochen nach meiner zweiten Einweisung festgelegt worden. Es half, dass ich an meinem letzten Tag im Krankenhaus das verschlüsselte Kreuzworträtsel löste. Dies war immer schon ein Erfolg gewesen, selbst für mein früheres normales Ich.

Unmittelbar vor meiner Entlassung sprach ich einen Psychologen, der ein wenig jünger war als ich. Er war spürbar aufrichtig und authentisch in seiner Art. Ich spürte, dass er in mehrerer Hinsicht mit mir mitfühlen konnte, auch was meine Erfahrungen mit den Krankenhaus-Querelen anbelangte. Außerdem war er sehr versiert im flexiblen Umgang mit der kognitiven Verhaltenstherapie, die mir wohl vertraut war. Irgendwie half er mir, einige meiner früheren Stärken so anzuerkennen, dass ich das Gefühl hatte, ich verfügte immer noch über sie. Ich vereinbarte regelmäßige Sitzungen bei ihm nach meiner Entlassung. Außerdem verpflichtete ich mich dazu, einen privaten Psychiater zu konsultieren. Eines Tages sah mir der Psychiater geradewegs in die Augen und sagte: „Sie glauben nicht, dass Sie jemals wieder gesund werden, nicht wahr?“ Dies machte mich hellhörig, obwohl ich dachte, er spreche lediglich das Offensichtliche aus. Am verblüffendsten aber war seine Zuversicht: „Sie *werden* wieder gesund! Das *garantiere* ich Ihnen!“ Irgendwie drangen seine Worte zu mir durch. Und sie zeigten Wirkung. Außerdem verglich er die Krankenhaus-Querelen mit einer Schlangengrube, und auch dies stärkte mir in gewissem Sinne den Rücken, weil er damit anerkannte, vor welchen Herausforderungen ich gestanden hatte.

Meine Besuche bei dem Psychologen verband ich mit Besuchen in meinem Lieblingskino in Melbourne („Kinotherapie“ nannte ich das). Der regelmäßige Kontakt mit ihm half mir, in dem wirbelnden, dunklen

Meer aus Schmerz nicht unterzugehen. Er wirkte jung, aber auch lebendig und engagiert. In Gedanken nannte ich ihn meine *Lifebuoy*, meine Rettungsboje – mein Hirn hatte es damals mit Wortspielen.

Ich erhielt einen Brief von meinem Onkel, der ebenfalls Psychiater war. Er war so gut gemeint wie alle Unterstützung, die ich damals bekam, aber danach fühlte ich mich noch entmutigter. Der Brief bewies, dass schwere Depressionen bei uns in der Familie lagen. Mein Onkel hatte wahrscheinlich gedacht, er könne mir damit einen Grund geben, warum ich keine Schuldgefühle zu haben brauchte. Mir aber war, als hätte ich nun Grund, mich noch hilfloser zu fühlen.

Eines nachmittags begleitete ich meinen Schwiegervater auf einer Fahrt über seine Farm. Ich verbrachte ein paar Tage bei ihm, während er in seiner Eigenschaft als landwirtschaftlicher Berater Farmer in der Gegend besuchte. Er ist ein sehr warmherziger und großmütiger Mann. Das muss abgefärbt haben. Als wir am Farmdamm entlangfuhren, wurde mir plötzlich klar, dass ich schon mehrere Sekunden lang nicht mehr an Selbstmord gedacht hatte. Dies war ein weiterer kleiner Durchbruch.

Dann geschah etwas, das zu einem großen Durchbruch führte. Ich erhielt einen Brief von einem Freund, der Krankenpfleger in der Psychiatrie war. Er riet mir dringend, einen bestimmten Therapeuten aufzusuchen, den er kannte. Der Mann hieß Max. Er sagte, ich sei ein spiritueller Mensch und müsse zu jemandem gehen, der auf dieser Ebene arbeiten könne. Mir war überhaupt nicht danach, noch zu einem weiteren Therapeuten zu gehen; ich ging ja bereits zu einem Psychologen und zu einem Psychiater. Doch über die herzliche und großzügige Ermutigung durch meinen Freund konnte ich nicht einfach hinweggehen.

Ich konsultierte Max zwei Mal jeweils anderthalb Stunden lang. Max hatte viele Jahre lang eine Psychodramaschule in Ozeanien betrieben. Er hatte eine sechsjährige Ausbildung bei Moreno, dem Begründer des Psychodramas, absolviert. Max war ein Zauberer. Bei unserer ersten Sitzung ließ er mich einfach reden; und geredet habe ich, ziemlich viel.

Einer seiner ersten Sätze mir gegenüber lautete: „Nun, ich glaube, es ist nicht ganz so tragisch!“ Was? Nicht tragisch? Ich war schockiert. Ich hatte ja womöglich alles verloren! Doch irgendwie wirkte es, als habe er sich voll und ganz auf mich und meine Situation eingelassen. Im weiteren Verlauf der Sitzung gab er mir Feedback, wie er mich und meine Situation wahrnahm. Er verwendete Worte, die meiner Meinung nach zutreffend beschrieben, wie ich früher einmal war. Aber er kannte mich doch erst seit einer Stunde. Dies schenkte mir die Hoffnung, dass vielleicht doch nicht alles Gute weg war, was ich einst in mir hatte.

Als er über meine schrecklichen beruflichen Erfahrungen sprach, sagte er, ich sei mit blindem Eifer vorgegangen. Für mich gab er mir damit auf einer gewissen Ebene Rückendeckung, obwohl er mein Verhalten infrage stellte. Ich hatte mich mit starken Kräften eingelassen, die ich – vielleicht leichtfertig – unterschätzt hatte. Von Max konnte man jedes Feedback gut annehmen. Es war so deutlich zu spüren, dass er es gut mit einem meinte, auch wenn er kein Blatt vor den Mund nahm. Er hatte ein sicheres Gespür dafür, wie viel jemand einstecken konnte.

Meine zweite Sitzung mit Max war ein echter Wendepunkt. Ich weiß nicht mehr, was er in der ersten Stunde ansprach, doch in der letzten halben Stunde machten wir eine Übung mit zwei Stühlen. Immer wieder wechselte ich vom einen zum anderen Stuhl. So arbeiteten wir zwei Aspekte von mir heraus, die ich nun mit Schrecken in ihrer reinsten Form erlebte. Auf der einen Seite: Wehleidig, hilflos, völlig niedergeschlagen, mit einem Anflug von Empörung über die Ungerechtigkeit der Welt. Auf der anderen: Ein strenger und grausamer Richter, angewidert, bestialisch intensiv, erbarmungslos ablehnend und aggressiv. Ich hatte einen dicken Ast in meiner Hand, mit dem ich gnadenlos auf mich einschlug.

Am Ende der Sitzung sprach Max sieben Zauberworte. Damals war mir nicht klar, dass sie ein Zauberspruch waren, aber sie waren es. Er sagte: „Ich glaube, Sie haben eine unvollkommene Lösung." Ich bin mir nicht sicher, ob ich damals viel damit anfangen konnte, aber ich war definitiv erleichtert, als er dies sagte.

Ich verließ Max' Praxis, war schon auf dem Parkplatz und wollte gerade die Autotür öffnen. Genau in diesem Moment, als der Schlüssel ins Schloss glitt, ging mir ein Licht auf. Es war eher ein Gefühl als ein Gedanke: Mir wurde plötzlich klar, dass ich den Ast losgelassen hatte. Das war ein wichtiger Moment. Ich begriff, warum Max' Worte von der unvollkommenen Lösung mich so stark angesprochen hatten. Ich wusste, dass ich es unter anderem mit der Herausforderung meines eigenen Perfektionismus zu tun hatte – so viel war klar. Daher ... eine unvollkommene Lösung! Wie elegant! Natürlich – die optimale Genesung von einer durch Perfektionismus beeinflussten Depression musste eine unvollkommene sein. Meine Genesung war bisher so langsam, so pathetisch, so öffentlich, so ... unvollkommen verlaufen. Wenn ich dies annehmen konnte, dann, so meinte ich, würde ich in Zukunft alles annehmen können.

Ich bezweifelte, ob es wirklich eine unvollkommene Lösung war, denn sie erschien mir so außergewöhnlich gut. Jetzt hatte ich sogar eine rationale Erklärung dafür. Ich liebe rationale Erklärungen – sie machen eine komplexe Welt einfacher. Und ich finde, sie hauen oft hin.

Ich ging weiterhin zu meinem Psychologen und zu meinem Psychiater und erzählte ihnen von dem Aha-Erlebnis bei Max. Ihre Reaktionen unterschieden sich merklich. Der Psychiater erklärte, letztlich ließe sich alles auf biologische Abläufe zurückführen: Es gäbe Abweichungen in der Hirnchemie, die unabhängig von unserem Erleben einträten. Er glaubte eindeutig, meine Hirnchemie habe sich, nach Monaten unter derselben Medikation, einfach zufällig verändert – dass es nach meiner Sitzung mit Max passiert war, sei reiner Zufall.

Der Psychologe reagierte verständnisvoller. Bei ihm blieb ich bis zu meiner vollständigen Genesung – und ein wenig darüber hinaus. Etwa zwanzig Jahre später begegnete ich ihm auf einer landesweiten Konferenz. Inzwischen war er als weltweit führender Kopf auf seinem Spezialgebiet anerkannt. Bei dieser Gelegenheit erklärte er mir, nach meinem Bericht über meine Sitzung bei Max habe er die Zwei-Stuhl-Technik in die formelle Ausbildung seiner Studenten aufgenommen. Ich war zutiefst beeindruckt.

Ich fing mich immer mehr. Weil ich in meinen ersten zehn Berufsjahren nur sehr wenige Fehltage gehabt hatte, konnte ich mir noch eine mehrmonatige Krankschreibung erlauben. Ich wollte so gründlich genesen, wie ich nur konnte, und dann wieder arbeiten. Vielleicht würde sich ja alles wieder einrenken – oder auch nicht. An dem Punkt, an dem ich nun stand, war ich nicht mehr so sehr auf einen bestimmten Ausgang festgelegt.

Ich war wieder lebendig. Ich genoss meine Kinotherapie. Eines Tages schickte ich einem Freund nach einem Film eine Postkarte. Dadurch fühlte es sich für mich wie Urlaub an.

Als ich wieder arbeitete, ließ man mich größtenteils in Ruhe. Das war gut so. Es war ein sanfter Wiedereinstieg. Glücklicherweise wirkte ich auf alle, die etwas gegen mich einzuwenden gehabt haben könnten, nicht als Bedrohung. Zumindest kam es mir so vor. Und das gefiel mir.

Meine ersten Therapiesitzungen mit Klienten ermutigten mich. Erfreut stellte ich fest, dass ich mein handwerkliches Geschick nicht verloren hatte. Ich ging nicht damit hausieren, wo ich gewesen war – solche Nachrichten würden sich im Nu herumsprechen. Aber mich verblüffte, dass die Patienten auf Station mir anscheinend nun viel tiefer vertrauten. Ich vermute, sie haben mir mehr erzählt als den meisten Kollegen, sogar außerhalb der Sitzungen.

Einige Klienten sahen mich fragend an, wenn ich zu ihren Erfahrungen eine Bemerkung machte, die stärker mit ihrem Empfinden mitschwang, als sie erwartet hatten. Manchmal sagten sie, sie fragten sich, woher ich so gut wüsste, was sie gerade durchmachten. Ohne mir dessen bewusst zu sein, durchschaute ich die Menschen tiefer und vielleicht auch zutreffender. Dies kostete mich keinerlei Mühe.

Zwei Jahre später kehrte ich für ein Postgraduiertenstudium an die Universität zurück. Es war ein wunderbar anregendes Masterstudium in klinischer Psychologie mit vielen versierten Studienkollegen, die meist etwa in meinem Alter waren. Ich lernte ungemein viel. Dennoch glaube ich bis heute, dass ich als Kliniker aus dem halben Jahr meiner Depression und Genesung noch mehr gelernt habe.

Ich brauchte zwei Jahre, bis ich alle Medikamente absetzen konnte. Eines Tages spielte ich ein Tennis-Doppel und schmetterte ein Ass. Mein Tennispartner, ein befreundeter Arzt, scherzte: „Du bist runter vom Prothiaden, nicht wahr?“ Er hatte recht. Etwa eine Woche zuvor hatte ich das letzte Medikament abgesetzt. Seine Bemerkung machte für mich ein kleines Fest daraus. So sehr ich sie auch gebraucht hatte, für meine sportlichen Fähigkeiten waren meine Medikamente eine Katastrophe gewesen. Jetzt konnte ich sogar noch sicherer sein, dass ich wieder ganz der Alte war.

Bald danach fuhr ich einmal aus der Apotheke meines Vaters nach Hause, und mir strömten unaufhörlich Tränen über das Gesicht. Ich dachte an die lange Zeit, die ich durchgemacht hatte. Mit einem bittersüßen Schmerz kamen mir die Worte: „Es war einfach so schwer!“ An einem bestimmten Punkt der Genesung kommt manchmal die Trauer über eine lange Phase seelischer Belastung heraus. Wenn man anfängt, seine Kämpfe in der Vergangenheitsform zu sehen, dann kann man das Verlorene oder den Preis, den man bezahlt hat, leichter betrauern.

Nach meiner Genesung verging kaum ein Tag, an dem ich nicht froh war, wieder mein normales Leben genießen zu können. Danach gab es mehrere Jahre, in denen ich sechzig Stunden in der Woche gearbeitet und mit der Tätigkeit im Krankenhaus, meinem Studium sowie mit dem Aufbau einer Privatpraxis jongliert habe. Nebenher wurde ich Vater dreier Kinder. Obwohl mich das Leben sehr gefordert und herausgefordert hat, wirkte doch nichts auch nur im Entferntesten so schwierig, wie in jener Zeit der Dunkelheit einen einzigen Tag zu überstehen. Es war fast unmöglich, ein normales Leben für selbstverständlich zu nehmen.

Ich war nicht mehr gedanklich abwesend. Ich konnte spontan sein.

Ich verließ das Krankenhaus in Geelong, in dem ich bis dahin immer gearbeitet hatte, und übernahm eine leitende Position in einem Krankenhaus für Kriegsveteranen in Melbourne, wo ich an der Entwicklung eines landesweit anerkannten Programms für posttraumatische Belastungen mitwirkte. Ich spezialisierte mich auf die Behandlung von Traumareaktionen und stellte unsere Forschungsergebnisse auf nationalen und internationalen Kongressen vor. Es war befriedigend, meine Karriere in öffentlichen Krankenhäusern auf ihrem Höhepunkt zu beenden. Ich wechselte Vollzeit in meine private Praxis. Hier schätzte ich die Autonomie und die Möglichkeit, meine Fähigkeiten voll auszuschöpfen.

Vor mir lagen viele arbeitsreiche und äußerst produktive Jahre. Meine Praxis wuchs. Unsere Familie wuchs. Wir zogen in ein Haus, in dessen

Nähe mehrere Parks, in denen die Kinder spielen konnten, und eine Bucht zum Kajakfahren lagen. Freude, und mit ihr die Synchronizität, stellten sich wieder ein.

Die erste klare Synchronizität trat ein, als meine Frau mich auf etwas aufmerksam machte, was mir entgangen war – dass ich nämlich an einem 6. Juni ins Krankenhaus eingeliefert worden war. Und nicht nur das: Ich erinnerte mich, dass es bei der Aufnahme etwa sechs Uhr abends gewesen war. Es war exakt der Tag und die Stunde, zu der wir uns sechs Jahre zuvor verlobt hatten – was in mir den Eindruck weckte, dass diese gegensätzlichen subjektiven Erfahrungen von Himmel und Hölle auf Erden eine tiefere archetypische Bedeutung hatten. Bei genauerem Nachdenken leisten beide einen, wenngleich höchst unterschiedlichen Beitrag zu Sinn und Ziel im Leben. Diese Synchronizität veranlasste mich, danach zu suchen, was ich dadurch, dass ich eine so schmerzliche Erfahrung hatte durchmachen müssen, auf der tiefsten Ebene gewinnen konnte, wenn ich sie in gewisser Weise so betrachtete, dass sie hatte „sein sollen".

Als unsere Praxis in den darauffolgenden Jahren wuchs (meine Frau beteiligte sich als Rezeptionistin), traten beim Kauf von Arbeitsräumen eine ganze Reihe synchronistischer Ereignisse oder zumindest glücklicher Zufälle ein. Unser erstes eigenes Praxisgebäude konnte ich erwerben, weil eine Klientin in letzter Minute ihren Termin absagte und ich daher an der Versteigerung des Hauses, das ganz in unserer Nähe lag, teilnehmen konnte. Ich bewunderte das Haus, hegte bisher aber keine bewusste Absicht, es zu kaufen. Als keine weiteren Bieter eintrafen, schien die Gelegenheit günstig, mit Verhandlungen zu beginnen, die letztendlich dazu führten, dass wir das Haus kauften.

Als wir uns Jahre später vergrößern wollten, bot sich die Gelegenheit, das Grundstück unseres ehemaligen Arztes zu erwerben, das nur ein paar Häuser weiter lag. Beim Kauf erfuhren wir, dass der Grundbucheintrag überraschenderweise auf eine Sue Mackey lautete – derselbe Name wie der meiner Frau, der neuen Besitzerin. Aufgrund dieses bemerkenswerten Zufalls glaubten wir, dass der Kauf dieses Grundstücks uns Glück bringen würde.

Noch vor wenigen Jahren habe ich in genau dem Zimmer, in dem ich heute Therapie mache, als Patient vor meinem Arzt gesessen. Ich erhielt die Ergebnisse einer umfassenden Vorsorgeuntersuchung. Als sich zeigte, dass alle Werte gut waren, wurde mir plötzlich klar, dass ich das nicht erwartet hatte: Unbewusst trug ich das Gefühl in mir, dass mir keine lange Zukunft beschieden sei, ein nicht ungewöhnliches traumabedingtes Symptom aus der Zeit vor fünfzehn Jahren, als ich suizidal war. Es kommt mir synchronistisch vor, dass ich jetzt in dem Raum arbeite, in dem ich damals die gute Nachricht erhalten habe, dass mir offenbar zusätzliche Zeit geschenkt wurde, damit ich tun könne, was ich gerne tue und sinnvoll finde. Dies ist auf eine merkwürdige, kaum in Worte zu fassende Art motivierend.

Außerdem erfuhren wir, dass auf dem Grundstück neben unserem ersten Praxisgebäude, das wir immer noch besitzen, eine der beiden Praxen stand, die Tom Bowen betrieben hatte. Bowen war in den 1950er Jahren der Begründer der Bowen-Therapie, einer ganzheitlichen manuellen Therapie bei Verletzungen und Schmerzen, die bis heute überall auf der Welt angewandt wird. Dies weckte in mir die Überzeugung, dass wahrhaft innovative Therapieansätze aus bescheidenen Anfängen hervorgehen können – was mich in der Entwicklung meiner „positiven Psychiatrie“ bestärkt.

Ein synchronistisches Erlebnis mit Bezug zu meiner Zeit in der Hölle auf Erden war auch die zufällige Begegnung mit dem Psychologen, der mir geholfen hatte, von meiner schweren Depression zu genesen. Wir trafen uns vor Kurzem auf einem Therapiekongress im peruanischen Lima, zu der ich von einem anderen Kollegen eingeladen worden war, um bei derselben Veranstaltung wie dieser Psychologe einen Vortrag zu halten. Daraufhin lud er mich in das wissenschaftliche Komitee ein, dem er vorstand und das den Weltkongress für kognitive und Verhaltenstherapien 2016 in Melbourne vorbereitete. Dass ich heute unter derart veränderten Umständen in einer solchen Beziehung zu ihm stehe, unterstreicht offenbar, in welchem Maße die dunkle Nacht der Seele überwunden werden und das, was man aus einer solchen Erfahrung gewinnt, zutiefst lohnend sein kann.

Für mich sind diese glücklichen Ereignisse und Verbindungen mehr als bloßer Zufall. Ich deute sie als bejahende Häkchen und als Elfmeter vom Universum, die anzeigen, dass die Entwicklung bestimmter Ereignisse so „sein soll". Manche mögen mich deshalb für abergläubisch halten. Doch ganz im Gegenteil, ich kann mit Sicherheit sagen, dass meine Überzeugung, dass diese Erlebnisse synchronistisch und nicht rein zufällig sind, äußerst motivierend und kraftspendend wirkt. Ich begegne zunehmend Menschen, darunter auch Klienten, deren synchronistische Erlebnisse und damit verbundenen Empfindungen den meinen ähneln.

Ich möchte noch ein weiteres prägnantes Beispiel für Synchronizität schildern, das eingetreten ist, während ich hier über meine Krankenhauserfahrung wegen Depressionen schrieb – eine Aufgabe, die mir zunächst beängstigend erschienen war. Als ich mit dem Schreiben begann, kam mir plötzlich der Gedanke, dass ich damals keinerlei Mitgefühl für mich hatte. Gerade als ich dabei war zu formulieren, wie zermürbend die Erfahrung war, erschien auf der ersten Seite, direkt neben dem Satz, den ich gerade schrieb, ein kleiner Lichtfleck. Er rührte wohl von einem Lichtstrahl her, der durch eine winzige Lücke in meiner linken Hand gedrungen sein musste, die meine Schläfe stützte. Zu meiner völligen Überraschung wurde er im Laufe meines Schreibens immer klarer und heller. Innerhalb einer Minute hatte er eine deutlich umrissene und hell leuchtende Herzform angenommen. Sie erschien mir wie ein sinnfälliges Zeichen des Mitgefühls vom Universum. Meine Aufgabe wurde mir dadurch spürbar leichter. Dieses Erlebnis ließ die Worte fließen.

Psychotherapie und Beratung

Therapie und Beratung können zuweilen äußerst hilfreich sein, nicht nur wenn Sie mit seelischen Erkrankungen wie einer Depression zu kämpfen haben. In den vorangegangenen Kapiteln habe ich meine eigene Erfahrung bei der Suche nach einer geeigneten Therapie beschrieben. 2012 begab ich mich erneut in Therapie, dieses Mal aus einer Position relativen Wohlbefindens heraus. Ich suchte die Gelegenheit, noch einmal Max Clayton zu begegnen, dem Therapeuten, der mir vor vielen Jahren so wunderbar geholfen hatte, eine schwere Depression zu überwinden. Ich konsultierte ihn einmal monatlich; in etwa acht Sitzungen sprachen wir über Wachstum im Persönlichen, in der Beziehung und im Transpersonalen.

Da die Beschäftigung mit Fragen der psychischen Gesundheit heute weniger stigmatisiert ist, suchen Menschen aus einem breiteren Bevölkerungsspektrum die unterschiedlichsten Therapieformen. Dies spiegelt sich auch in einer deutlichen Zunahme der Coachings.

Die Positive Psychologie bietet ausdrücklich Interventionen, die für Menschen unabhängig von ihrem seelischen Gesundheitszustand relevant sind. Alles, was abgestimmt auf ihre Gedanken, Gefühle, Intuitionen und Beziehungen die Selbstbewussheit oder Ihr Wohlergehen fördert, kann Ihnen mit hoher Wahrscheinlichkeit auf dem Weg zu einem lohnenswerten Leben helfen.

ZWÖLF

Weisheit zum Anzapfen

Von einem Mentor lernen

Wenn Sie mystische Erfahrungen machen und diese in Ihr Leben und Ihre spirituelle Entwicklung integrieren wollen, ist es unschätzbar wertvoll, wenn Sie einen Begleiter haben, der derlei Dinge bereits erlebt hat. So habe ich vor allem von meinem Freund Ross am meisten über Synchronizität gelernt.

Der Begriff „Mentor" mag heute fast wunderlich klingen. Ich hatte das Glück, innerhalb und außerhalb meines Berufsfeldes einige außergewöhnliche Mentoren zu haben. Regelmäßige Treffen mit einem Mentor können zu Ihrem transformativen Wachstum beitragen, ohne dass Sie deshalb eine Krise durchmachen müssen. Ross hat mir, wie bereits erwähnt, auch durch eine Krise hindurchgeholfen, unter anderem sorgte er dafür, dass ich das Unannehmbare annehmen und ins Krankenhaus gehen konnte. Auch danach hat er mich bei meiner Genesung sehr unterstützt. Seit fünfundzwanzig Jahren treffen wir uns mehr oder weniger regelmäßig zum Mittagessen.

Ross, der auch im Ruhestand noch sehr aktiv ist, denkt anscheinend immer an andere. Er ist stets bereit, anderen zu helfen, insbesondere Menschen in Not. Ross ist immer noch damit beschäftigt, dem Haus, das er gebaut hat, den letzten Schliff zu geben. Es ist beachtlich, doch bescheiden, und es ist eine Dauerbaustelle, genau wie er selbst auch.

Ross hat kein Mobiltelefon, hält aber die Verbindung. Er spricht auf eine Art und Weise über Alltägliches, die bodenständig und hochgeistig zugleich wirkt. Wenn wir alle paar Monate zu einem unserer ausgedehnten Mittagessen einen Spaziergang in ein Café machen, nehme ich die

Schönheit unserer Umgebung sehr viel intensiver wahr – einfach, weil ich merke, wie sehr er alles um sich herum wertschätzt. Er steckt voller Neugierde und Weisheit zugleich.

Wenn wir uns treffen, dann manchmal auf einer rückwärtigen Terrasse seines Hauses in Lorne, einer bekannten Küstenstadt an der wunderbar malerischen Great Ocean Road. Von der Terrasse geht der Blick über Eukalyptusbäume bis ganz hinunter zum Strand, wo Surfer, Familien und Badende weit draußen die Sonne genießen. Der Ort hat geradezu etwas Magisches. Als ich Ross einmal mit meiner Frau und den Kindern besuchte und wir uns gerade auf dem Gras unterhalb der Terrasse räkelten, kam ein Ameisenigel vorbei. Diese scheuen Wesen sieht man nicht oft. Wenn ich mich mit Ross unterhalte, wird unser Gespräch vom Plantschen der Vögel im Vogelbad unterbrochen, das nur wenige Meter weiter steht. Sie wirken genauso unbefangen wie der Ameisenigel.

Ross hat mir viele bemerkenswerte Geschichten erzählt, die mir die Augen geöffnet haben, auch über seine Erfahrungen mit Hellsichtigen. In London machte eine hellsichtige Frau merkwürdige Vorhersagen zu seiner Arbeitsstelle nach seiner Rückkehr nach Australien – er war damals seit etwa anderthalb Jahren in London. Sie sagte, er werde eine Stelle haben, bei der er mit großen Papierblättern zu tun habe, auf denen in jeder Ecke Zahlen stünden, die etwas mit Versicherungen zu tun hätten. Er werde viereinhalb Kilometer von seinem Arbeitsplatz entfernt wohnen und öffentliche Verkehrsmittel benutzen, die aber verwirrenderweise weder Bus noch Zug seien. Nach einem Jahr an dieser Arbeitsstelle werde er vom vierten in den fünften Stock ziehen, was mit einer erheblichen Gehaltserhöhung verbunden sei.

Als er nach insgesamt dreijähriger Abwesenheit nach Melbourne zurückkehrte, fand er eine Arbeitsstelle, wie sie ihm vorhergesagt worden war. Es ging dabei um die Verwaltung des Rotationspapiers für eine große Melbourner Zeitung. Er glaubte zwar, dass er für diese Stelle weder über Kenntnisse noch Fähigkeiten verfügte, bewarb sich aber trotzdem und wurde eingestellt. Zu seinen Aufgaben gehörte es außerdem, regelmäßig Finanzberichte für den Vorstand zu erstellen. Aufgrund der komplizierten, archaischen Methoden, die bei der Zeitung verwendet wurden, musste er die Zahlen am Anfang schätzen. Nach zwei bis drei Monaten entwickelte er ein innovatives System, bei dem Zahlen für einen Pro-Forma-Bericht in den vier Ecken großer Papiere notiert wurden. Die Zahl unten links bezog sich auf Versicherungen, eine wichtige Komponente der täglichen Berechnungen.

Ross' Methoden und sein System waren effizient und verlässlich, und Abweichungen ließen sich damit zuverlässig belegen. Er führte eine Inventur durch, die im Jahresbericht anerkennend als die exakteste der Firmengeschichte bezeichnet wurde. Wie vorhergesagt, wohnte er viereinhalb Kilometer von seinem Arbeitsplatz entfernt. Sein Transportmittel war die Straßenbahn, hin und wieder ging er auch zu Fuß. Nach einem Jahr wurde er befördert, erhielt eine großzügige Gehaltserhöhung und zog vom vierten in den fünften Stock.

Dieses Beispiel für Hellsichtigkeit lässt sich kaum mit dem üblichen Argument verwerfen, die Vorhersagen seien so mehrdeutig oder ungenau, dass ein leichtgläubiger Mensch ganz einfach Wahrheit in sie hineinlesen könne. Ross vermutet, dass die Fähigkeiten bei Hellsichtigen, wie auf vielen anderen Gebieten auch, unterschiedlich ausgeprägt und gute Medien selten sind.

Vor Kurzem habe ich einige Fakten aus Geschichten überprüft, die Ross mir erzählt hat und die mein Weltbild mit am stärksten verändert haben. Sie erwiesen sich als hieb- und stichfest. So seltsam die Geschichten auch sind; ich vertraue Ross. Er sagt die Wahrheit. Nach unseren Treffen bin ich jedes Mal gehobener Stimmung. Und diese Stimmung hält an. Dies ist eine weitere Form von Wahrheit, die er verbreitet.

Einer von Ross' Lieblingsausdrücken lautet: „Akzeptiere, dass alles, was ist, ist." Er hat ihn von seiner Tante, die Malerin und selbst Wahrheitssucherin war. Ich bin ihr nur ein Mal begegnet, aber ihre Weisheit habe ich nie vergessen. Als sie mit über achtzig Jahren von bekannten Künstlern endlich dazu überredet wurde, ihre Werke auszustellen, wurden diese sehr gelobt. Die Ausstellungen waren ausgebucht. Für mein ungeschultes Auge haben ihre Kunstwerke an Ross' Wänden etwas ungewöhnlich Archetypisches. So zeigt zum Beispiel ein Aquarell eine abstrakte Darstellung einer Madonnenfigur mit Kind, die mit fließendem Strich auf eine umgedrehte Zeitungsseite gemalt ist. Das Bild deutet auf das Erhabene hinter dem Profanen und scheint zu fragen: „Was ist wichtig? Was ist wirklich berichtenswert?"

Eine von Ross' denkwürdigsten Geschichten rankt sich um seine Tante. Ross brauchte bis zu einem bestimmten Datum ihre Unterschrift auf einem rechtsverbindlichen Dokument. Mehrere Tage vorher versuchte er, seine Tante anzurufen, konnte sie aber nicht erreichen. Schließlich beschloss er, die zweieinhalbstündige Fahrt zu ihrer Wohnung in einem Küstenvorort von Melbourne auf sich zu nehmen, in der Hoffnung, sie dort anzutreffen. Kaum war er in Melbourne City angekommen – bis zu seinem Ziel lagen noch viele Kilometer vor ihm – da sagte ihm seine Intuition, er solle „hier links abbiegen". Das tat er. Etwa einen Kilometer weiter sah er den Wagen seiner Tante; er war auf der anderen Straßenseite geparkt. Beide waren nur äußerst selten in jener Gegend, schon gar nicht zur selben Zeit. Sie war erstaunt, ihn dort zu sehen. Sie unterhielten sich, und sie unterschrieb das Dokument.

Es mag Sie überraschen, aber Ross sieht in solchen Zufällen nichts Seltsames. Diese Geschichte berichtete er völlig sachlich. Sie führte dazu, dass das Dokument unterschrieben wurde – ein praktisches Mittel zu einem wichtigen Zweck. Sie verlieh seiner Überzeugung, dass Intuition uns nie in die Irre leitet, sondern offenbar unfehlbar ist, lediglich zusätzliche Glaubwürdigkeit.

Als ich zum ersten Mal von diesem Vorfall hörte, war ich verblüfft, wie ein scheinbar so irrationaler Denkprozess zum Ziel führen konnte. Dies war mehr, als wenn man im Nachhinein feststellt, dass ein merkwürdiger Zufall eingetreten war. Zumindest für Ross hatte das Ereignis etwas Vorhersehbares. Er wusste aus Erfahrung, dass es sich für ihn lohnte, sich nach seiner Intuition zu richten. Ross hat viele derartige Geschichten auf Lager.

Eine zweite Anekdote erscheint sogar noch bemerkenswerter, zumindest aus rationaler Perspektive. Eines Winterabends vor vielen Jahren war Ross von einem Freund, der ihn mit einigen anderen Freunden bekannt machen wollte, zum Abendessen eingeladen worden. Vor dem Kamin hatte sich eine Besucherin ausgestreckt, und Ross dachte sich, „diese Beine habe ich schon einmal gesehen“.

Das ziemlich eckige Gesicht der Frau kam ihm bekannt vor, und er erinnerte sich, dass ihm ihr Bild als Mit-Passagierin auf dem Kreuzfahrtschiff *Himalaya*, das im Winter 1950, also vor über zwanzig Jahren, von London nach Australien segelte, deutlich im Gedächtnis geblieben war. Ross war damals elf Jahre alt. Jetzt erinnerte er sich an sie als die auffällige Gestalt, die wiederholt auf dem Schiffsdeck spazieren gegangen war, Arm in Arm mit einem dunkelhaarigen Mann, einem Doktor, der mit ihr in Colombo auf Ceylon von Bord ging.

Die Frau bestätigte alle Einzelheiten und bemerkte, welch gutes Gedächtnis er habe, insbesondere in Anbetracht seines damaligen Alters. Etwas verdutzt fragte sie ihn, woher er wusste, dass ihr früherer Mann, den sie auf dem Schiff kennengelernt hatte, bevor Ross sie miteinander spazieren gehen sah, Doktor war. Ross erwiderte, er wisse nicht, woher, aber er habe es einfach gewusst. Im weiteren Gesprächsverlauf stellten sie einhellig fest, welch wunderschönes Schiff die *Himalaya* war. Ross erinnerte sich, wie spektakulär es am Abend ihres Auslaufens an Deck ausgesehen hatte – mit vereister Takelage. Unmittelbar zuvor hatte es in Großbritannien einen ungewöhnlich schweren Schneesturm gegeben. Dies schockierte die Dame. Sie fragte, bei welcher Fahrt er dabei gewesen sei. „Bei der vom 6. Dezember natürlich“, erwiderte er. Sie war jedoch sechs Monate zuvor, im Sommer aufgebrochen. Ross musste sie über eine zeitliche Kluft hinweg gesehen haben. Wortlos sahen sie einander an. Trotz der zeitlichen Diskrepanz konnte Ross Muster und Farben des karierten Rocks beschreiben, den sie beim Spaziergang an Deck trug. Sie bestätigte Ross‘ Beschreibung und ergänzte, dies sei damals ihr Lieblingsrock gewesen; sie habe ihn fast täglich getragen. Irgendwie hatte Ross sich offenbar auf ein Erlebnis eingestimmt, das für sie etwas Besonderes gewesen war: „Wissen Sie, das war die glücklichste Zeit in meinem Leben. Mir war immer, als hätte ich meine Seele auf diesem Schiff zurückgelassen!“

Ross war deshalb zunächst zwar sprachlos, doch auf einer anderen Ebene kam es ihm völlig normal vor. Es wirkte wie eine Manifestation der „Kontinuität jenseits manifester Existenz", wie er sagte. Er fügte hinzu, seine neue Freundin und er hätten seither immer wieder einmal über dieses Erlebnis gesprochen.

Als wir uns bei einem unserer gemeinsamen Mittagessen zufällig begegneten, stellte Ross mich ihr kurz vor. Jahre später liefen sie einander einen Tag, bevor sie in einen anderen Bundesstaat zog, auf dem Parkplatz eines Supermarktes über den Weg, in dem Ross normalerweise nie einkaufte. Wochen vor ihrer Abreise hatten sie immer wieder erfolglos versucht, miteinander Kontakt aufzunehmen. Ross war gerade auf dem Rückweg zu seinem Wagen und dachte an sie, als er sie im selben Moment aus dem Auto steigen sah, das neben seinem stand.

Angesichts dieser beiden Geschichten erhebt sich die Frage, was synchronistische Ereignisse und Begegnungen zu bedeuten haben könnten. Dass man Menschen auf einem Schiff beobachten kann, wenn sie bereits vor sechs Monaten von Bord gegangen sind, zeigt, dass unsere üblichen Vorstellungen von Zeit und Raum nicht immer gelten.

Die nächste Geschichte ist heikler, und ich werde einige signifikante Einzelheiten weglassen, in der Hoffnung, damit niemandem unnötiges Unbehagen oder Leid zu bereiten. Es geht darin um eine Begegnung der völlig anderen Art – so ungewöhnlich, dass Ross damals detaillierte handschriftliche Notizen machte, die er mir Jahre später zeigte.

Ross fuhr einmal auf einer Interstate-Autobahn. Er fragte sich, was ihn wohl dazu gebracht hatte, diese Route zu wählen, weil er sich eigentlich geschworen hatte, niemals auf dieser Strecke zu fahren, die für ihn mit schmerzlichen familiären Erinnerungen verbunden war. An einer Stelle wurde er aufgrund von Straßenbauarbeiten auf die andere Straßenseite geleitet. In diesem Moment überkam ihn ein außergewöhnliches Gefühl, das er als Eintreten in sein Wesen beschrieb – körperlich, geistig, total.

Während dieses Erlebnisses war Ross einerseits er selbst, aber das Gefühl ließ sich nicht leugnen. Es begann mit starken körperlichen Empfindungen, die von seinen Zehen aus nach oben strahlten und auf die bald starke positive Gefühle wie „Freude, Leichtigkeit, Wohlbefinden, Glück, Ruhe, Frieden und Stille" folgten. Das Gefühl der Ganzheit war unbeschreiblich. Zunächst dachte er, dass seine Mutter vielleicht gestorben sei und ihm sagte, dass alles gut sei. Doch er verwarf diese Idee ebenso schnell wieder, denn spontan kam ihm der Gedanke: „Nicht Mutter."

Dann drängten immer wieder zwei Worte in seine Gedanken: „Jugendlichkeit begleitend." Er spürte eine Präsenz, die „um mich und in mir war ... getrennt von mir, aber in mein Wesen eindrang ... dabei aber mein Wesen und seine Individualität nicht ausschloss." Danach kam ihm spontan der Gedanke: „Halte Ausschau nach einem Krankenwagen!" sowie später „Suche das Krankenhaus, suche das Krankenhaus!" Im selben Moment, in dem er an einem regionalen Krankenhaus vorbeifuhr, hörten die Empfindungen und Botschaften auf.

Einige Tage später erfuhr Ross von einem Freund Einzelheiten über einen Autounfall, der sich vor einigen Jahren ereignet und bei dem ein junger Mann, den beide kannten, tödliche Verletzungen erlitten hatte. Damals stellte Ross die Verbindung nicht gleich her, doch kurz darauf wurde ihm klar, dass die Gefühle und Botschaften, die er vor wenigen Tagen erlebt hatte, am Unfallort des jungen Mannes begonnen und in Sichtweite des Krankenhauses, in das der junge Mann mit dem Krankenwagen gebracht worden und in dem er offenbar gestorben war, aufgehört hatten. Dies erschien umso bemerkenswerter, als der Grund, warum Ross damals die Autobahn nahm, unmittelbar mit dem Tod des Mannes vor etlichen Jahren zu tun hatte, was ich hier aber nicht näher erläutern kann.

Ross schilderte dann ein plötzliches Aha-Erlebnis: Er fragte sich: „Hast du denn nicht gemerkt, dass er [der junge Mann] im Auto war und dir gezeigt hat, dass alles in Ordnung ist? Natürlich!"

Auf einer etwas alltäglicheren Ebene lässt mich dies an die Meinung eines anderen Menschen über Synchronizität denken – Helen aus meinem Bioladen. Dazu ist etwas Kontext erforderlich. Ich habe es mir zur Gewohnheit gemacht, hin und wieder relativ fremden Menschen ein paar impertinente Fragen zu stellen. Eine Frage lautet, ob sie Synchronizität erleben, wobei diese als merkwürdige zeitliche Koordination von Ereignissen definiert wird, die über reinen Zufall hinausgeht. Die zweite lautet: Wenn ja, wie erklären sie sich dies?

Einen Mentor finden

Einen Mentor zu haben – einen klugen oder erfahrenen Menschen, dem wir vertrauen können – ist unschätzbar wertvoll, wenn man Fähigkeiten oder Verständnis entwickeln will, und zwar in allen Lebensbereichen. Wenn Sie einen Mentor haben, der Ihnen zuhören und mit Ihnen offen über private und persönliche (einschließlich spiritueller oder transpersonaler) Erfahrungen sprechen kann, dann umso besser. Wenn Sie einen Mentor haben, der Synchronizität erlebt hat sowie bereit und willens ist, über diese Erlebnisse mit Ihnen zu sprechen, dann ist dies vielleicht die großartigste Vorbereitung überhaupt.

Halten Sie sich bei der Auswahl Ihres Mentors oder Ihrer Mentorin und im Umgang mit ihm oder ihr Folgendes vor Augen:

- Sie müssen nicht gleichaltrig sein: Sowohl ein jüngerer als auch ein älterer Mensch kann einen erfrischenden Perspektivenwechsel für Sie bedeuten.
- Auch eine Person des anderen Geschlechts kann Ihnen helfen, Dinge anders zu sehen.
- Suchen Sie sich jemanden aus, der geduldig und klar sprechen kann, egal ob introvertiert oder extrovertiert.
- Entscheiden Sie sich für jemanden, der über umfassende Erfahrung und Aufgeschlossenheit für neue Ideen verfügt – damit er oder sie ebenso etwas zu gewinnen hat wie Sie.
- Seien Sie nicht beleidigt, wenn die Person nein sagt – schließlich ist es eine ziemliche Verpflichtung.
- Wenn nicht einen Mentor, dann suchen Sie sich Gleichgesinnte oder „Freunde im Geiste“, die dasselbe Interesse an Gesprächen über transpersonale Erfahrungen haben wie Sie.
- Wenn Ihnen ein besonders hilfreicher Mentor einfällt, den

Sie irgendwann zwischen ferner Vergangenheit und heutiger Gegenwart einmal hatten, dann überlegen Sie, ob Sie ihm oder ihr nicht einen Dankesbrief schreiben möchten: Bei dieser Intervention aus der Positiven Psychologie geht es darum, dass Sie jemandem, der Ihnen wichtig ist, Ihren tief empfundenen Dank aussprechen und erklären, inwiefern er oder sie Ihre Lebensrichtung zum Besseren beeinflusst hat.

Diese Fragen stellte ich Helen, während sie mein Müsli abwog. Nachdem sie die erste Frage bejaht hatte, fuhr sie fort, dabei gehe es darum, dass „die Dinge zusammenfinden, wenn es so sein soll … und Menschen zusammenfinden, wenn es so sein soll“. Und sie ergänzte: „Es ist ein Lernplanet!“

Nachdem sie mich zu Ende bedient hatte, sagte Helen, sie glaube, normalerweise habe es immer seine Richtigkeit, zu welchem Zeitpunkt etwas geschehe, egal ob es ein glückliches oder ein trauriges Ereignis sei. Doch schrecklich traurige Situationen, wie etwa der Tod eines jungen Menschen bei einem Autounfall, seien problematischer. Offen und ehrlich gab sie zu: „Ich weiß nicht, was das soll.“ Dann fügte sie ziemlich geheimnisvoll hinzu: „Nicht-Anhaften – irgendwohin gehen, wo es gut ist.“ Irgendwie hatte ich das Gefühl, dass darin deutlich Ross‘ Empfindungen anklangen, als er mir die eigentlich sehr traurige Geschichte vom Unfall des jungen Mannes erzählte. Helen hatte nicht wissen können, dass ich nur Tage zuvor darüber geschrieben hatte.

Meines Wissens hatte ich selbst nie Kontakt mit einem Geist, wenngleich ich mich an einen Vorfall erinnere, der sich etwa eine Stunde, nachdem ich erfahren hatte, dass mein Großvater gestorben war, zutrug. Mit meinem kleinen Sohn und meiner Frau ließ ich auf der Farm ihrer Eltern Drachen steigen. Da kam ein schwarzer Vogel und schwebte sekundenlang nur einen Meter über dem Drachen. So etwas hatte ich noch nie gesehen. Meine Frau und ich hatten denselben Gedanken: Es hatte irgendetwas mit dem Geist meines Großvaters zu tun.

Eine besonders nachdenklich stimmende Beobachtung von Ross lautete: „Es gibt eine Kontinuität über die manifeste Welt hinaus … und Individualität innerhalb dieser Kontinuität.“ Er ergänzte, wenn aus Erlebnissen wie meiner Sichtung des schwarzen Vogels irgendetwas zu lernen sei, dann werde dies ganz von selbst geschehen. Vielleicht, so vermutet Ross, „geschieht dieses Lernen in einem Tempo, in dem man es aufnehmen und begreifen kann.“

Seine Auffassung über derartige Erlebnisse fasste Ross wie folgt zusammen: „Ich betrachte jeden Vorfall als Privileg. Jeder dient der Bestätigung dessen, was ich für wahr halte. Es gibt eine Kontinuität über diese manifeste Welt hinaus. Ich sehe diese Vorfälle, jeden für sich, als unterschiedliche Beispiele zur Bestätigung dessen, woran ich glaube.“ Und er fuhr fort: „Mir war das schon immer völlig klar. Für mich war das nie ein Rätsel. Das Rätsel ist, warum so wenige Menschen solche Erlebnisse haben, und warum so wenige sich der Kontinuität bewusst sind.

Ich und Intuition sind getrennt und gegensätzlich. Das Ich müssen Sie hintanstellen. Das Intuitive leitet [uns] nicht in die Irre. Es scheint unfehlbar. Misserfolge kommen, wenn das Ich eingreift. Intuitives Bewusstsein ist spontan, ist unmittelbar. Es gibt keine Irreführung. Kein Gedanke. Kein Grübeln. Intuition braucht keine Fragen – sie sagt einfach: ‚So ist es!‘“

Ross beendet unsere Gespräche normalerweise, und so auch dieses Mal, mit einer kurzen nachdenklichen Stille, nach der er einräumt: „Ich weiß nicht.“ Er sucht nicht nach Erklärungen für synchronistische Erlebnisse, sondern „schwingt lieber mit dem Erleben“. Er glaubt, es liege im Wesen der Synchronizität, unerklärlich zu sein.

Nach Ross‘ und auch meiner Ansicht bestätigen synchronistische Erlebnisse, dass unser intuitives Denken auf der richtigen Spur ist. Einmal rettete ihm ein außergewöhnlicher Zufall das Leben. Er war in Queensland an einer Landstraße entlanggewandert und hatte beschlossen, neben der Straße unter einem Busch zu schlafen. Gerade hatte er es sich bequem gemacht, da fing es an zu regnen. Plötzlich verspürte er den starken Drang, auf die andere Straßenseite zu wechseln. Er wollte nicht recht, denn drüben war es feucht und windig und der Boden war härter als an diesem trockenen, geschützten Fleck, an dem er sich eingerichtet hatte. Dennoch dachte er, er ziehe wohl besser um. Nur Minuten später kam ein vorbeifahrender Wagen von der Straße ab, bretterte durch den Busch, unter dem er Zuflucht gesucht hatte, und gelangte dann zurück auf die Fahrbahn.

Obwohl er kein Bauhandwerker ist, baute Ross zunächst ein Haus, das nach Lage, Farbgebung und Form mit verblüffender Ähnlichkeit der Prophezeiung der Londoner Hellseherin entsprach, die ihm seine künftige Arbeit so exakt vorhergesagt hatte. Am meisten staunte er über den Grund, aus dem er dort war: Er hatte rein intuitiv gehandelt. Er erinnert sich, dass eine australische Tarot-Deuterin ihm gesagt hatte: „Es soll so sein, dass Sie dort sind, das Haus hat seinen Grund. Sie verstehen es bloß nicht, nicht wahr?! Menschen kommen dorthin, um zu sitzen und zu reden, andere nur, um dort zu sitzen.“ Ross gibt zu, dass viele Besucher betonen, wie gerne sie dort sind oder wie sehr ihnen dies hilft, obwohl es ihn immer noch überrascht, wenn sie ihm ihre Dankbarkeit ausdrücken. Sogar Grundschulkinder und Jugendliche sagen, dass sie einfach glücklich sind, wenn sie in seinem Haus sein, bei ihm sitzen und mit ihm reden können.

Ich bin einer von vielen, die im Laufe der letzten rund zwanzig Jahre mit Ross auf seiner Gartenterrasse saßen und geredet haben oder zuweilen auch einfach nur verweilten. Ich finde, dort herrscht eine Atmosphäre beinahe unerklärlichen Friedens und Angenommenseins. Wenn ich gehe, fühle ich mich immer relativ glücklich und vollständig. Schon lange darf ich Empfänger seiner klugen Führung und zuweilen seiner weisen Unterstützung sein. Ich bin mir sicher, ich verstehe besser als Ross, was die Tarot-Deuterin gemeint hat.

Mir gefällt die ungezwungene und kreative Art, mit der Ross seinem Daimon folgt – so denke ich es mir zumindest. Mindestens für mich ist Ross ein moderner Schamane.

Obwohl ich Jahr um Jahr bei unseren gelegentlichen ausgedehnten Mittagessen, aus denen oft ganze Nachmittage wurden, von Ross lernen durfte, hätte ich nie gedacht, dass ich einmal so tiefgreifende Synchronizität erleben würde wie Ross. Fünfzehn Jahre später zeigte sich, dass ich falsch gedacht hatte.

DREIZEHN

Ein Geständnis

Hypomanisches Wohlbefinden

Wie könnte man einen Erleuchtungszustand mit einer Psychose verwechseln? Der eine findet, dass jemand, dem er begegnet, Anzeichen hochentwickelten Denkens zeigt; der andere hält ihn womöglich für verrückt. Dies lässt darauf schließen, dass es über den menschlichen Geist noch viel zu lernen gibt. Ich glaube, Synchronizität öffnet in solchen schwierigen Fragen ein Fenster. Außerdem glaube ich, dass wir aus der Erforschung von Dingen, die uns verwirren, oft mehr gewinnen als aus der Beschäftigung mit dem, was wir bereits recht gut kennen.

In seinem Buch *Synchronicity: The Art of Coincidence, Choice and Unlocking Your Mind* weist Dr. Kirby Surprise darauf hin, dass Psychologen und Psychiater synchronistische Erlebnisse zuweilen fälschlich als Anzeichen einer gedanklichen Störung oder Psychose diagnostizieren.[1] Der beratende Psychologe Dr. Surprise berichtet, er habe viele Klienten erlebt, denen Medikamente oder die stationäre Aufnahme in ein Krankenhaus empfohlen wurden, nachdem sie von synchronistischen Erlebnissen berichtet hatten.[2]

Dr. Surprise unterscheidet *Satori*, einen Erleuchtungszustand, der manchmal mit Synchronizität verbunden ist, von der Psychose, womit er zuweilen verwechselt wird. [3] Satori ist das Erleben eines kollektiven Bewusstseins oder einheitlichen Gewahrseins, das unsere Illusion, wir seien ein einzelnes, von anderen und unserer Umwelt getrenntes Ich, überwindet. Der Begriff drückt unser Gefühl aus, dass wir Teil eines universellen Bewusstseins sind. Wie Dr. Surprise betont, haben anscheinend alle Kulturen einen äquivalenten Begriff für eine derartige Vorstellung – und ja, er heißt wirklich so!

In den folgenden drei Kapiteln wird meine persönliche Geschichte speziell in Bezug zu dieser Thematik weitererzählt. Sie veranschaulichen eine Überzeugung, die ich vertrete, wonach etwas, was als eine Form der Psychose erscheinen mag – die ja zuweilen als die Anwendung irrationaler Mittel zu irrationalen Zwecken definiert wird – stattdessen als erleuchtete Methode betrachtet werden kann, um seine *rationalen* Ziele effektiv zu erreichen. Es fällt mir schwer, diese Geschichte zu erzählen, nicht nur, weil sie so persönlich ist. Sie hat mit den Umständen des Todes meiner Mutter zu tun. Darüber hinaus sind Freunde und Familienangehörige daran beteiligt, und ich möchte keinen von ihnen verletzen oder verärgern. Es ist eine Geschichte, die mich motiviert hat, dieses Buch zu schreiben, und durch die ich zugleich versucht war, es auf die lange Bank zu schieben. Ich glaube, was ich zu sagen habe, ist relevant für unsere Ansätze in der psychischen Gesundheitsfürsorge. Sie kann illustrieren, inwiefern wir über ein reduktionistisches medizinisches Modell hinausgehen müssen, wenn wir die Dinge des Geistes begreifen wollen.

Erst seit Kurzem verfüge ich über eine angemessene Sprache, mit der ich so über diese Dinge sprechen kann, dass sie auch anderen verständlich erscheinen, nicht nur denen, die ähnliche Erlebnisse hatten. Die Ereignisse, die ich beschreiben will, gehören in die Lebensphase, in der ich erst vollständig erkannt habe, wie hilfreich die Verbindung von Synchronizität und *Kairos* ist. Ich habe die Kraft supra-rationalen Denkens am eigenen Leib erlebt.

Im Jahr 2005 hielt ich eine meiner regelmäßigen wöchentlichen Gruppen-Supervisionssitzungen mit fünf Psychologenkollegen. Irgendetwas war dieses Mal anders. Ich stellte fest, dass ich bestimmte Dinge sagte, ohne die leiseste Ahnung, warum ich dies tat. Ich vermute, dies hat nicht nur mich überrascht. Ich sagte meinen Kollegen, dass ich mich bei großem Stress und chronischem Zeitdruck ganz selten in einen „quasihypomanischen“ Funktionsmodus versetzte. Dies bedeutete, ich hatte mehr Energie, war produktiver und brauchte weniger Schlaf.

Satori – ein spirituelles und mystisches Erlebnis

Satori kann als starkes ekstatisches Erlebnis beschrieben werden, bei dem sich die Grenzen des Ichs auflösen, was mit dem Gefühl verbunden ist, Teil eines einheitlichen, ungeteilten, kollektiven Bewusstseins zu sein. Es ist typischerweise beseligend – und kurz. Aufgrund der damit veränderten Wirklichkeitswahrnehmung kann es mit einer Psychose verwechselt werden.

Es ist eine spirituelle Erfahrung: Es beinhaltet ein erweitertes oder außergewöhnliches Gewahrsein und hat für die Betroffenen persönliche Bedeutung in der Auseinandersetzung mit existenziellen Fragen. Es ist außerdem mystisch im Sinne der Definition von William James – also unaussprechlich, noetisch, vorübergehend und anscheinend auf etwas bezogen, was über unseren Willen hinausgeht. Satori beinhaltet intuitive im Gegensatz zu rationalen Denkprozessen.

Andere Begriffe für transzendentale Erkenntnis oder die Fähigkeit, eine wahrere oder umfassendere Realität zu sehen, sind unter anderem *Joriki*, *Kensho* (Zen) und *Bardo* (Tibetischer Buddhismus).

Alle diese Erfahrungen lassen sich als liminale oder Schwellenzustände beschreiben, wie Anthropologen sie in Kulturen erkannt haben, die ekstatische Rituale durchführen. In einem solchen Zustand wird das übliche Denken über Zeit, Raum und physikalische Gesetze wie etwa Kausalität überwunden.

Ein weiterer Vorteil war, dass die Kreativität maximal gefördert wurde. Einige meiner besten Ideen waren in diesem Zustand entstanden. Mir fiel wieder ein, dass mein Freund Ross mir einmal gesagt hatte, er habe gehört, in Amerika gebe es eine Reihe von Wissenschaftlern, die sich trafen, um einander bei der Nutzung der manischen Tendenzen zu unterstützen, die bei ihnen diagnostiziert worden waren. Dadurch konnten sie auf ihren jeweiligen Gebieten gezielter, produktiver und kreativer arbeiten.

Was ich mit „quasi-hypomanischen" Modus meine, ist nicht leicht in Worte zu fassen. Manische Tendenzen wurden bei mir nie festgestellt, auch wenn dies bei meinem Klinikaufenthalt wegen einer Depression vor fünfzehn Jahren kurz im Raum gestanden hatte. Allerdings glaubte ich, dass ich früher, wenn ich über einen längeren Zeitraum vor ungewöhnlich schweren Anforderungen stand – etwa intensive Prüfungsphasen an der Universität – wahrscheinlich einen leicht veränderten Bewusstseinszustand herbeigeführt habe. Dieser beinhaltete offenbar eine allmähliche Beschleunigung von Denken und Handeln bei vermindertem Schlafbedürfnis. Er erleichterte divergenteres Denken, zum Beispiel konnte ich einfacher Assoziationen entwickeln oder schneller Verbindungen zwischen verschiedenen Ideen erkennen.

Eigentlich war mein Gebrauch des Begriffes „hypomanisch" leicht ironisch gemeint. Ich wollte diesen Zustand damit nicht als krankhaft bezeichnen. Allerdings fragte ich mich, ob ich nicht ein paar entsprechende Gene von meiner Mutter abbekommen hatte, die wegen einer langjährigen bipolaren Störung in Behandlung war. Im Laufe der Jahre waren ihre Medikamente mehrfach versuchsweise abgesetzt worden, und jedes Mal erlitt sie einen Rückfall, wobei sie rasch manische Symptome entwickelte. Ich hielt es für möglich, dass ich durch einige gemeinsame Gene über ein ähnliches biologisches Potenzial zu entsprechenden Veränderungen in der Hirnchemie verfügte – doch in geringerem Umfang und in meinem Fall mit positiver Wirkung.

Ich fragte mich, ob ich dadurch wohl in der Lage wäre, mir durch Veränderungen in der Hirnchemie, die feiner sind als beim manischen Zustand, einige Vorteile hypomanischer Neigungen zunutze zu machen, etwa indem ich mit weniger Schlaf auskommen und meine Leistung erhöhen könnte, ohne dabei jedoch einer echten Krankheit zu erliegen.

Mit anderen Worten, ich spürte intuitiv, dass es möglich sein könnte, im Gegensatz zu einer hypomanischen Erkrankung ein „hypomanisches Wohlbefinden" zu erleben. Wenn Krankheit teilweise so definiert wird, dass man für einen bestimmten Zustand einen Preis in Form negativer Konsequenzen für Gefühlsleben, Finanzen, Beruf oder Beziehung bezahlt, dann könnte ein Geisteszustand, der zu Vorteilen in diesen Bereichen führt, doch gewiss als eine Form des Wohlbefindens betrachtet werden. Für mich war dies eine Frage einfacher Logik.

Zu Hause überlegte ich an jenem Abend, warum ich meinen Kollegen wohl dieses „Geständnis" gemacht hatte. Dann kam mir plötzlich die Erkenntnis: Ich hatte es wahrscheinlich deshalb gesagt, weil ich diese Strategie nie wieder würde anwenden müssen. Ich rechnete nicht damit, je wieder vor derart großen Herausforderungen zu stehen, dass ich hypomanisch werden musste, um sie zu bewältigen. Im Beruf würde es auf absehbare Zeit gesetzter zugehen. Wir hatten gerade erst eine große und anscheinend auch stabile Personaldecke erreicht. Innerlich war mir dieser Gedanke ein kleines, stilles Fest.

Meine Zuversicht währte nur kurz. Wenige Tage später erfuhr ich, dass meine Mutter in mehreren Körperregionen Krebs im fortgeschrittenen Stadium hatte. Sie bestand darauf, dass sie keine drastische medikamentöse Intervention wollte. Die Dinge sollten ihren Lauf nehmen. Zur gleichen Zeit verloren wir überraschend und unter besonders schwierigen Umständen ein Teammitglied, was sehr plötzlich zu einer steigenden Arbeitsbelastung führte. Hatte es noch vor wenigen Tagen so ausgesehen, als würde ich nie wieder auf eine potenziell vorteilhafte, aber kräftezehrende Denkweise zurückgreifen müssen, so stand ich jetzt vor einer Situation, in der ich versucht sein könnte, diesen hypomanischen Prozess erneut heraufzubeschwören.

Angesichts der äußerst ernsten Notlage meiner Mutter musste ich die vorübergehenden Arbeitsspitzen schnell und effizient in den Griff bekommen, damit ich mir später öfter und länger freinehmen könnte, um bei ihr im Krankenhaus zu sein. Mein vordringlichstes Anliegen war, meiner Mutter so zu helfen, dass sie gut sterben konnte. Darüber hinaus gab es damals eine Reihe weiterer komplexer und sehr schwieriger familiärer Umstände; es wäre jedoch unangemessen, diese hier näher auszuführen. Einiges hing mit den Aufgaben und Herausforderungen zusammen, die meine Rolle als Testamentsvollstrecker meiner Mutter mit sich brachte. Ich brauchte etwas Außergewöhnliches, was mir helfen würde.

Jetzt war ich ernsthaft versucht auszuprobieren, ob es möglich wäre, aus der maßvollen Nutzung hypomanischer Symptome achtsam gezielte Vorteile zu ziehen. In Gedanken nannte ich dies „den Dädalus geben", nach dem Helden aus dem griechischen Mythos, der sich Flügel anfertigte, die mit Wachs zusammengehalten wurden, und mit denen er erfolgreich aus der Gefangenschaft bei König Minos fliehen konnte. Dies stand im Gegensatz zum Schicksal seines Sohnes Ikarus: Ikarus flog zu dicht an die Sonne heran, so dass das Wachs schmolz, mit dem auch seine Flügel befestigt waren, worauf Ikarus zu Boden stürzte und starb. Ich fragte mich, ob der gewagte Erfolg des Dädalus angesichts des Todes seines Sohnes wohl in Vergessenheit geraten war. Ich wollte den Dädalus, nicht den Ikarus geben.

Ich überlegte mir mehrere Strategien zur Minimierung des Risikos, in einen allzu unausgewogenen Geisteszustand zu geraten. Dazu gehörte unter anderem die Beurteilung, wie effizient ich verschiedene Aufgaben erfüllte, zuverlässigen Menschen anzuvertrauen, wie es mir ging, und mich von meiner Intuition führen zu lassen – insbesondere durch Synchronizität oder „bejahende Häkchen vom Universum".

Es gab noch eine weitere Überlegung, warum ich mich in diesen quasi-hypomanischen, kreativen Denkmodus versetzen wollte. Schon bald nach ihrer Aufnahme in der Palliativstation sah ich meine Mutter auf ihrem, womöglich ganz wörtlich so zu verstehenden, Totenbett liegen. Da kam mir ein Gedanke. In den letzten Jahren hatte sie mir oft etwas gesagt, was wie ein verrückter Wunsch klang. Wiederholt hatte sie mir mit offensichtlichem Vergnügen verkündet, was ihr schon ihre Großmutter mütterlicherseits prophezeit hatte: Eines Tages würde jemand aus unserer Familie berühmt. Ich hatte solche Bemerkungen, die mir so abergläubisch wie dünkelhaft erschienen, immer abgelehnt. Aber jetzt spürte ich zum ersten Mal, dass ich meiner Mutter gerne geben wollte, was sie sich wünschte – oder zumindest wollte ich so tun als ob.

Wie sie da so in ihrem Bett lag, gestützt von mehreren Kissen, sah ich ihr ins Gesicht und sagte: „Weißt du noch, Mam, dass du immer gesagt hast, in unserer Familie würde einmal jemand berühmt? Mam, ich glaube, das bin ich!“ Meine Mutter schaute mir geradewegs in die Augen und erwiderte sofort, aber ganz ruhig: „Du hast’s erfasst!“ So weit so gut. Ich spürte, dass sie zufrieden war. Aber ich war auch erleichtert, dass sie deswegen nicht ausrastete. Sie blieb einfach ruhig und sachlich, und wir wechselten rasch das Thema.

Ich allerdings konnte es nicht vergessen. Ja, ich musste jedes Mal daran denken, wenn ich meine Mutter besuchte – was ich von jenem Moment an über mehrere Wochen hinweg häufig täglich tat. Doch wenn die Glaubwürdigkeit gewahrt werden sollte, musste meine Behauptung in gewisser Weise unterfüttert, ausgemalt werden, insbesondere weil es mit meiner Mutter nun rasch zu Ende zu gehen schien. Ich beschloss, ihr auf dem Sterbebett Geschichten zu erzählen – um im Bild zu bleiben. Unter anderem würde es uns die Zeit vertreiben, und ich wollte so viel Zeit mit ihr verbringen, wie ich nur konnte.

Bald danach sagte ich ihr, dass ich oft starke Synchronizität erlebte. Meine Mutter erwiderte: „Das ist Gott, der mit dir spricht – du hast es verdient!“ Ich empfand dies als große Bestätigung. Ich glaubte, mit ihrer Antwort wollte sie mir eloquent zu verstehen geben, dass auch sie glaubte, im Universum walteten gute Mächte und eine harmonische Ordnung, auch wenn es nicht immer so den Anschein hatte.

Was nun die Geschichten anbelangte, so dachte ich, dass einige Überlegungen, die mir in den letzten Jahren durch den Kopf gegangen waren, dafür wunderbar herhalten könnten. „Mam“, warf ich in unser Gespräch ein, „ich glaube, ich habe wahrscheinlich eine Theorie entwickelt, die das psychische Gesundheitssystem revolutionieren könnte.“ „Das ist interessant“, erwiderte sie aufrichtig und gab mir zu verstehen, dass sie mehr hören wollte. „Sie heißt Positive Psychiatrie“, sagte ich. „Sie entspricht der Positiven Psychologie insofern, als sie optimistisch ist, aber sie richtet sich eher auf biologische Faktoren.“

Von da an erzählte ich meiner Mutter immer mehr Geschichten. Ich glaubte, ich könnte mir alles erlauben, je großartiger, desto besser. Wir neigten beide nicht gerade zur Zurückhaltung. Es gab nicht viel zu verlieren. Es gibt nichts, womit man eine Geschichte besser ausspinnen könnte, als mit divergentem, spielerischem Denken. Und es gibt, zumindest meiner Erfahrung nach, nichts, was einem besser dazu verhilft, als wenn man sich absichtlich und stufenweise auf einen quasi-hypomanischen Denkprozess einlässt. Vielleicht, so dachte ich, kämen mir dabei ja ein paar kreative Ideen, die mir womöglich – wer weiß – mein ganzes Berufsleben lang nützen könnten. Also ließ ich dem Ganzen seinen Lauf.

Ich dachte mir fantasievolle Geschichten aus, wie wir unser Gehirn verändern, wie wir innerlich die Kontrolle darüber erlangen könnten, ob unsere Hirnrezeptoren offen oder geschlossen sind und *welche* offen oder geschlossen sind. Wir könnten durch einen Willensakt die Ausschüttung von Neurotransmittern steuern; und wir könnten auch den Stopp der Ausschüttung willentlich steuern. Irgendetwas sprach mich dabei besonders an. Hatte ich mit dem hypomanischen Prozess, dessen Einsatz ich meinen Kollegen in der Gruppensupervisionssitzung gestanden hatte, schließlich nicht genau dies getan? Ja, tat ich es jetzt nicht auch? Ich erzählte immer weiter. Je divergenter desto besser.

Meine Mutter lehnte sich zurück und hörte mir weiter zu, nickte hin und wieder und erklärte zustimmend: „Das ist interessant." Ich sprach weiter. Und dann geschah etwas Seltsames: Je mehr Zeit verging, desto deutlicher spürte ich, dass manche Ideen gar nicht so schlecht waren. Das war die allergrößte Überraschung. Ich fing an, mich selbst zu überzeugen, wo ich doch eigentlich meine Mutter hatte überzeugen wollen.

Ich wirkte vielleicht recht entspannt. Aber ich war konzentriert. Es wäre ja nicht für lange. Da war es doch wohl wirklich nicht zu viel verlangt – zumindest nicht von mir. Tag um Tag saß auch meine Schwester bei uns. Vielleicht gelang es ihr ja nur besonders gut, keine Miene zu verziehen – und dabei zugleich locker zu wirken. Auf jeden Fall schien sie dies alles zu begrüßen, wodurch ich leichter weitermachen konnte.

Es war nicht so, dass meine Mutter schnell erkennbar hinfälliger wurde, doch für mich gab es unheilvolle Anzeichen, dass ihr nicht mehr viel

Zeit blieb. Mein Onkel war offenbar derselben Meinung, und das nicht etwa, weil er instinktiv pessimistisch gewesen wäre. Während ich die Geschichten erzählte, wurde mein Denken in seiner Kreativität immer entfesselter. In meinem sich verändernden Geisteszustand spürte ich, dass etwas geschehen würde, was Art und Zeitpunkt des nahen Todes meiner Mutter offenbarte. Bald darauf erlebte ich ein stark synchronistisches Ereignis, das zu dieser Thematik passte.

Eines Tages joggte ich auf meiner üblichen Strecke entlang der Küste von Geelong. Ich dachte darüber nach, dass im Leben wesentlich mehr vor sich geht, als es den Anschein hat. Beim Laufen nahm ich mir vor, einige meiner divergenten Ideen auszuprobieren. Ich glaubte, dass mehr Menschen Synchronizität erlebten, als nur die, die es zugaben. Ich würde einfach irgendjemanden ansprechen und danach fragen. Meine Vorhersage lautete, dass meine Ahnung sich bald eindeutig bestätigen würde.

Kurz nachdem ich diesen Gedanken gefasst hatte, sah ich einen um die sechzig Jahre alten Mann, der auf mich zukam. Ich erkannte ihn gleich als einen Herrn, an dem ich auf meiner morgendlichen Laufrunde regelmäßig vorbeijoggte. Wir hatten uns oft freundlich zugenickt, aber nie miteinander gesprochen. Es traf sich gut, dass er stehenbleiben musste, weil er Dehnübungen machte. Ich verlangsamte meine Schritte zum Gehen und steuerte direkt auf ihn zu.

Sinngemäß sagte ich: „Ich weiß, das klingt jetzt seltsam, aber vor langer Zeit gab es einen Mann namens Carl Gustav Jung, der von numinosen Kräften oder merkwürdigen Erfahrungen sprach. Zu diesen Erfahrungen gehört auch Synchronizität, das heißt eine sehr merkwürdige zeitliche Koordination von Ereignissen, die anscheinend über reinen Zufall hinausgeht. Dürfte ich Sie fragen, ob Sie so etwas in der Art schon erlebt haben?“

Der Mann hielt inne, kratzte sich gemächlich am Kinn und warf mir ein, zwei schräge Blicke zu. Er lehnte mich nicht gleich ab – was eine gewisse Erleichterung war! Dann sah er auf und sagte mit fester Stimme: „Vor zehn Jahren hat in Melbourne ein Kaufhaus eröffnet, das Daimaru hieß. Ich habe gesagt, es werde sich zehn Jahre halten. Und so war es. Zehn Jahre – nicht neun, nicht elf, sondern zehn.“

Nach einer kurzen Pause fuhr er fort, vor einigen Jahren sei sein Vater krank gewesen. Man hatte ihm geraten, für seinen Vater einen Platz im Pflegeheim zu suchen. Doch aus irgendeinem Grund war er der Überzeugung, sein Vater werde nur noch drei Wochen leben. Genauso war es gekommen.

Unmittelbar bevor ich mich von meinem neuen Bekannten Ron verabschiedete, machte er, offensichtlich recht unbefangen, noch eine Bemerkung: „Meine Frau und ich haben einen Ausdruck“, berichtete er, „das Timing des Herrn.“ Was für eine elegante Umschreibung für Synchronizität, dachte ich. Allem Anschein nach hatte meine Hypothese, wonach der erste Mensch, den ich ansprechen würde, Synchronizität erlebt hätte, ins Schwarze getroffen.

Von diesem Moment an glaubte ich ohne jeden Zweifel, dass meine Mutter nur noch drei Wochen leben würde. Obwohl ein, zwei andere Menschen darauf hinwiesen, dass es keinerlei medizinischen Grund für diese Annahme gab und die Ärzte auch Gegenteiliges erwarteten, war ich felsenfest davon überzeugt, dass sie Unrecht hatten. Für mich war es einfach wie eine Erkenntnis.

Um diese Zeit trat ein weiteres synchronistisches Ereignis ein, das ein ebenso ausgeprägt numinoses Gefühl auslöste. Ich stand im Foyer des Krankenhauses im Aufzug und wartete darauf, dass er gleich nach oben zur Station meiner Mutter fahren würde. Die Aufzugtüren begannen sich zu schließen, blieben aber plötzlich etwa dreißig Zentimeter offenstehen. Mehrere Sekunden lang tat sich nichts, dann öffneten sie sich wieder. Aus einem unerfindlichen Grund stand mir das Wort „Pforte“ vor Augen. Danach schlossen sich die Aufzugtüren ein zweites Mal, und das Ganze wiederholte sich. Andere, die ebenfalls in dem Lift waren, reagierten überrascht. Als die Türen ein drittes Mal zum Schließen ansetzten, schlossen sie sich ganz, und der Aufzug fuhr nach oben. Mir war nicht klar, warum, aber ich fand, es hatte etwas Prophetisches, dass sich die „Pforte“ drei Mal geschlossen hatte. Dies blieb mir im Gedächtnis.

Kurz danach hatte meine Mutter ermutigende Neuigkeiten für mich. Die Ärzte hatten festgestellt, dass sie Probleme mit einer verschlossenen „Pfortader“ hatte, sagten ihr jedoch, man könnte den Druck operativ verringern. Ihre Worte berührten etwas in mir. Es war gut, dass man operieren konnte, auch wenn ich nicht wusste, was eine Pfortader war. Ich hatte jedoch eine ungefähre Vorstellung, was passieren würde.

In den darauffolgenden Wochen berichtete meine Mutter mir von ihrer Erleichterung durch die erste und später durch die zweite Operation. Zwei Verschlüsse in ihrer Pfortader konnten behoben werden. Der dritte war nicht mehr zu beheben. Meine Mutter starb drei Wochen nach meiner Begegnung mit Ron, mit einer Toleranz von ein oder zwei Tagen.

VIERZEHN

Den Dädalus geben

Während des gesamten Krankenhausaufenthalts meiner Mutter ließ ich meine Gedanken immer kreativer und lockerer werden und unterhielt sie mit neuen Theorien über den menschlichen Geist, die ich angeblich entwickelt hatte … bis ich schließlich einen unerwarteten Vorzug in ihnen erkannte.

Meine Gedankenspiele über „hypomanisches Wohlbefinden" wurden durch zwei aktuelle Filme, die ich mir ansah, eingehender beleuchtet. Einer, ein Dokumentarfilm, hieß *What the Bleep Do We Know?*[1] Er basierte auf Interviews mit Wissenschaftlern und Denkern zu den Themen Spiritualität, Philosophie, Hirnforschung und Quantenmechanik. Insbesondere ging es um Fragen der Hirnchemie und die Art und Weise, wie neurale Verbindungen sich infolge bestimmter Erfahrungen verändern können.

Besonders beeindruckt war ich von Masaru Emotos Arbeit mit Kristallen, die zeigte, dass Wasserkristalle in ihrem Aufbau und ihrer ästhetischen Erscheinung angeblich verändert werden können, wenn sie bestimmten Worten, Symbolen und Musik ausgesetzt werden.[2] Wie Emoto sagte, hat dies möglicherweise erhebliche Konsequenzen für die Abläufe im Menschen, bedenkt man, dass unser Körper weitgehend aus Wasser besteht.

Der zweite Film war eine aktuelle Neuverfilmung von *Charlie und die Schokoladenfabrik*[3] mit Johnny Depp in einer der Hauptrollen. Mich verblüffte, wie sehr dieser Film eine Metapher für die Funktionsweise des Gehirns ist. Die Fabrik symbolisierte für mich das Gehirn, die Schokolade in ihren unterschiedlichen Formen die Neurotransmitter. Die Zutaten in den Schokoladenrezepten, die in der Fabrik verwendet wurden, stehen für die verschiedenen Neurotransmitter, die die Menschen entsprechend ihrer Gene und ihrer Hirnchemie ausschütteten. Ich vermutete, dass ich durch die Gene, die ich teilweise mit meiner Mutter gemeinsam hatte, die an einer manisch-depressiven Störung litt, die Neurotransmitter ausschütten konnte, die zur Herbeiführung „hypomanischen Wohlbefindens" notwendig waren.

Die Umpa-Lumpas deutete ich als Entsprechung der mechanischen Prozesse bei der Herstellung der Neurotransmitter. Willy Wonkas Suche nach einem aufrichtigen Menschen, der die Fabrik leitet, deutete darauf hin, dass wir, wenn wir die Gelegenheit bekommen, etwas so Wunderbares wie das menschliche Gehirn und Bewusstsein zu nutzen, dies mit Aufrichtigkeit und Anstand tun müssen.

Mein „Experiment" mit hypomanischem Denken konnte riskant sein. Dennoch fand ich, dass die Herausforderungen, vor denen ich stand, alles überstiegen, was ich auf meine übliche Art und Weise bewältigen konnte. Darüber hinaus spürte ich intuitiv sehr deutlich, dass „die Sterne günstig standen" und mich ermutigten, mich auf divergentes Denken einzulassen. Ich erkannte viele potenzielle Vorteile darin, „den Dädalus zu geben", die ich hier nicht vollständig ausführen kann, da einige mit komplexen und sehr persönlichen familiären Umständen zusammenhängen. So soll es genügen, wenn ich sage, dass ich dadurch unter anderem auch auf eine Wellenlänge mit einem nahestehenden Menschen mit schwierigen psychischen Problemen kommen konnte.

Neben einer regelmäßigen kritischen Überprüfung durch Menschen, denen ich vertraute, darunter einigen befreundeten und kollegial verbundenen Psychologen, sollte meine wichtigste Schutzmaßnahme darin bestehen, dass ich mir auch weiterhin Synchronizitätserlebnisse zunutze machte. Synchronizität war mir seit Langem eine große Hilfe bei der Entscheidungsfindung. Ich konnte mich nicht erinnern, dass ich je eine Entscheidung bereut hätte, die ich auf dieser Grundlage getroffen habe. Wenn ich an irgendeinem Punkt keine Synchronizität mehr erleben oder Ziele, die ich mir gesetzt hatte, verfehlen sollte, dann würde ich den Prozess beenden.

Nie zuvor in meinem Leben habe ich eine derart anhaltende Serie bemerkenswerter synchronistischer Ereignisse erlebt – und auch danach nie wieder. Zunächst ermutigten mich die Bemerkung meiner Mutter, Synchronizität sei „Gott, der mit dir spricht", und ebenso meine Begegnung mit Ron, der vom „Timing des Herrn" sprach, wie ich im vorangegangenen Kapitel berichtet habe. Am meisten jedoch ermutigten mich die wiederholten synchronistischen Erlebnisse selbst.

Es gab zahlreiche Beispiele für eine merkwürdige zeitliche Koordination beim Abschluss von Ereignissen. So hatte ich zum Beispiel einmal während einer Zugfahrt nach Melbourne die Vorahnung, dass das Lied, das ich gerade auf meinem iPod hörte, genau in dem Moment zu Ende wäre, in dem der Zug anhielt, also in etwa zwei Minuten – und genauso kam es. Damals las ich gerade Jungs Buch über Synchronizität, das ich im Schaufenster einer meiner Lieblingsbuchhandlungen gefunden hatte.

Ich entdeckte, dass Peter O'Connor, der Psychotherapeut, von dem ich so viel über Jung gelernt hatte, in der Etage über dem langjährigen Hausarzt meiner Mutter arbeitete. Ein anderes Mal hatte ich plötzlich den drängenden Gedanken, ich sollte in einen CD-Laden gehen und das meistverkaufte Album erwerben. Es war *See the Sun* von Pete Murray.[4] Mein numinoses Gefühl beim Kauf ergab etliche Wochen später plötzlich Sinn, wie ich noch beschreiben werde.

Worte kamen mir plötzlich in den Sinn und standen dann im Einklang mit einem wenig später eintretenden Ereignis. Ein Beispiel war das Wort „Pforte", das ich bereits geschildert habe. Ein anderes Mal lag ich morgens im Bett und sann über die Herausforderungen nach, vor denen ich stand. Ich fragte mich: „Werde ich zum Grübler oder zum Krieger?" und dachte an eine Passage aus Castanedas *Reise nach Ixtlan*, in der Don Juan einen auszubildenden Krieger ermahnt, stets bereit zu sein für den Kubikzentimeter Chance. Dann stand ich auf und ging nach unten. Erschrocken entdeckte ich auf der Treppe das Souvenir-Samuraischwert meines Sohnes. Dies war meines Wissens das einzige Mal, dass es nicht an seinem üblichen sicheren Ort verwahrt war.

Eines Nachmittags fuhr ich nach einem Besuch bei meiner Mutter im Krankenhaus mit der Straßenbahn nach Hause und brach zum ersten Mal in der Öffentlichkeit in Tränen aus. Ich stieg an der nächsten Haltestelle aus, betrat das Foyer eines nahegelegenen Gebäudes, um geschützt vor den Augen der Öffentlichkeit meine Fassung wiederzuerlangen, und versuchte, mit dem Handy eine Freundin anzurufen, aber sie ging nicht ans Telefon. Ich war niedergeschlagen, doch nur Sekunden später rief mich mein Bruder an. Der Zeitpunkt dieses Anrufs verstärkte mein Gefühl der Verbundenheit mit ihm und der Unterstützung von ihm.

Danach fiel mir eine Skulptur in dem Foyer auf, die aussah wie ein gegabelter Baumstamm, und sofort kam mir das Wort „Spaltholz" in den Sinn. Ein paar Stunden später kam mir die Idee, „den Dädalus zu geben". Daraufhin schlug ich Dädalus in der Encyclopedia Britannica und weiteren Büchern meiner häuslichen Bibliothek nach. In einem Abschnitt, den ich las, war ausdrücklich von einem Spaltholz die Rede – ich glaube, im Zusammenhang mit Dädalus' Handwerkskunst. Durch diese wiederholten, aneinander anklingenden Ereignisse fühlte ich mich auf einer tiefen Ebene gestärkt und bestätigt.

Einige Lieder, die ich hörte, hatten scheinbar eine für meine Situation besonders treffende persönliche Bedeutung. Ich betrachtete sie als synchronistische Botschaften, die mich in schwierigen Zeiten inspirieren sollten.

Insbesondere schrieb ich mir den Text von drei Liedern der Band Pearl Jam[5] auf. Ich bezog bestimmte Sätze aus drei Liedern, „Off He Goes", „Man of the Hour" und „Wishlist" auf den Prozess der Herbeiführung hypomanischen Wohlbefindens, um mit einer großen Herausforderung fertig zu werden.

In „Off He Goes" ist zum Beispiel von einem Mann auf einem Motorrad bei starkem Wind die Rede, der immer zu schnell fährt. Er hat sich zu viel vorgenommen und hegt Gedanken, die zu groß für ihn sind. Doch am Ende ist er der lächelnde Sieger, trotz der Bedenken des Sängers. Für mich klang dies wie eine Metapher für einen Menschen in einem hypomanischen Zustand, der schneller und besser wieder zu sich kommt, als andere erwartet hätten. Ich nahm dies als ermutigendes Zeichen, dass das, was für andere wie eine Krankheit aussah, keineswegs krank war. Das Ende des Liedes begriff ich allerdings als

Warnung, weil der Mann wieder losraste. Ich würde auf Ausgewogenheit achten müssen.

Bei „Man of the Hour" verstand ich den Titel des Liedes als Anspielung darauf, wenn man sich einer ungewöhnlich herausfordernden Situation stellen muss. Ich begriff das Bild der Pforten, die nun offenstehen, als Hinweis auf die Pforten der Wahrnehmung, die in eine Quantenwelt führen, in einen Geisteszustand, in dem ich direkteren Einblick in eine wahreres, aber kaum anerkanntes Wesen der Wirklichkeit gewinnen konnte.

Ähnlich wie in dem Text von „Wishlist" verspürte ich den Drang, wie eine explodierende Bombe zu sein: Ich wollte auf eine Art und Weise zünden, die ein Opfer bedeutete, dabei aber irgendwie am Leben bleiben. Dies bedeutete, den hypomanischen Prozess, der ein gewisses Risiko mit sich brachte, zu durchlaufen und ihn später hoffentlich ohne Medikamente rückgängig machen sowie für alle Zukunft gut genesen zu können. Dies könnte für viele Menschen optimistischere Aussichten eröffnen, dass sie nämlich ihre Hirnchemie beeinflussen und ihre psychische Gesundheit verbessern können. So deutete ich den Wunsch in dem Lied, der Beweis zu sein, der Grund, dass fünfzig Millionen Hände sich zum Himmel recken. Ich wünschte, ich wäre der Bote, der nur gute Nachrichten bringt – die optimistische Nachricht für alle, die mit seelischen Erkrankungen zu kämpfen haben, dass es nicht nur positive Psychologie, sondern auch positive Psychiatrie gibt.

Mit anderen Worten, ich dachte, wenn mein Experiment erfolgreich wäre (das heißt, wenn ich mich als fähig erweisen könnte, mit positiver Auswirkung auf eine bestimmte hypomanische Reaktion umzuschalten und diese dann wieder abzustellen), könnte dies auf Menschen mit psychischen Problemen inspirierend wirken. Ich wollte zeigen, dass Veränderungen in der Hirnchemie, die normalerweise mit psychischen Erkrankungen verbunden werden, stärker auf bewusste Einflüsse ansprechen und reversibler sind, als bisher gedacht. Intuitiv spürte ich, dass dies etwas mit einer anderen als der üblichen Wahrnehmung zu tun hatte, die irgendwie mit der Quantenmechanik verbunden war, ohne dass ich jedoch verstand, wie. Im Endergebnis könnte dies zu einer optimistischeren

Sicht der Möglichkeiten anregen, wie wir unsere Gehirnfunktionen, einschließlich der Aktivität unserer Neurotransmitter, achtsam beeinflussen können, um eine ausgewogenere Hirnchemie zu erreichen.

Im Laufe der Wochen kam mir der Gedanke, wo andere das Atom gespalten hatten, würde ich nun das „das Selbst spalten". Ein Teil von mir würde sich zur Alltagsrealität genauso verhalten wie immer; doch ich hatte zunehmend mehr synchronistische Erlebnisse, und ein anderer Teil von mir deutete ihre Symbolik so, als läse er die Untertitel in einem Kinofilm. Manchmal kamen meine synchronistischen Assoziationen wie im Strom, so etwa meine Interpretationen, als ich *Charlie und die Schokoladenfabrik* sah, oder wenn ich Lieder von Pearl Jam hörte.

Für mein Empfinden setzte ich die Fähigkeit, „meinen Tag zu kreieren", in die Praxis um, indem ich erwartete, dass die Aufgaben, die ich mir vornahm, gute Resultate erbrächten – eine Strategie, die in *What the Bleep Do We Know* beschrieben wird. Oft lief es wie am Schnürchen. Zum Beispiel musste ich in einer frühen Phase meines „den Dädalus Gebens" zwei gerichtsmedizinische Berichte für Klienten schreiben, die am Arbeitsplatz verletzt worden waren. Ich schloss das Diktat dieser Berichte in gut einem Viertel der Zeit ab, die ich sonst dafür brauchte. Meine Gedanken wirkten beim Diktat schneller und flüssiger. Außerdem bewältigte ich einige Wochen lang eine deutlich erhöhte Fallzahl, so dass ich mir später mehrere Wochen freinehmen konnte.

Statt impulsiv zu reagieren, wie es normalerweise der Fall ist, wenn jemand eine hypomanische Episode hat, erfüllte ich meine rechtlichen Verpflichtungen im Zusammenhang mit meiner Rolle als Bevollmächtigter für die Angelegenheiten meiner Mutter meinem Eindruck nach gut. Außerdem gab es im Hinblick auf komplizierte familiäre Umstände beträchtliche potenzielle Herausforderungen, die ich meiner Meinung nach gut bewältigte.

Ich wollte die verschiedenen Geisteszustände, die ich erlebte, dokumentieren, vorzugsweise objektiv. Ich fotografierte Dinge, die meine Aufmerksamkeit erregten. Dazu gehörten zunehmend etwa Buchtitel, Zeitungsschlagzeilen und Haushaltsgegenstände, die meinem Empfinden nach symbolische Bedeutung haben könnten, auch wenn ich in dem Moment nicht wusste, welche.

Als ein weiteres Mittel zur Dokumentation meines Geisteszustandes und vielleicht auch, um mich in Schach zu halten, sprach ich das Thema bei einer Gruppen-Supervisionssitzung an, bevor ich mir einige Wochen freinahm. Zu Beginn der Sitzung verteilte ich Kopien der diagnostischen Kriterien für eine hypomanische Episode gemäß dem *Diagnostic and Statistical Manual of Mental Disorders* (DSM, Diagnostischer und statistischer Leitfaden psychischer Störungen).[6] Ich ging die Kriterien für eine hypomanische Episode mit meinen Kollegen nacheinander durch und gab bereitwillig zu, dass ich, zumindest fachlich gesehen, etliche davon erfüllte, andere jedoch nicht.

So ließ sich zum Beispiel nicht bestreiten, dass ich mit verringertem Schlafbedürfnis funktionierte. Außerdem zeigte ich ein intensiveres, zielgerichteteres Verhalten, insbesondere im Beruf. Ich hatte den Eindruck, mein Denken habe sich beschleunigt. Ja, dies war sogar ein Grund dafür gewesen, warum ich überhaupt beschlossen hatte, in diesen Modus zu schalten. Ich glaubte nicht, dass ich ein weiteres diagnostisches Kriterium erfüllte, nämlich leicht ablenkbar zu sein, da ich mich meinem Empfinden nach gut konzentrieren konnte; und ich konnte auch nicht erkennen, dass meine Gedanken von belanglosen Reizen angezogen wurden. Ich war ganz allgemein auf Synchronizität eingestellt und erkannte sinnvolle Verbindungen, wo andere vielleicht nur Willkür sahen.

Am Ende glaubte ich, ob meine Reaktionen nun fachlich gesehen den Kriterien für eine hypomanische Episode entsprächen, hinge schlussendlich davon ab, ob bei mir ein letztes verbleibendes Symptom als vorhanden abgehakt würde: Selbstüberschätzung. Zur Überprüfung gab ich meinen Kollegen richtig gut Gelegenheit, diesen Punkt konkret anzusprechen. Ich sagte ihnen, ich glaubte, ich hätte eine Theorie entwickelt, die das psychische Gesundheitssystem in der westlichen Welt revolutionieren könnte. In diesem Moment hätte ich gedacht, dass meine Kollegen ohne viel Federlesens ein weiteres diagnostisches Häkchen setzen würden. Ich war ein wenig überrascht, als sie dies nicht taten – zumindest nicht als Gruppe und nicht offen.

Nur eine Person meldete sich zu Wort. Ruhig und nachdenklich sagte sie, es könne durchaus sein, dass ich mit dem, was ich bei zahlreichen Gelegenheiten als „Positive Psychiatrie“ bezeichnet hatte, tatsächlich eine solche Theorie entwickelt hätte. Ich war überrascht und fühlte mich bestärkt. Vielleicht hatte ich unterschätzt, wie sehr ich bisher schon meinem divergenten Denken Ausdruck gegeben hatte.

Dennoch machten sich im Laufe der Wochen etliche Freunde Sorgen um meinen Geisteszustand. Eine Freundin sagte geradeheraus: „Chris, du bist psychotisch – du brauchst Medikamente!“ Ich war deshalb nicht beleidigt, denn ich wusste, sie handelte aus aufrichtiger Anteilnahme. Außerdem war mir klar, dass sie damit eine psychiatrische Standardmeinung äußerte. Die Zeit würde zeigen, wie es am Ende ausginge.

Ich erlebte weiterhin häufig Synchronizität. Intuitiv spürte ich, dass ich auf der richtigen Spur war. Unterdessen erzählte ich meiner Mutter weiter Geschichten.

Einmal versuchte ein befreundeter Arzt mich davon zu überzeugen, ich solle einen geplanten öffentlichen Vortrag absagen, aus Sorge, dabei könne ans Licht kommen, dass mein Geisteszustand leicht gestört war. Der Vortrag lief gut – obwohl ich ausführlich über meine intuitiven Empfindungen zu *Charlie und die Schokoladenfabrik* sprach.

Einige waren offenbar weniger geneigt, mein Verhalten als Ausdruck einer psychischen Erkrankung zu betrachten. So sagte zum Beispiel mein Bruder: „Dein Scheitel-Chakra öffnet sich!“ Damit wollte er wohl allen Ernstes behaupten, mein Erleben könnte eine Form der Erleuchtung sein. Später ergänzte er, ein solches Erlebnis erfordere hinterher im Allgemeinen beträchtliche Arbeit, um die dabei gewonnen Erkenntnisse zu integrieren. Diese ergänzende Bemerkung ermutigte mich zu glauben, er hielte mich dessen tatsächlich für fähig.

Mein Schwager mahnte mich behutsam, ich müsse auf meinen Geisteszustand achten – er lieh mir ein Buch, *Schamanen: Zauberer, Medizinmänner, Heiler*[7], und drängte mich: „Heiler, heile dich!“ Um die gleiche Zeit herum kaufte ich ein Gemälde von ihm, das einen Pegasus zeigt. Ich identifizierte mich mit dem Bild des geflügelten Pferdes und verspürte eine numinose Verbindung zu ihm, während ich den Dädalus gab. Ich hängte das Bild zur Inspiration über meinen Arbeitscomputer.

Ein anderes Mal fand ich, dass ich intuitive Erkenntnisse zu einem Dot-Painting eines Aborigine-Künstlers entwickelt hatte, das ich schon länger besaß. Die typische Symbolik der Aborigines aufgreifend, stellte das Bild einen Menschen in Form eines U dar, mit einem Stab auf der einen und einem Kreis auf der anderen Seite. Ich begriff den Stab als Sinnbild des Körpers und den Kreis als Sinnbild des Selbst oder von Gedanken und Gefühlen. Die U-Form, das Symbol in der Mitte, stand für mich für die Seele oder den Geist des Menschen. Außerdem betrachtete ich die U-Form als eine Art Rezeptor. Dies erschien mir als ein transpersonaler Hinweis darauf, dass der Mensch Signalwellen vom Universum empfängt, die durch beständig strömende Linien oder Wellen aus Punkten dargestellt wurden. Für mich fühlte sich Synchronizität genau so an: Wiederholte Informationsströme vom Universum, empfangen von unserem Geist.

Das Bild zeigte außerdem einige große dendritische (verzweigte) Formen. Diese werden traditionell als Darstellung von Buschkartoffelpflanzen verstanden. Für mich sahen sie jedoch wie verzweigte Verbindungen im Gehirn aus. Für mein Empfinden hatte das Bild einen symbolischen Bezug zur Hirnforschung, wobei die dendritischen Formen und Punktwellen zeigten, wie das Gehirn „Botschaften vom Universum" empfängt. Mir war nicht klar, wie dies genau vor sich geht, aber ich dachte, es gebe gewisse Rezeptoren, die wir noch nicht kennen und die numinose Erfahrungen verarbeiten. Ich fand, die Aborigine-Maler hatten dies intuitiv erfasst.

Daraufhin beschloss ich, meine Beobachtungen mit einem Lokaljournalisten zu besprechen, den ich flüchtig kannte. Ich zerrte das große gerahmte Bild in die Zeitungsredaktion. Fast eine Stunde lang hörte er sich geduldig meine Geschichte an. Später sagte er mir, am meisten habe ihn interessiert, wie viel ich offenbar aus dem Bild herausholen konnte. Als ich das Bild zum Auto zurücktrug, sprach mich eine ältere Fußgängerin an und sagte, es gefiele ihr. Wir unterhielten uns ein paar Minuten darüber. Später erfuhr ich, dass sie die Mutter eines Freundes war. Wie sich herausstellte, glaubten eine ganze Reihe von Freunden, dass ich möglicherweise meiner Karriere schadete, wenn ich Dinge tat wie ein Bild in die Lokalredaktion der Zeitung zu schleppen, ganz zu schweigen davon, willkürlich mit Menschen auf der Straße über seltsame Dinge zu reden.

Ein weiteres Ereignis, das mir als besondere Synchronizität und glücklicher Zufall erschien, weckte die Bedenken einer Freundin. Im Jahr zuvor hatten wir ein neues Praxisgebäude erworben und suchten nun seit vielen Monaten händeringend nach einem Bauunternehmer, der die Renovierung übernehmen konnte. Das Ganze wuchs sich zu einem verwirrenden und kostspieligen Problem aus. Es gab einen Bauunternehmer, der mir aufgrund der Qualität seiner Arbeit am liebsten gewesen wäre. Allerdings hatte ich zwei Jahre zuvor im Zusammenhang mit einem anderen Grundstück in einem gewissen Konflikt mit ihm gestanden, als ein geplanter Verkauf ins Stocken geriet. Vielleicht wäre es klüger, nicht mehr mit ihm zusammenzuarbeiten. Allerdings hatte ich zu diesem Bauunternehmer, Len, eine gewisse Nähe verspürt. Entstanden war sie in früheren Gesprächen, bei denen ich das Gefühl hatte, wir seien auf derselben Wellenlänge. Unsere damalige Zusammenarbeit ging mit starker Synchronizität einher.

Intuitiv sah ich voraus, dass ein Muster sich vervollständigen würde, so als würde ein Puzzle um das fehlende Teil ergänzt. Ich dachte, ich könnte mit Len vielleicht eine günstige Vereinbarung aushandeln, so dass er unseren neuen Besitz renovieren könnte. Ich rief ihn an – seit unserer Geschäftsbeziehung vor zwei Jahren war ich ihm nicht mehr begegnet – und fragte ihn, ob er Interesse an einem Treffen mit mir hätte. Am Telefon trat eine kurze Pause ein, aber bald darauf gestand er, dass er in den letzten Tagen an mich gedacht hatte. Ich betrachtete dies als ein synchronistisches, als ein gutes Zeichen. Er war gerne bereit, sich in ein paar Tagen mit mir zu treffen, sobald er von einem Auftrag in Queensland wieder zurückgekehrt sei.

An dem Nachmittag, an dem ich mich mit Len treffen sollte, kam eine befreundete Psychologin zu Besuch. Auch dies betrachtete ich als synchronistisch, insbesondere da sie Expertin für bipolare Störungen und hypomanische Zustände war. Ich sagte ihr, ich werde mich gleich mit dem Bauunternehmer treffen und glaubte, dass es gut ausginge. Ich erklärte, ich hätte eine Reihe glücklicher Zufälle in Verbindung mit Synchronizität erlebt und hätte das Gefühl, dass die Dinge zu meinen Gunsten laufen würden. Ich betrachtete dies als Experiment in der „Anwendung der Quantenmechanik zum geschäftlichen Vorteil".

Ich sagte meiner Freundin, ihr Besuch sei ein besonders glücklicher Zufall, weil sie durch und durch Wissenschaftlerin sei und daher das Resultat objektiv beobachten könne. Sie schien sehr besorgt um mich und drängte mich, mir keine allzu großen Hoffnungen zu machen. Ich verstand ihre Argumentation, aber ich wurde durch Synchronizität geführt und hatte vor, entsprechend zu handeln.

Als wir uns mit Len trafen, sagte er, gerade erst vor ein paar Tagen habe er gedacht, er würde gerne einmal wieder etwas für mich bauen. Deshalb hatte er so positiv reagiert. Ich nahm dies als großes bejahendes Häkchen vom Universum. Etwa anderthalb Stunden später kam ich nach Hause – es hatte länger gedauert als gedacht. Ich vermutete schon, meine Freundin, die über Nacht bleiben wollte, könnte befürchten, ich sei nach einer vernichtenden Enttäuschung in der nahen Corio-Bucht verschwunden. Stattdessen erklärte ich, der Bauunternehmer hatte angeboten, in wenigen Wochen mit dem Projekt zu beginnen und es zum Selbstkostenpreis abzuschließen.

Ich begriff schnell, dass meine psychologisch versierte Freundin sich weder im Hinblick auf mein Urteilsvermögen noch auf meine psychische Gesundheit sicher war. Ich glaubte, das positive Resultat spräche für sich. Doch dann zeigte sich, dass meine Freundin mein Verhalten als Folge einer psychischen Störung deutete. Daraufhin geschah etwas Bemerkenswertes, das mich völlig verblüffte: Während unseres Gesprächs, bei dem wir beide eindeutig unterschiedlicher Meinung waren, wie gesund mein Denken sei, brach die hölzerne Rückenlehne des Stuhls, auf dem meine Freundin saß, plötzlich mit lautem Knall entzwei. Ich war platt! So etwas hatte ich noch nie erlebt, noch nicht einmal davon gehört. Die Rückenlehne wirkte sehr solide, und meine Freundin war zierlich. Ich hatte ganz stark das Gefühl, dass hier numinose Kräfte am Werk waren.

Mir kam sofort der Gedanke, dass die zerbrochene Konstruktion des Stuhles, auf dem meine Freundin saß, ein Symbol für einen Fehler in ihrem Denkkonstrukt über meinen psychischen Gesundheitszustand war. Erst Jahre später erfuhr ich, dass es einen Begriff dafür gibt. Jung schilderte einmal, wie Freud und er bei einem Besuch in Freuds Haus in Fragen der Existenz paranormaler Phänomene aneinandergerieten. In diesem Moment hörten sie einen sehr lauten Knall in einem Bücherschrank neben ihnen, über den beide sehr erschraken. Jung bezeichnete dies als „katalytisches Exteriorisationsphänomen".[8]

Einige Zeit später besuchte ich meinen Freund Ross. Ich bemerkte, dass auch er sich offenbar beträchtliche Sorgen über meinen Geisteszustand machte. Wir sprachen über ein Bild seiner Tante. Er behauptete, es sei schlicht eine Frau, die ihr Haar bürstete. Ich sah dies ebenso, doch mich ergriffen insbesondere die archetypischen ausladenden Formen und die urtümliche Energie in dem Gemälde. Meinem Eindruck nach müsste auch er dies mit Leichtigkeit erkennen können, doch wahrscheinlich wollte er es nicht zugeben, so sagte ich ihm, weil er wohl eine Perspektive einnehmen wollte, die mich wieder auf den Boden brächte.

Ich machte immer mehr Fotos von Haushaltsgegenständen, obwohl ich damals keine besondere Bedeutung in ihnen erkennen konnte. Anderes, was ich fotografierte, hatte erkennbar symbolische Bedeutung für mich, etwa ein Samuraischwert und ein zerbrochener Stuhl.

Als ich meine Mutter zum letzten Mal sah, bevor sie starb, merkte ich, dass ich eine sehr starke und besondere Verbundenheit mit ihr verspürte. Ich wusste, dass ich sie höchstwahrscheinlich nicht lebend wiedersehen würde. Während meines gesamten Besuches war sie offensichtlich nicht bei Bewusstsein. In einem bestimmten Moment drückte ich ihre Hand besonders fest, um Lebewohl zu sagen – und spürte einen leichten Gegendruck.

Etwa um diese Zeit, vielleicht sogar am selben Tag, fuhr ich nach dem Krankenhaus mit dem Zug nach Hause und staunte sehr über einen Zeitungsartikel. Darin wurde über jemanden berichtet, der sich absichtlich mit einem Krankheitserreger infiziert und diesen dann unschädlich gemacht hatte. Ich hielt dies für stark synchronistisch. Genau dasselbe tat ich meiner Meinung nach auch, jedoch mit einem psychischen, nicht mit einem physischen Prozess. Ich hatte ihn noch nicht ausgeschaltet, war mir aber sicher, dass mir dies noch gelingen würde.

Am Tag nachdem meine Mutter verstorben war, kamen mein Bruder, meine Schwester und ich im Haus unserer Kindheit zusammen, weil ich dies als Mutters Testamentsvollstrecker so eingerichtet hatte. Ich glaubte, dass diese Situation gewisse Herausforderungen barg, die sich auf Jahre hinaus auf unsere Beziehungen untereinander auswirken konnten. Am Vorabend des Treffens entstand in mir jedoch intuitiv die Vorstellung von einer gleichsam ritualisierten Vorgehensweise, an die wir uns halten und die sich im Umgang mit einer emotional derart aufgeladenen Situation als hilfreich erweisen konnte. Vor meinem geistigen Auge stiegen spontan Bilder auf, wie alles vonstatten gehen könnte. Ich fühlte mich sehr ermutigt. In jener Nacht schlief ich zum ersten Mal seit langer Zeit gut.

Als ich mich am nächsten Morgen auf die einstündige Fahrt nach Melbourne machte, war ich zuversichtlich – trotz der Bedenken meiner Frau wegen meines psychischen Zustandes und des möglichen Ausgangs der Situation. Die folgenden Stunden verliefen im Wesentlichen so, wie ich es mir vorgestellt hatte: Meine Geschwister und ich vertraten gemeinsame Werte, wodurch der Verkauf des Anwesens meiner Mutter sicher glatt über die Bühne gehen würde. Ich fühlte mich in meiner Rolle als Testamentsvollstrecker bestätigt und unterstützt. Es gab deutliche Anzeichen dafür, dass unsere geschwisterlichen Beziehungen in Zukunft noch besser werden könnten als bisher schon. Dies war nicht unbedingt das Ergebnis, das ich erwartet hatte: Ich war sehr erleichtert. Wir erzählten uns Geschichten und lachten sogar über eine Reihe von Ereignissen, einschließlich meines Verhaltens in letzter Zeit.

Zum Beispiel schilderte ich einen Vorfall, dessen zeitliche Koordination meine Frau ernstlich befürchten ließ, nun sei es endgültig um meine geistige Gesundheit geschehen. Eines Morgens kam sie überraschend von der Arbeit nach Hause und traf mich nackt auf der Treppe an, in der Hand ein Samuraischwert. Es war eine Erleichterung, dies meinen Geschwistern zu erzählen und schallend darüber lachen zu können.

Auf der Rückfahrt von dem Treffen mit meinem Bruder und meiner

Schwester fand ich, dass der kühne und intuitive Ansatz, den ich gewählt hatte, sich als erfreulich erfolgreich erwiesen hatte. Darüber hinaus und vor allem aber hatte ich das Gefühl, dass ich meiner Mutter geholfen hatte, gut zu sterben. Außer den Geschichten, die ich an ihrem Bett zusammengesponnen hatte, hatten wir auch viele Gespräche geführt, die eine so tiefe Verbindung widerspiegelten, wie wir sie seit Jahrzehnten nicht gehabt hatten. Sie hatte eine kreativere und intuitivere Art des Umgangs mit der Welt aus mir herausgelockt. Auch meinem Bruder fühlte ich mich viel näher, seit ich erkannt hatte, wie stark seine Neigung zu transpersonalem Denken war. Ich erinnerte mich, dass meine Mutter und er einmal über „Sphärenmusik" gesprochen hatten, was mir damals wenig sagte. Außerdem spürte ich, dass ich ein größeres Verständnis des menschlichen Geistes entwickelt hatte, wovon ich mein ganzes weiteres Berufsleben lang würde profitieren können.

Doch in den Tagen nach dem Tod meiner Mutter gab es noch zwei weitere große Herausforderungen, denen ich mich stellen musste. Eine war die anhaltende Sorge mehrerer Freunde um meinen Geisteszustand. Insbesondere einige meiner engsten Freunde verspürten das Bedürfnis einzugreifen. Unmittelbar nach der Rückkehr von dem Treffen mit meinem Bruder und meiner Schwester drehte ich zur Überleitung, bevor ich nach Hause ging, eine Runde im nahen Botanischen Garten und hörte dabei „Man of the Hour" auf meinem iPod; für mich war dies ein stilles, bestätigendes Ritual. Ich vermutete, ich würde es nun wahrscheinlich zum letzten Mal hören, bevor ich aufhörte, „den Dädalus zu geben". Das Lied endete exakt in dem Moment, als mein Rundgang abgeschlossen war, genau wie ich es geahnt hatte.

Ich ging nach Hause und erklärte meiner Frau, wie gut meiner Meinung nach an jenem Tag alles gelaufen war, in der Hoffnung, dass sie dies beruhigte. Ich wusste, dass mein Verhalten in letzter Zeit sie so sehr besorgt hatte, dass sie daran dachte, Freunde zu bitten einzugreifen. Ich sagte ihr, ich wollte an dem Abend nicht wie geplant an einer größeren Gruppenzusammenkunft teilnehmen. Für mein Gefühl war es an der Zeit, einen Gang herunterzuschalten. Am frühen Abend rief die befreundete Psychologin an, um sich zu erkundigen, wie es mir ginge. Noch am Telefon hörte ich, wie die Haustür aufging, und vernahm mehrere Stimmen am Eingang. Ich legte auf und ging ins angrenzende Zimmer, um die Freunde zu begrüßen, die gerade gekommen waren – ich hatte mir schon gedacht, dass so etwas passieren würde.

Daher beschloss ich, das Ganze forsch anzugehen – schon oft war es auf diese Weise besser gelaufen. Ich wollte meinen Freunden offen von vielen symbolischen Gedanken erzählen, die mir in letzter Zeit durch den Kopf gegangen waren. Ich nannte Dinge wie einen verschwundenen Urgroßvater, Generationenmuster bei Bienen, synchronistische Erlebnisse und eine wilde Mischung weiterer Ideen. Irgendwann erkannte ich in ihrem Gesicht den Ausdruck von Entsetzen und Abscheu zugleich. Vielleicht hatte ich die falsche Strategie gewählt!

Meine Freunde waren definitiv immer noch besorgt über meinen psychischen Zustand. Eine Freundin sagte, sie befürchte, ich könnte suizidal sein, weil ich etwas über Autounfälle gesagt hatte. Ich erinnerte mich an eine Bemerkung, die ich vor Tagen gegenüber einem anderen Freund gemacht hatte und die sich auf einen Zeitungsartikel über ein umgedrehtes Fahrzeug bezog. Ich wollte dieses Bild eigentlich als Symbol für einen Transformationsprozess verstanden wissen, bei dem das eigene Weltbild auf den Kopf gestellt wird. Ich versuchte, verständlich zu machen, dass ich keineswegs suizidal sei, sondern mich im Allgemeinen im Leben gesegnet fühlte, ungeachtet der momentanen schwierigen Zeiten und des Verlustes meiner Mutter. Meine Freunde hörten mir etwa eine Stunde lang zu. Danach sagte einer, der offenbar für alle sprach: „Chris, du bist psychotisch!“ Sie bestanden darauf, dass ich einen Psychiater konsultierte, und ließen durchblicken, dass ich wahrscheinlich sofort Medikamente brauchte. Sie sagten, sie hätten bereits unter der Hand dafür gesorgt, dass dies im weiteren Verlauf des Abends noch geschehen würde.

Die einzige Möglichkeit, wie ich meine Freunde davon abbringen konnte, diesen Plan umzusetzen, war, zu versprechen, wenn ich nicht innerhalb der nächsten paar Tage wieder gut schliefe und auch ganz allgemein wieder normal würde, dann würde ich tatsächlich einen Psychiater aufsuchen. Aber nicht den, den sie vorgeschlagen hatten. Stattdessen bot ich an, mich an einen anderen Psychiater zu wenden, der, wie sie wussten, meine Arbeit offen kritisiert hatte. Allem Anschein nach akzeptierten meine Freunde meinen Alternativvorschlag, was für mich eine Erleichterung war. Ich wollte Gelegenheit haben, mein Experiment abzuschließen.

Wie ich bereits vermutet hatte, schlief ich in jener Nacht sehr gut. In mancher Hinsicht lief es prima, obwohl meine wohlmeinenden Freunde sich in meine Pläne einmischten. *Eine* Herausforderung gab es allerdings noch. Erst wenn sie zu bewältigen wäre, wäre es gerechtfertigt, „den Dädalus zu geben“. Wie könnte ich den hypomanischen Zustand, den ich genutzt hatte, „abschalten“, und wie könnte mir dies schnell gelingen? Die Antwort kam intuitiv.

FÜNFZEHN

Die Sonne sehen

Ich kann mich nicht mehr genau erinnern, wie mir die Idee kam, auf welche Weise ich aus dem hypomanischen Zustand herausfinden könnte, aber es war spontan. Sie war anscheinend einfach da. Ich hatte bereits seit mehreren Nächten gut geschlafen, aber noch nicht das Gefühl, dass ich wieder vollkommen normal war.

Eines Morgens, meine Frau war schon zur Arbeit gegangen und ich lag noch im Bett, sah ich durch eine Lücke in den Vorhängen vor unserem Schlafzimmerfenster den beginnenden Sonnenaufgang. Intuitiv verspürte ich den starken Drang, mich auf die aufgehende Sonne zu konzentrieren. Ich tat es, und spürte dabei, dass es gut wäre, wenn ich mich gezielt auf die Vorstellung konzentrierte, mich wieder vollständig in mein normaleres Ich hineinzuziehen. Ich entwickelte das Bedürfnis, eher Alltagsdinge außerhalb meiner selbst in den Blick zu nehmen und intuitives Sinnieren loszulassen. Dieses Sinnieren hatte offensichtlich seinen Zweck erfüllt. Ich spürte, dass ich gezielt in die Sonne schauen sollte, die ja aufging, um einen klaren Blick auf die äußere Realität zu ermöglichen. Diese Idee ging offenbar auf den Titel einer CD zurück, die ich vor Kurzem gekauft hatte, *See the Sun*.[1] Jetzt glaubte ich begriffen zu haben, warum ich den überwältigenden Impuls verspürt hatte, in den CD-Laden ganz in der Nähe zu gehen und nach dem meistverkauften Album zu fragen, und warum das Cover und der Titel ein numinoses Gefühl in mir ausgelöst hatten: Sie zeigten mir, was zu tun war.

Ich würde also alles bewusste Denken auf später verschieben und mich auf die aufgehende Sonne zwischen den nun vollständig geöffneten Vorhängen konzentrieren: Dies könnte mir wahrscheinlich helfen, mich mehr im Einklang mit mir selbst und in meiner Haut zu Hause zu fühlen. Außerdem wollte ich das Erlebnis festhalten, um meinen Beobachtungen weitere Objektivität zu verleihen; daher machte ich währenddessen mehrere Fotos. Ich schaute gezielt in die aufgehende Sonne. Etwa eine halbe Stunde lang konzentrierte ich mich auf den Sonnenaufgang, von einem ersten schwachen Schimmer bis zur hellen Morgensonne.

Am Ende dieses Prozesses fühlte ich mich besser geerdet und einhelliger mit einem alltäglichen Weltbild verbunden. Ich verspürte eine geringere Neigung, über innere Gedanken nachzugrübeln und konzentrierte mich stärker auf meine Sinne. Im weiteren Verlauf des Tages merkte ich, dass ich sozusagen schon fast wieder ganz „normal" war – was nicht heißen soll, dass ich mich zuvor besonders unnormal gefühlt hätte. In den darauffolgenden Nächten schlief ich gut.

Im Laufe der kommenden Tage machte ich weitere Fotos, die meine nun üblichere Weltsicht widerspiegelten. Dies bedeutete, mehr Aufnahmen von Menschen oder Weitwinkelfotos, im Gegensatz zu der unzusammenhängenderen Reihe von Nahaufnahmen, die ich zuvor von den unterschiedlichsten Gegenständen gemacht hatte. Die Bildsequenz dokumentierte offensichtlich den Übergang zu einer normaleren Denkweise. Ein gewisses Gefühl des Numinosen blieb jedoch, verbunden mit der gesamten Erfahrung der vergangenen zwei Monate.

Nur wenige Tage später nahmen wir an der Beerdigung meiner Mutter teil. Es machte mir Mut, dass der Priester spontan beteuerte, wir seien eine der bestorganisierten Familien, mit denen er es je zu tun gehabt hätte. In einem großen Kreis von Freunden und Familie fühlte ich mich gut unterstützt und verbunden. Diverse Grabreden, darunter auch meine, wurden freundlich aufgenommen. Beim anschließenden Beisammensein mischten sich Freunde und Familie. Selbst denen, die mich noch vor Kurzem als psychotisch betrachtet hatten, erschien ich vermutlich „genesen".

Ich war ein wenig überrascht, dass meine Freunde, die mir eben noch gesagt hatten, sie hielten mich für psychotisch und ich brauchte gewiss Medikamente, mich nicht fragten, wie ich so schnell offenbar wieder normal geworden war, insbesondere ohne psychiatrische Intervention oder Medikamente. Dass sie davon überzeugt waren, bezweifelte ich nicht im Geringsten. Doch anscheinend passte das Geschehen nicht in ihr Weltbild und wurde daher weitgehend ignoriert. Offenbar dachten sie, dass kein signifikantes Risiko oder Grund zur Sorge mehr bestand, daher könne man das Ganze auf sich beruhen lassen.

Für mich hatte es etwas Unvollständiges, diese Erfahrung nicht weiter zu verarbeiten, wozu für mich auch weitere Gespräche mit meinen Freunden gehört hätten. Allerdings glaubte ich, dies könne insbesondere bestimmten Personen noch eine ganze Zeit lang zu unangenehm sein.

Mein Freund Ross bildete die Ausnahme. Er war der Ansicht, jeder Druck auf mich, psychiatrische Hilfe zu suchen, sei fehlgeleitet. Dennoch war auch er besorgt um meinen Geisteszustand, was darauf schließen ließ, dass mein Verhalten – ungeachtet dessen, wie gut ich meine schwierigen Umstände meiner eigenen Ansicht nach bewältigt hatte – auf andere nicht gut integriert gewirkt haben musste.

Von da an lief alles ziemlich reibungslos, wie es schien. Wenige Tage nach der Beerdigung meiner Mutter hielt ich als geladener Redner bei einem Forum einen Vortrag und hatte den Eindruck, dass ich auf jeden Fall kreativer als sonst gesprochen hatte. Das spontane Feedback war so wohlwollend wie sonst auch, obwohl einige Freunde wegen meines Vorhabens, zu jenem Zeitpunkt einen öffentlichen Vortrag zu halten, Bedenken geäußert hatten. Ich nahm auch meine Arbeit bald wieder auf, und meine klinischen Sitzungen liefen gut. Meine Aufgaben als Testamentsvollstrecker erfüllte ich weiterhin anscheinend produktiv. Je mehr Zeit verging, desto mehr hatte ich den Eindruck, dass andere glaubten, alles sei wieder normal.

Subjektiv und für mein Empfinden hatte ich in Zeiten ungewöhnlicher Herausforderungen, in denen ich wesentlich stärkere Energien aufbringen musste als gewöhnlich, absichtlich die Macht des supra-rationalen Denkens abgerufen. Doch die Erfahrung war so außergewöhnlich, dass ich ernsthaft das Bedürfnis verspürte, zu begreifen, was da genau geschehen war. Mir wäre es lieber gewesen, ich wäre dazu irgendwo bei Gleichgesinnten auf Verständnis gestoßen. Doch in allem, was ich gelesen oder gehört hatte, gab es nichts, was mein Erleben hätte erklären können.

Meine häufigen synchronistischen Erlebnisse und die überzeugenden intuitiven Empfindungen, von denen ich mich führen ließ, schienen jeglichem konventionellen Verständnis zuwiderzulaufen.

Was ich erlebt hatte, ließ sich offenbar auch nicht auf eine ungewöhnlich starke Trauerreaktion zurückführen. In anderen schwierigen Situationen, die mit viel Leid und Trauer verbunden waren, hatte ich nicht einmal entfernt hypomanisch reagiert.

Wenn mein unkonventionelles Verhalten einer psychotischen Erkrankung entsprungen war, warum wirkte es dann in vieler Hinsicht so effektiv? Und wie konnte es sich ohne Medikamente so leicht wieder auflösen? Wenn ich andererseits jedoch nach einer kreativ effektiven, oder sogar in gewisser Weise erleuchteten, Vorgehensweise gehandelt hatte, wie es zum Zeitpunkt des Geschehens mein Eindruck war, welche Prozesse waren dann daran beteiligt gewesen?

Intuitiv glaubte ich, sehr viel darüber zu wissen, was geschehen war – irgendwie hatte ich eine bestimmte Hirnchemie angeschaltet, die Gemeinsamkeiten mit hypomanischen Prozessen aufwies, und dies hatte mir in meinem Denken, meiner Stimmung und meiner Intuition geholfen. Als später kein weiterer Bedarf mehr dafür bestand, hatte ich sie wieder ausgeschaltet. Ich hatte ein Gespür dafür, wie man dies macht, ohne dass ich je etwas über einen derartigen Prozess gehört hätte. Ich war von Synchronizität geführt worden, von einer Form transpersonalen, mystischen Erlebens. Sie war in Gestalt überzeugender intuitiver Erkenntnisse gekommen, die durch symbolische Botschaften in Filmen, Liedern, Buchtiteln, Zeitungsartikeln und Radiosendungen verstärkt worden waren – zumindest meinem Eindruck nach. Doch wie ließ sich dies mit Wissenschaft und Logik vereinbaren?

Erst viele Jahre später, während der Arbeit an diesem Buch, erfuhr ich von objektiveren Methoden, mit denen sich solche anscheinend transpersonalen Erfahrungen von einer Psychose unterscheiden lassen. Durch John Rowans Buch *The Transpersonal: Spirituality in Psychotherapy and Counselling* lernte ich Ken Wilbers psycho-spirituelles Modell kennen.[2] Hier erfuhr ich von Wilbers Erklärung eines Erleuchtungsprozesses in Form mehrerer trans-ichhafter Stufen, wie in Kapitel Zwei beschrieben. Dazu gehörten auch Erkenntnisse darüber, warum Menschen sich oft vor weiteren medialen oder mystischen Erfahrungen scheuen – aus Angst.

Allerdings ist der Glaube an mystische Erfahrungen bei Menschen aus den unterschiedlichsten, vielleicht sogar aus allen Kulturen weit verbreitet. Dazu gehören auch zahlreiche Wissenschaftler. Die Quantenphysik hat gezeigt, dass und inwiefern die physikalische Welt ungeachtet des ersten Anscheins traditionellen Wirklichkeitsauffassungen nicht entspricht. Sie lässt darauf schließen, dass das wahre Wesen der Wirklichkeit mehr mit den Lehren der östlichen Mystik gemein hat als mit unserem üblicherweise materialistischeren Weltbild. Psychologen wie Carl Gustav Jung, William James und Abraham Maslow haben behauptet, dass die Ablehnung medialer oder mystischer Erfahrungen unser persönliches Wachstum, unser Fortkommen auf dem Weg zu unserer individuellen Bestimmung, einschränken kann.

Entsprechend einem psycho-spirituellen Modell glaube ich, dass ich um den Tod meiner Mutter herum ein *Satori*-Erlebnis hatte, das mit häufiger Synchronizität einherging.

Allerdings besteht bei Menschen mit solchen Erlebnissen die Gefahr der psychischen Inflation[3], wie oft warnend betont worden ist. Rückblickend glaube ich, dass ich in diese Falle getappt bin. Ich hatte eine derartige Explosion synchronistischer Erlebnisse erfahren, dass ich das Gefühl hatte, ich sei zufällig auf eine fast einzigartige und geheime Methode gestoßen, Synchronizität zu nutzen. Damit einhergehend verspürte ich im Laufe der Zeit zunehmend ein Gefühl der Besonderheit. Heute verstehe ich dies als Anzeichen einer gewissen Selbstüberschätzung in der Interpretation meiner Erfahrung. Dass sogar mein Mentor Ross damals offensichtlich um meinen Geisteszustand besorgt war, lässt darauf schließen, dass meine Sicht der Dinge nicht ausgewogen war.

Außerdem gab es klare Anzeichen dafür, dass ich zeitweise auf „Illuminationen"[4] fixiert war, ungeachtet dessen, ob mein Synchronizitätserleben eine authentische transpersonale Wahrnehmung darstellte. Die scheinbar chaotische Fotoserie, die ich schoss, deutet auf eine relativ mangelhafte Integration meines Erlebens hin und geht deutlich über eine

Reaktion auf ermutigende „bejahende Häkchen vom Universum“ hinaus. Meine offensichtliche Fixierung auf scheinbar willkürliche Gegenstände muss einigen Menschen in meiner Umgebung verständlicherweise auf die Nerven gegangen sein.

Allerdings glaube ich, dass in der konventionellen Medizin ein signifikantes potenzielles Risiko einer vorschnellen „Medikalisierung“ menschlicher Reaktionen besteht, weil diese psychopathologisch gedeutet werden. Es war gewiss kein Zufall, dass die zahlreichen Freunde, die mir gegenüber offen äußerten, ich sei psychotisch, alle in einem medizinischen Modell ausgebildet oder stark davon beeinflusst waren.

John Rowan betont, wie wichtig es ist, dass jemand, der eine trans-ichhafte Entwicklungsstufe durchmacht, ungeachtet aller Komplikationen nicht in ein Krankenhaus eingewiesen wird.[5] Auf derartigen Entwicklungsstufen kann sich eine höhere Art der Wahrnehmung bei gleichzeitig regredierten oder primitiveren Bewusstseinsformen, etwa in Gestalt intrusiver und zusammenhangloser archetypischer Gedanken oder Bilder, entwickeln. Obwohl solche Erfahrungen seit Langem in einer Vielzahl von Kulturen anerkannt sind, können potenziell wertvolle oder fundierte spirituelle Erfahrungen leicht übersehen oder missverstanden werden.

In einer spirituellen Krise kann es für die Betroffenen wichtig sein, Hilfe von jemandem zu erhalten, der den Prozess versteht und respektiert, vorzugsweise weil er ihn selbst erlebt hat. In der konventionellen Psychologie und Psychiatrie gibt es wahrscheinlich nur wenige entsprechende Praktiker. Rowan behauptet, dass viele, die sich in einem solchen Zustand in eine psychiatrische Einrichtung begeben, riskieren, ohne zufriedenstellende Lösung im Krankenhaus steckenzubleiben.

Eine Behandlung nach dem medizinischen Modell bei Psychosen könnte für jemanden, der ansonsten zu Recht als spirituell Suchender verstanden werden könnte, besonders entkräftend sein. Ihm würde ein zu vereinfachendes Etikett aufgedrückt, was ihn einschränkte und in seiner Funktionalität beeinträchtigte.

Bei der Unterscheidung zwischen psychischen Erkrankungen und Aspekten spiritueller Notlagen wird das Gebiet der transpersonalen Psychologie relevant. John Rowan nennt eine Reihe hilfreicher Fragen, anhand derer sich transpersonale von psychotischen Erlebnissen unterscheiden lassen.[6] Sie wurden ursprünglich von dem klinischen Psychologen und transpersonalen Psychotherapeuten David Lukoff entwickelt, der mit Anfang zwanzig selbst eine spirituelle Krise erlebt hatte, die Gemeinsamkeiten mit psychotischen Symptomen aufwies.

Erstens, leidet die oder der Betroffene an einer seelischen Erkrankung, die mit einer üblichen psychiatrischen Klassifizierung, etwa einer Psychose, übereinstimmt? Zweitens, beinhalten seine Reaktionen mystische oder transpersonale Erlebnisse, auch wenn diese im Kontext einer Krise auftreten? Drittens, ist ein positiver Ausgang wahrscheinlich? Und letztens, besteht die Wahrscheinlichkeit, dass der oder die Betroffene sich selbst oder anderen schadet?

Wenn ich mir diese Fragen im Hinblick auf meine eigene Situation stellte, dann würde ich zustimmen, dass meine Reaktionen mit der Definition einer hypomanischen Episode übereinstimmten, insbesondere in den späteren Stadien meines „Experiments“. Manche würden sagen, dies sei eindeutig der Fall gewesen; andere Kliniker, mit denen ich die Sache besprochen habe, streiten hingegen immer noch, ob das Etikett passt. Was die zweite Frage anbelangt, so hatten die Umstände sicherlich Gemeinsamkeiten mit einer transpersonalen Erfahrung, worauf auch meine damals bereits langjährigen transpersonalen Überzeugungen sowie objektive Anhaltspunkte für häufige und starke Synchronizität hinweisen.

War ein positiver Ausgang wahrscheinlich? Meine Reaktion auf die Situation trug allem Anschein nach zu positiven Resultaten bei, darunter auch einem ganzen Spektrum praktischer Vorteile. Bestand die Wahrscheinlichkeit, dass ich mir selbst oder anderen schadete? Ich würde behaupten, nein, trotz meiner Bemerkung, die dahingehend missverstanden wurde, dass ich suizidale Tendenzen zeigte. Dass das Ganze für andere eine derart große Herausforderung war, hing teilweise wohl auch damit zusammen, dass sie mystische Erlebnisse nur schwer akzeptieren konnten.

Komplexe spirituelle Themen werden in Kreisen der psychischen Gesundheitsfürsorge allmählich eher anerkannt. David Lukoff schlug vor, für dieses Phänomen den Begriff „mystisches Erlebnis mit psychotischen

Merkmalen“ zu verwenden, auch um eine unnötige medikamentöse Behandlung und stationäre Einweisung zu verhindern.[7] Ich sehe ein, dass eine solche Beschreibung zu meinem Erleben passen könnte.

Unmittelbar nachdem ich „den Dädalus gegeben“ hatte, wollte ich zwei Dinge tun, um meine Erfahrung weiter zu verarbeiten: Erstens wollte ich in zwei Monaten an der „Evolution of Psychotherapy“-Konferenz im kalifornischen Anaheim teilnehmen, bei der die kreativsten und einflussreichsten Psychotherapeuten der Welt aus allen therapeutischen Schulen zusammenkommen. Dies würde mir helfen, meine jüngste Erfahrung aus psychologischer und wissenschaftlich fundierter Sicht zu überprüfen. Zweitens wollte ich noch einmal nach Findhorn reisen, an den Ort, an dem ich vor fünfzehn Jahren am stärksten mit numinosen spirituellen Erlebnissen, darunter auch synchronistischen Ereignissen, identifiziert gewesen war. Dies würde mir helfen, meine Erfahrungen aus transpersonaler Sicht zu erforschen und dadurch weiter zu integrieren.

Zwischenzeitlich zog eine andere Gelegenheit mein Interesse auf sich. Ich sah, dass nur etwa einen Monat nachdem ich „den Dädalus gegeben“ hatte, zufällig und angenehmerweise in Melbourne eine südwestpazifische Konferenz über bipolare Störungen abgehalten wurde. Auch dies könnte mir helfen, das, was mit mir geschehen war, im Lichte der neuesten psychiatrischen Erkenntnisse zu verarbeiten.

Eine bestimmte Sitzung auf der Konferenz in Melbourne hob sich von allen anderen ab. Der Redner schilderte, dass einem Bekannten von ihm von einem indigenen Heiler geraten worden war, seine manischen Tendenzen durch In-die-Sonne-Schauen zu heilen. Ich war tief beeindruckt, wie sehr dieses Rezept dem ähnelte, das ich mir intuitiv selbst ausgestellt hatte. Doch als er diesen Rat befolgte, verbrannte der Bekannte sich leider die Netzhaut bis zur Erblindung. Ich saß als Fachbesucher im Publikum und dachte: „Nein, schau nicht tagsüber in die Sonne, du verbrennst dir sonst die Netzhaut!“ Es konnte eindeutig nur dann funktionieren, wenn man, wie in meinem Fall, in der Morgendämmerung in die Sonne sah, oder vielleicht in der Abenddämmerung wie auf dem Cover von Pete Murrays CD *See the Sun*. Natürlich habe ich mit niemandem darüber gesprochen. Ich glaubte nicht, dass dies meiner Reputation besonders zuträglich gewesen wäre.

Auf dieser Konferenz über bipolare Störungen hatte ich den Eindruck, dass der Schwerpunkt extrem stark auf die Medikation als zentrale Behandlungsform gelegt wurde – und dies, obwohl ein international führender Fachmann mir sagte, er glaube, in zwanzig Jahren werde die Psychotherapie bei der Behandlung bipolarer Störungen eine bedeutende Rolle spielen. Sein Ton klang prophetisch. „Warum zwanzig Jahre warten?", dachte ich mir.

Als ich am letzten Tag zur Konferenz ging – es war Sonntagmorgen und die Straßen waren leer – kam mir plötzlich ein Gedanke: Ich bedauerte, dass bei der Konferenz eine transpersonale oder spirituelle Dimension im Erleben der Menschen offenbar nicht bedacht wurde. Es gab anscheinend wenig Spielraum, ein Phänomen wie Synchronizität anzuerkennen und seine potenzielle Relevanz für die psychische Gesundheit zu akzeptieren. Genau in diesem Moment hörte ich das Hupsignal eines vorbeifahrenden Autos. Ich schaute hinüber und fühlte mich sofort bestätigt: „Schon besser!", dachte ich. Es war meine Schwester, die da neben mir herfuhr. Dies war eine höchst unerwartete Begegnung. Wir trafen uns, denn es kam bei uns beiden nur äußerst selten vor, dass wir in dieser Gegend waren, geschweige denn zur selben Zeit.

SECHZEHN

Wegweiser zur Erleuchtung

Von Anaheim nach Findhorn

Die „Evolution of Psychotherapy"-Konferenz findet alle vier bis fünf Jahre in den USA, meist im kalifornischen Anaheim, statt. Als Möglichkeit, etwas über Neuerungen in der Psychotherapie zu erfahren, ist sie unübertroffen. Zur Lehrerschaft gehören dreißig der bekanntesten führenden Köpfe aus dem gesamten Spektrum therapeutischer Schulen, einschließlich kognitiver Verhaltenstherapie, Familientherapie und Hypnose. Einige Pioniere waren weit über achtzig und sogar noch älter, aber anscheinend so kreativ wie eh und je.

An der Konferenz nahm ich teil, um zu lernen, was ich nur konnte, besonders interessierten mich jedoch die neuesten Erkenntnisse der Hirnforschung. Seit meinen Erlebnissen vor einigen Monaten hatte ich hartnäckige Fragen und Ahnungen zu den Funktionsweisen des menschlichen Geistes. Die Aussicht, zum ersten Mal Martin Seligman, dem führenden Kopf auf dem Gebiet der positiven Psychologie, zu begegnen, begeisterte mich.

Ich freute mich auch darauf, den Psychologen und Hypnoseexperten Dr. Ernest Rossi zu sehen, dessen Arbeit mich inspiriert hatte, dem ich aber noch nie begegnet war. Wenn ich schon zuvor den Eindruck gewonnen hatte, dass wir womöglich einen tiefergreifenden Einfluss auf unsere Hirnchemie und unsere Hirnfunktionen haben als gemeinhin auf dem Gebiet der psychischen Gesundheit anerkannt, so sollte mein Blick jetzt noch deutlich geweitet werden!

Dr. Rossi und ein weiterer inspirierender Vortragsredner, der Psychiater und Neurologe Daniel Siegel, erläuterten die Beweise für Neuroplastizität. Dies ist unsere Fähigkeit, unser ganzes Leben lang neue Nervenbahnen sowie neue Neuronen oder Hirnzellen und neue Synapsen oder Verbindungen zwischen den Hirnzellen zu bilden.

Rossi und Siegel führten aus, dass wir nicht nur in der Lage sind, durch die Veränderung von Verhalten und Gewohnheiten sozusagen unsere Hirn-Software zu verändern, sondern dass wir uns buchstäblich auf eine Art und Weise neu verdrahten können, die auch unsere Hardware verändert! Dazu erschaffen und verändern wir ständig auf vielen Ebenen die Struktur unserer Hirn- und Denkprozesse. Wir können nicht nur unser Denken, sondern auch unsere Genfunktionen verändern. Sämtliche Einflüsse zwischen unseren Genen und unseren geistigen Funktionen verlaufen in beide Richtungen. Die entscheidende Frage ist nicht so sehr, welche Gene wir haben, sondern der relative Grad der Aktivierung dieser Gene, ein Prozess, der als „Genexpression“ bezeichnet wird. Genaktivität kann an- und abgeschaltet werden. Dies war ein Hinweis darauf, welche Mechanismen potenziell dahinterstanden, wenn man „den Dädalus gab“.

Rossi beleuchtete außerdem, in welcher Beziehung diese Prozesse zum „Novum-*Numinosum*-Neurogenese-Effekt“ stehen. Der Begriff *Numinosum* bezeichnet ein Gefühl der Faszination, des Geheimnisvollen oder der Verwunderung. Rossi erklärte, dass es von allen neuartigen Erfahrungen die numinosesten – also diejenigen, die die größte Faszination oder Ehrfurcht auslösen – sind, die sich am stärksten auf die Neurogenese, die Entstehung von neuen Gehirnzellen und Verbindungen zwischen ihnen, auswirken. Derartige Erfahrungen schalten Gene an, die neue Proteine erzeugen, aus denen wiederum Hirnzellen und Nervenbahnen werden.

Dies unterstrich offenbar die Bedeutung der Synchronizität. Zum ersten Mal hatte ich den Eindruck, dass ich bei einer wissenschaftlichen Konferenz etwas hörte, was einen unmittelbaren Bezug zu meinem jüngsten Erleben hatte. Synchronizität ist schon ihrer Definition nach numinos. Ihrer Definition nach beinhaltet sie außerdem *sinnvolle* Zufälle und erfordert die Intuition des Erlebenden, um die persönliche Bedeutung zu entschlüsseln. Dies bot doch offensichtlich eine Begründung dafür, Synchronizität als Psychotechnologie[1] zu nutzen. Sinnvolle synchronistische Erfahrungen können dadurch, dass sie wesenhaft neu und numinos sind, bestimmte Gene anschalten und die Entstehung neuer Hirnverbindungen fördern. Sie können uns aufmuntern und uns helfen, unser Erleben kreativ zu interpretieren, vielleicht gestärkt durch die positiven Gefühle, die üblicherweise mit ihnen einhergehen.

Dies könnte unser Verständnis des menschlichen Potenzials zur Beeinflussung unserer Funktionsweisen erweitern – über die Rahmenbedingungen der Vererbung hinaus. Anlage und Umwelt sind wesentlich mehr miteinander verbunden und interaktioneller, als bisher gedacht. Dies erlaubt wohl eine optimistischere Einstellung gegenüber unserer potenziellen biologischen Flexibilität und unserer Fähigkeit zur Selbsterneuerung als alles, was auf der Konferenz über bipolare Störungen vorgetragen wurde, an der ich erst vor Kurzem teilgenommen hatte.

Auch andere inspirierende Persönlichkeiten waren bei der Konferenz. So sprach der inzwischen verstorbene jungianische Psychotherapeut James Hillman sehr tiefgründig über transpersonale Themen im Zusammenhang mit dem Daimon oder der persönlichen Bestimmung. Thomas Szasz sprach über Fragen zu seinem berühmten Buch *Geisteskrankheit – ein moderner Mythos*, das auch nach Jahrzehnten nichts von seiner Relevanz verloren hatte.[2] Er wies auf eine übertriebene Tendenz hin, Menschen immer dann als geisteskrank zu etikettieren, wenn ihre Ansichten zu den eigenen im Widerstreit stehen – zum Beispiel im Rahmen politischer Konflikte.

Ich dachte an meine Freunde, die mich noch vor Kurzem als psychotisch etikettiert hatten. Außerdem erinnerte ich mich an einen Vorfall vor etlichen Jahren, als ich gegenüber einem psychiatrischen Kollegen erwähnte, ich hätte am Vorabend in Geelong einen öffentlichen Vortrag von Dr. Szasz besucht. „Der ist verrückt!“, antwortete der Psychiater und belegte damit dessen These, dass Menschen mit abweichenden oder schwierigen Ansichten oft allzu schnell als psychotisch eingestuft werden.

Bei der Konferenz lernte ich einige Leute kennen, die transpersonalen Erlebnissen offenbar wesentlich aufgeschlossener gegenüberstanden als üblich. Ich fand Gelegenheit, über einen Teil meiner eigenen Erfahrung mit einem „quasi-hypomanischen“ Prozess und Synchronizität zu sprechen, ohne mich deshalb verurteilt fühlen zu müssen. Mehrere Vortragsredner betonten in ihrer Arbeit transpersonale oder spirituelle Motive, zeigten dabei aber dennoch wissenschaftliche Stringenz. Für mich war dies wie frischer Wind. Ich fühlte mich noch besser auf einen Besuch in Findhorn vorbereitet, bei dem ich erkunden wollte, inwiefern meine Erfahrung, „den Dädalus zu geben", einen Bezug zu spirituellen Themen hatte.

Viele Kurse für Menschen, die länger in Findhorn sind, finden in Cluny House statt, einem stattlichen Gebäude am Rande von Forres mit Blick auf einen Golfplatz. Am Abend vor meinem zweiwöchigen Kurs stattete ich dem Speisesaal einen Besuch ab und genoss ein anregendes Gespräch mit zwei Bewohnern über transpersonale Themen. Für mein Gefühl war ich hier am richtigen Platz. In einem klassisch-psychologischen Umfeld fanden solche Gespräche nur selten statt.

Bald nach meiner Ankunft in Findhorn machte ich einen Entdeckungsspaziergang durch die Gärten. Enttäuscht musste ich feststellen, dass das halbrunde Metallgerüst nicht mehr da war – das Gerüst, das dem Gebilde in meinem Traum so ähnlich und für mich ein Symbol meiner Selbstentwicklung gewesen war. Intuitiv hatte ich damals in meinem Tagebuch notiert, ich glaubte, ich würde in Zukunft weiteren symbolischen Darstellungen meiner Entwicklungsstufe begegnen. Daher war ich verblüfft, als ich in einem anderen Teil des Gartens auf eine ähnliche gerüstartige Skulptur stieß. Dieses Mal handelte es sich um eine vollständige, allerdings kleinere Kugel. Dies erschien mir passend. Ich fühlte mich tatsächlich inzwischen vollständiger, abgerundeter. Dieses Erlebnis gab mir gleich zu Beginn eines zweiwöchigen intensiven Gruppenkurses ein numinoses Gefühl.

In dem Kurs, den ich belegt hatte, wurde man zum Spielleiter des „Spiels der Wandlung"[3] ausgebildet. Dabei handelt es sich um ein Brettspiel, das den Spielern helfen soll, ihren Lebensweg zu gehen, indem Aspekte ihrer körperlichen, emotionalen, mentalen und spirituellen Entwicklung bearbeitet werden. Es ermutigt die Spielenden, über potenzielle persönliche Rückschläge und Erkenntnisse nachzudenken.

In dem Spiel wurde oft auf Herausforderungen hingewiesen, denen man sich zu stellen hat, wenn man sich an seiner „Wachstumsschwelle“ befindet. Gemessen an dem, was ich kürzlich über Hirnforschung erfahren hatte, war dieser Begriff anscheinend mehr als eine bloße Metapher. Ich dachte, dass die Neuartigkeit des Spiels und die Herausforderung, die es darstellte, Neuroplastizität fördern könnten, so dass sich neue Synapsen und Neuronen bilden und in unserem Hirn buchstäblich eine „Wachstumsschwelle“ entsteht.

Von Anfang an hatte ich vor, mir einen Ruck zu geben und einige meiner unkonventionellen Auffassungen, darunter auch meine Ansichten über Synchronizität, offen auszusprechen. Mir schien, als könne ich dies hier getrost tun. Es war der 6. Juni, derselbe Tag, an dem ich mich verlobt hatte und später in die psychiatrische Klinik eingeliefert worden war. Weil ich glaubte, dass dieser Tag im Einklang mit meiner tieferen Lebensgeschichte stand, erklärte ich der Gruppe, es sei mein „spiritueller Geburtstag“, was immer dies bedeute. Anne, eine weitere Teilnehmerin, erwiderte, es sei ihr echter Geburtstag. Ich vermute, dass wir durch diesen Austausch zu einer wesentlich schnelleren und tieferen persönlichen Verbindung fanden, als dies sonst der Fall gewesen wäre.

Es dauerte nicht lange und Anne schilderte mir Erfahrungen und Überzeugungen, die weit über das hinausgingen, was ich sonst von Menschen gehört hatte. Dazu gehörten ihr Glaube an frühere Leben und jenseitige Begegnungen mit einem Geist. Dessen ungeachtet wirkte sie besonnen und intelligent, und es überraschte mich nicht zu erfahren, dass ihr Vater Physikprofessor war.

Andere offenbarten mir mehr über ihre transpersonalen Erfahrungen – was mich an die Zeit erinnerte, als eine ganze Reihe von Klienten mir anvertraute, dass sie sexuell missbraucht worden waren. Ich fragte mich, was sie zu solcher Offenheit veranlasste. Dann erkannte ich, dass sich etwas in mir verändert haben musste, wenn andere offenkundig darauf vertrauten, dass ich dafür empfänglich wäre. Vielleicht nehmen wir Informationen, die unser Weltbild infrage stellen, in einem Maß auf, das wir bewältigen können: Wenn wir offen dafür sind, mehr über sexuellen Missbrauch oder mystische Erfahrungen oder andere Tabuthemen zu erfahren, dann stoßen wir wahrscheinlich auch häufiger darauf.

Andere Teilnehmer gaben überzeugende Beispiele ihrer medialen Fähigkeiten. So behauptete zum Beispiel eine Frau, intuitiv die exakte Lage eines gesunkenen Schiffes erahnt zu haben, das die Behörden erst fanden, nachdem sie lange und vergeblich an einer anderen Stelle gesucht hatten. Verständlicherweise informierte sie die Behörden nicht über ihre Ahnung, weil sie nicht erwartete, dass man ihr Glauben schenken würde. Ich fand solche Geschichten erhellend: Damals wusste ich nicht, dass sogar die amerikanischen Streitkräfte mit einigem Erfolg „mediale Spione" eingesetzt hatten.[4] Ich kam nicht umhin, mich zu fragen, ob uns nicht weitaus mehr Ressourcen zur Verfügung stehen, als wir gemeinhin nutzen, weil sie nicht zu der rationalistischen Sichtweise passen, auf die unsere Kultur so großen Wert legt.

In Findhorn erlebte ich einen Ausbruch an synchronistischen Erlebnissen, die erheblich intensiver und häufiger auftraten als sonst. Sowie diese Erlebnisse an Häufigkeit und Numinositöt zunahmen, bemerkte ich in mir eine gesteigerte Energie und größere Aufgeschlossenheit für fluides oder divergentes Denken. Zu Beginn meines Aufenthaltes sagte die Kursleiterin, ich erinnere sie an Tigger aus Winnie Puh. Anscheinend kam ich lebhaft, schwungvoll und in gewissem Sinne auch treuherzig rüber.

Als mein Energieniveau in einer späteren Kursphase noch mehr anstieg und meine Konzentration auf die symbolische Bedeutung von Ereignissen sich ebenfalls verstärkte, zeigte mein Erleben deutliche Gemeinsamkeiten mit dem quasi-hypomanischen Prozess, den ich durchlaufen hatte, als ich „den Dädalus gab".

Eines Morgens hatte ich bei einem langen Lauf eine ganze Reihe besonders numinoser synchronistischer Erlebnisse. Schon währenddessen dachte ich, es ginge dabei um das Thema unseres Potenzials zur Beeinflussung unserer Hirnchemie und unserer Hirnfunktionen. Ich lief von Cluny House an Feldern entlang bis an den Stadtrand von Forres. Am Anfang lief ich neben einem seichten Bach mit einer Vertiefung im Felsengrund her, die sich immer wieder mit Wasser füllte und dann überlief. Aus irgendeinem Grund kam mir der Gedanke, die Vertiefung im Felsen stünde symbolisch für einen Rezeptor im Gehirn, der wiederholt von einem Neurotransmitter aufgefüllt werde. Mir wurde klar, dass unsere Hirnfunktionen teilweise dadurch beeinflusst werden, wie viel von einem bestimmten endogenen Neurotransmitter wir zu einem bestimmten Zeitpunkt produzieren.

Später lief ich auf offene Felder zu. Aus irgendeinem Grund überkam mich das Gefühl, gleich werde etwas Numinoses geschehen. Dieses Gefühl verstärkte sich, als ich an einem Hof vorbeilief, der „Middlefield“ hieß, was ich sofort dahingehend verstand, dass ich kurz davor war, in die Mitte des Quantenfeldes zu gelangen – was immer dies auch zu bedeuten hatte.

Kurz danach kam ich an einem Transporter-Verleih vorbei, dessen Schild das Bild eines von Pferden gezogenen Wagens zeigte und die Inschrift trug: „Apollo – your chariot awaits“ (Apollo – dein Wagen wartet). Dies erschien mir numinos. Den schnell dahinfliegenden Wagen deutete ich als eine Metapher dafür, „den Dädalus zu geben“.

Dann lief ich an einem Acker entlang, der zur Hälfte mit erst kürzlich ausgesätem und zur anderen Hälfte mit seit Längerem wachsenden Getreide bestanden war. Irgendwie dachte ich sofort, dieses Erntemanagement sei eine Metapher dafür, dass jede Zelle unseres Körpers alle sechs Jahre ersetzt wird. Ich dachte, dies symbolisiere unser Potenzial zu ständigem biologischen Wachstum und zur Erneuerung der physischen Hirnstrukturen, einschließlich der Hirnrezeptoren, was darauf hindeutete, dass ihre potenzielle operative Flexibilität größer ist als gemeinhin anerkannt.

Danach kam ich an einer Weide vorbei, auf der etwa die Hälfte der Kühe standen, die andere Hälfte aber lag. Mich beschlich sogleich der Gedanke, dies könnte eine Metapher dafür sein, dass Hirnrezeptoren zeitweise aktiv oder offen sind und auf Neurotransmitter reagieren, dann aber wieder inaktiv oder geschlossen sind. Ich erinnerte mich, dass ich, als ich „den Dädalus gab“, mir einmal in dem bewussten Versuch, meine Hirnchemie zu beeinflussen, genau diesen Mechanismus vorgestellt hatte.

Die intensive Numinosität dessen, was mir dann ins Auge fiel, ist nur schwer zu beschreiben. Staunend beobachtete ich die außerordentliche Helligkeit der Sonnenstrahlen, die in breiten Lichtstreifen schräg aus den Wolken am Himmel fielen. Es war fast wie in einem Zeichentrickfilm und nicht wie in der Wirklichkeit. Ich empfand dieses intensiv numinose Erlebnis als ausdrückliche Bestätigung der Idee, mit der ich mich in diesem Moment beschäftigte – dass nämlich eines Tages festgestellt würde, dass wir unsere Hirnchemie nicht nur durch die Menge der ausgeschütteten Neurotransmitter beeinflussen können, sondern auch dadurch, dass wir innerlich steuern können, ob unsere Hirnrezeptoren offen oder geschlossen sind. Wenn dies zuträfe, hätten wir potenziell wesentlich mehr innere Kontrolle über unsere Hirnprozesse als bisher gedacht. Vielleicht könnten die Menschen dann lernen, einen hypomanischen Prozess bewusst und kontrolliert an- sowie willentlich wieder abzuschalten. Mir schien, das passte.

Anschließend machte ich mich wieder auf den Rückweg nach Findhorn. Kurz danach erstaunte mich etwas, was ich zuvor gar nicht wahrgenommen hatte: Vor dem Transporter-Verleih war eine zwei Meter lange türkisfarbene „6" mitten auf die Straße gemalt. Seit Langem verband ich die Sechs mit Synchronizität – dies war ein „bejahendes Häkchen vom Universum". Auch die Farbe Türkis hatte ich als Symbol für Synchronizität genutzt, nachdem ich im „Spiral-Dynamics-Modell" für private psychologische Praxen[5] darüber gelesen hatte. Aus diesem Grund ist unsere Website auf einem Farbschema in einem Türkiston aufgebaut. Für mich stand die türkisfarbene Zahl Sechs für starke Synchronizität. Ich deutete dies als weitere Unterstützung der intuitiven Erkenntnisse über die Hirnchemie, mit denen ich mich gerade trug.

Später lief ich an einer Schule vorbei, an der mir auffiel, dass ein Lichtstreifen auf ein einziges unteres Fenster an einem bestimmten Schulgebäude fiel, das etwa fünfzig Meter im Inneren des Schulgeländes stand. Ich verspürte den unwiderstehlichen Drang, durch dieses Fenster zu schauen. Also joggte ich dorthin und spähte hinein. In der Mitte eines Fenstersimses stand, hell angestrahlt von der Sonne, eine Tigger-Spielzeugfigur! Der kleine Ruh saß auf seiner Schulter.

Dass hier mein unwiderstehlicher Impuls, zum Fenster zu laufen, mit meinem Spitznamen Tigger zusammenfiel, und in geringerem Maße auch, dass zwischen Ruh und meiner australischen Herkunft eine Verbindung besteht, versetzte mich in stilles Erstaunen. Mir kam sofort der

Gedanke, „Tigger“ könnte für eine urteilsfreie Bezeichnung des hohen Energieniveaus stehen, das ich durch Veränderungen in der Hirnchemie erlebt hatte, als ich „den Dädalus gab“, da ja andere mit eben diesem Spitznamen auf mein damaliges hohes Energieniveau angespielt hatten.

Das Spiral-Dynamics-Modell

Das von Don Beck und Chris Cowan entwickelte Spiral-Dynamics-Modell beschreibt verschiedene Stufen in der Entwicklung einer Organisation oder einer Organisationskultur.[6] Lynn Grodzki hat dieses Modell für Freiberufler und insbesondere private Psychotherapie- und Beratungspraxen angepasst.[7] Die Werte jeder Stufe müssen zuerst gemeistert werden, bevor man zur nächsten weitergehen kann, auf der das bereits Entwickelte integriert wird.

Typische Merkmale der acht Stufen, die jeweils durch eine Farbe repräsentiert werden, sind etwa folgende (wobei der Schwerpunkt auf den weiter fortgeschrittenen Stufen liegt): Auf Stufe Eins (Beige) geht es ums grundlegende Überleben. Auf Stufe Zwei (Purpur) kann sich die Praxis halten, doch was ihren relativen Erfolg ausmacht, wird nur begrenzt verstanden. Auf Stufe Drei (Rot) ist das Unternehmen resilienter, aber der Betreiber ist eher auf Konkurrenzdenken und Bestandsschutz ausgerichtet als darauf, sich weiter zu definieren. Auf Stufe Vier (Blau) konzentriert man sich auf zunehmende Stabilität und die Optimierung der Systeme. Auf Stufe Fünf (Orange) ist der unternehmerische Blick ausgeprägter, und man ergreift Chancen zu Wachstum und Erfolg. Auf Stufe Sechs (Grün) werden Unternehmensziele durch eine humanistischere Ausrichtung neu formuliert, man verbindet sich wieder mit seinen Kernwerten und engagiert sich in der Gemeinschaft.

Auf Stufe Sieben (Gelb) will man seine Praxis neu erfinden.

Man schätzt Wissen, Kompetenz und Flexibilität und begrüßt das Neue, ja sogar das Chaos zur Steigerung von Kreativität, Einzigartigkeit, Freude und Bewusstheit. Man schätzt Synchronizität. Normalerweise hat man sich jetzt von einem medizinischen Modell gelöst und ist zu einem Modell persönlichen Wachstums gelangt.

Auf Stufe Acht (Türkis) integriert man frühere Erfahrungen auf ganzheitliche und harmonische Art. Das Geschäft läuft reibungslos, man übt seinen Beruf mit Freude aus und zieht die Patienten und Chancen an, die man sich wünscht. Man ist öfter und länger im Flow-Zustand und erlebt Zeiten, in denen optimale Leistung und Synchronizität zusammenfallen.[8] Diese Stufe spiegelt sich im weiteren Sinne im Wachstum der transpersonalen Psychologie.[9]

Damit war das Thema Hirnchemie noch nicht beendet. Ich lief nach Findhorn zurück und besprach meine Erlebnisse mit Anne, die, wie ich wusste, ebenfalls häufig Synchronizität erlebte. Ich erzählte ihr, dass meine Spekulationen über unseren potenziellen Einfluss auf unsere Hirnchemie durch die bemerkenswerte Synchronizität, die ich gerade erlebt hatte, offenbar bestätigt worden waren. Ich berichtete ihr von dem Getreide und den Kühen und der türkisfarbenen Zahl Sechs.

Als die Kursleiterin beim abendlichen Treffen eine unerwartete Thematik einführte, erwiesen sich meine Beobachtungen über das Gehirn als prophetisch. Sie sagte, wir hätten wahrscheinlich mehr Veränderungspotenzial als bisher bekannt. Sie erklärte, dass jede Zelle unseres Körpers im Laufe von sieben Jahren mindestens einmal erneuert wird. Obwohl ich von sechs Jahren gesprochen hatte und sie nun sieben Jahre sagte, lag die merkwürdigerweise wiederholte Thematik doch so nahe beieinander, dass sie als stark synchronistisch bezeichnet werden kann. Dann fügte sie hinzu, unsere Hirnrezeptoren seien manchmal aktiv, dann wieder ruhten sie beziehungsweise seien unempfänglich. Mein starkes Gefühl der Numinosität steigerte sich noch, als Anne sich vorbeugte und mir mit geweiteten Augen einen erstaunten Blick zuwarf. Ich war froh, dass ich ihr vorher von meinen eigenwilligen Überzeugungen erzählt hatte. Ich begriff dies alles als mehrere bejahende Häkchen vom Universum, dass ich mit meinen intellektuellen Intuitionen auf der richtigen Spur war.

Wenn wir das „Spiel der Wandlung" spielten, erlebte ich noch mehr Synchronizität. Einmal erwähnte ich Carl Gustav Jung, und in derselben Sekunde flog ein leuchtend orangefarbener Schmetterling ins Zimmer, drehte weniger als einen Meter vor mir einen Kreis und flog wieder hinaus. Für mich war das numinos. Die anderen Kursteilnehmer wirkten perplex.

Ein paar Tage später fesselte ein großes Foto im *Guardian* meine Aufmerksamkeit. Es zeigte einen großen Schmetterling mit einer ähnlichen orangefarbenen Flügelfärbung wie bei dem, der ins Zimmer geflogen war. Die zugehörige Schlagzeile lautete: „Neue Art in Labor geschlüpft." In dem Artikel ging es um die beschleunigte Entwicklung neuer Schmetterlingsarten, die in wenigen Generationen verläuft statt im üblichen Zeitraum von Jahrtausenden. Ich begriff dies als Hinweis darauf, dass wir die Evolution des menschlichen Denkens potenziell dadurch beschleunigen können, dass wir Synchronizität und andere Formen supra-rationalen Denkens zulassen.

Dann fiel mir etwas auf, das ich noch bemerkenswerter fand. Neben dem Bild des Schmetterlings stand ein anderer Bericht mit dem Titel „Wie Stammzellen die biologische Uhr zurückdrehen können". Anscheinend hatten einige Wissenschaftler von der Universität Edinburgh eine Möglichkeit gefunden, reife Hirnzellen in Stammzellen umzuwandeln und so deren Alter auf eine ursprüngliche Stufe zurückzuschrauben. Dies gelang durch die Verschmelzung von embryonalen Stammzellen mit Hirnzellen, wobei ein in den Stammzellen gefundenes Gen mit der Bezeichnung Nanog eingeschaltet wird.

Das Nanog-Gen wurde nach Tir na nÓg, dem „Land der ewigen Jugend" in einer irisch-keltischen Sage, benannt. Angesichts der ausschlaggebenden Rolle, die Neuartiges bei anderen bemerkenswerten Hirnprozessen wie etwa Neuroplastizität und Neurogenese spielt, wie Ernest Rossi hervorgehoben hatte, musste ich einfach spekulieren, ob die Aktivität von Nanog wohl durch das Erleben von Neuem beeinflusst werden konnte. Dass der Artikel und das Foto des Schmetterlings, der ja ein Symbol neuen Lebens und der Transformation ist, nebeneinanderstanden, gab mir das Gefühl, dass solche fantasievollen Ahnungen durch starke Synchronizität bestätigt würden.

Daraufhin kam mir die Vermutung, dass alle meine optimistischen Vorstellungen von unserer potenziellen Fähigkeit zur Veränderung unserer Hirnfunktionen verglichen mit der tatsächlichen Lebenswirklichkeit wahrscheinlich konservativ waren. Die Vorstellung, dass Hirnzellen mithilfe des Nanog-Gens erneuert werden könnten, schien mir weiter zu gehen als alles, was ich mir intuitiv ausgemalt hatte.

Im Ergebnis sah ich mich noch stärker dazu ermutigt, umfassendere und optimistischere Vorstellungen von unseren Möglichkeiten zur Verbesserung unserer psychischen Gesundheit zu entwickeln sowie reduktionistische und pessimistische Hirnchemie-Modelle in der Psychiatrie noch stärker zu hinterfragen. Mir kam dies wie ein riesengroßes bejahendes Häkchen vom Universum vor.

Bei meiner Rückkehr aus Findhorn holten mich meine Frau und meine beiden kleinen Töchter vom Flughafen ab. Meine jüngere Tochter Ellie erzählte ganz aufgeregt, sie habe vor Kurzem CDs mit neuen Liedern gekauft, die sie jetzt mithilfe ihres Gesangslehrers einstudierte. Ich sollte raten, worum es in den Liedern ginge. Es war gar nicht leicht, die richtige Antwort zu finden.

Ellie gab mir einen Tipp: Es ging um eine Figur von Walt Disney. Sofort und im Brustton der Überzeugung erwiderte ich, dann müsse es sich um Arielle, die Meerjungfrau, handeln. Das war richtig. Noch eine Bestätigung vom Universum! Auf dem Rückflug von London war ich neben einer jungen Frau gesessen, die gerade in DisneySea in Tokio die Rolle der Arielle gespielt hatte. Sie erklärte, es sei das einzige Disneyland der Welt, in dem eine vollständige Version des Arielle-Musicals gespielt werde. Ich verstand das so, dass sie diese Lieder in letzter Zeit wohl häufiger gesungen hatte als jeder andere Mensch auf der Welt.

Später schrieb ich Anne über diesen Vorfall, weil sie sich ja ebenfalls für Synchronizität interessierte. Sie antwortete, die kleine Meerjungfrau sei ein Schöpfungsmythos, in dem es um Evolution ginge. So wie ich sie jetzt verstehe, ist die Meerjungfrau mit dem Wunsch nach einer Seele assoziiert, die ihr fehlt (vielleicht nach der Seele, die die Positive Psychologie nachzuweisen hofft). Dies intensivierte mein numinoses Gefühl. Auch wenn ich die mythische Assoziation nicht ganz verstanden habe, stärkte dies dennoch meine Überzeugung, dass wir die Evolution unserer Denkprozesse wahrscheinlich beschleunigen können, wenn wir uns der Kraft supra-rationalen Denkens bedienen.

Annähernd sieben Jahre nach meinem Besuch in Findhorn und als ich bereits seit Monaten an diesem Buch arbeitete, hielt ich einen öffentlichen Vortrag über „Die Nutzung der Ergebnisse der Hirnforschung für eine positive psychische Gesundheit". Davor dachte ich darüber nach, was ich in letzter Zeit erlebt hatte. Zum Beispiel schaute ich mir noch einmal das Foto von dem Schild des Transporter-Verleihs an, auf dem stand: „Apollo – dein Wagen wartet". Ich recherchierte zu Apollo und erfuhr, dass er der Gott der Heilung und der Prophetie war, den das Orakel von Delphi anrief.[10] Dies passt zu meiner Überzeugung, dass meine Intuitionen bei diesem Lauf sogar noch besser auf psychische Gesundheit und Heilung anwendbar sind als die Assoziationen, die mir damals zur Schnelligkeit des Wagens eingefallen waren.

Zur Vorbereitung meines Vortrags las ich endlich Rossis Buch *The Psychobiology of Gene Expression*. Dabei stach mir besonders ein beiläufiger Verweis auf eine wissenschaftliche Studie mit Mäusen ins Auge, die darauf schließen ließ, dass Hirnrezeptoren offen oder geschlossen sein können.[11] Rossi beschrieb eine bestimmte Studie, die zeigte, dass jüngere Mäuse schneller reagierten als ältere Mäuse, weil ihre Rezeptoren doppelt so lange offen waren. Dies veranlasste mich, diese Forschung weiter zu verfolgen, wozu für mich auch gehörte, bei einer weiteren „Evolution of Psychotherapy"-Konferenz mehrere Vorträge von Rossi zu besuchen. (Was ich weiter erfahren habe, werde ich im nächsten Kapitel näher ausführen, weil es auf ein Leitmotiv dieses Buches hinführt, nämlich der Notwendigkeit einer „Positiven Psychiatrie", die eine optimistischere Sicht auf psychische Gesundheitsprobleme beinhaltet.)

Rossis Erklärungen von Hirnchemie und Hirnfunktionen ergaben weitere symbolische Verbindungen zu dem Film *Charlie und die Schokoladenfabrik*. Der Film dreht sich angeblich um „die erstaunlichste Fabrik aller Zeiten!“, in der auf geheimnisvolle Weise Schokolade und andere besondere Süßigkeiten hergestellt werden – was für mich eine Analogie zu endogenen Neurotransmittern darstellt. Es gibt keine erkennbaren Produktionsmittel, da anscheinend kein Personal die Werke am Laufen hält. Doch es stellt sich heraus, dass die Fabrik aufgrund der Beteiligung der Umpa-Lumpas sehr gut funktioniert. Diese übernehmen alle möglichen Überwachungs- und Korrekturaufgaben, damit dafür gesorgt ist, dass die richtigen Produkte hergestellt werden.

Nach der Lektüre von *The Psychobiology of Gene Expression* fragte ich mich, ob die Umpa-Lumpas wohl für die „direkten frühen Gene“ stehen, wie Rossi sie bezeichnet.[12] Diese Gene können unter Bedingungen wie Neuartigkeit und numinoses Erleben innerhalb von ein, zwei Minuten aktiviert werden und andere zielgerichtete Gene anschalten – die daraufhin spezifische endogene Neurotransmitter herstellen – oder ausschalten, damit die Produktion eingestellt wird. Ein solches direktes frühes Gen mit der Bezeichnung zif-268 wurde nur Minuten nachdem eine Testperson durch neuartige oder aufregende Situationen stimuliert wurde, angeschaltet.[13] Aus diesem Grund stelle ich mir vor, dass die numinose Wirkung verblüffend synchronistischer Erlebnisse das Gen zif-268 ebenso effektiv anschalten könnte wie jede andere Form eines Novums auch.

Außerdem gab es insofern auch Hinweise auf synchronistische oder mediale Phänomene, als die Umpa-Lumpas anscheinend wussten, was als Nächstes geschehen würde. Der Fabrikbesitzer Willy Wonka erzielte seinen kreativen Erfolg allem Anschein nach auch dadurch, dass er an der Grenze zwischen Ordnung und Chaos operierte, ein Kennzeichen von Systemen, die am besten zu transformativen Veränderungen fähig sind: Wie schon sein Name nahelegt, wirkte seine Persönlichkeit äußerst eigenwillig und leicht chaotisch, und doch leitete er ein Unternehmen von bemerkenswert komplexer Ordnung.

Mir scheint, dass wir in unserer Kultur eine große Toleranz gegenüber wilden Fantasien in Unterhaltungsfilmen haben. Allerdings sind wir meiner Meinung nach wesentlich weniger bereit, darüber nachzudenken, ob derartiges kreatives Tun mit tieferen Lebenswahrheiten in Verbindung stehen könnte.

Ich entschied mich dagegen, in meinem Vortrag über Hirnforschung Parallelen zu *Charlie und die Schokoladenfabrik* zu ziehen. Vor Jahren, in der Phase, in der ich „den Dädalus gegeben" hatte, hatte ich dies schon einmal kurz getan. Daraufhin sorgten sich Freunde, ich könnte meinen Ruf riskieren. Es wäre interessant gewesen herauszufinden, welche Reaktionen ich ausgelöst hätte, wenn ich über meine jüngsten, durch diesen Film inspirierten Spekulationen gesprochen hätte. Während des Vortrags trat eine kleine Störung ein, weil im gleich nebenan gelegenen Hauptsaal der Stadthalle eine Aufführung stattfand. Es war eine Schulvorstellung von *Charlie und die Schokoladenfabrik*.

SIEBZEHN

Synchronizität und Hirnforschung

Die Bedeutung des Ganzen verstehen

Eines meiner vordringlichsten Ziele in diesem Buch ist es, deutlich zu machen, dass intellektuelle Intuition – zuweilen unterstützt von Synchronizität – ein wirkmächtiges Instrument zum Erwerb gültigen Wissens sein kann. Intellektuelle Intuition ist eine unterschätzte Ressource. Ich bezeichne sie manchmal auch als supra-rationales Denken, weil die dadurch gewonnenen Erkenntnisse über das der Vernunft Zugängliche hinausgehen können. Carl Gustav Jungs vor über einem halben Jahrhundert getroffene Schlussfolgerung, dass die moderne Gesellschaft die Bedeutung intuitiver Prozesse unterbetont und eine zu rationalistische Einstellung vertritt, gilt unverändert bis heute. Ich glaube, dass der Rückgriff auf Synchronizität als ein Instrument zur Fokussierung der intellektuellen Intuition ein nützlicher, und zu wenig genutzter, Quell der Kreativität ist.

In diesem Kapitel will ich einige objektive Indizien beschreiben, auf die ich gestoßen bin und die meine Ahnungen im Hinblick auf die unterschätzten Kräfte des Gehirns bestätigen. Ich nehme etwas fachliches Material darin auf, weil ich das Kapitel auch an Kollegen auf dem Gebiet der psychischen Gesundheitsfürsorge richte, um eine Diskussion über die darin enthaltenen Fragen anzuregen. Zunächst werde ich meine wichtigsten Ahnungen zusammenfassen (wie ich auf sie gekommen bin, habe ich bereits in den vorangegangenen Kapiteln ausgeführt).

Erstens habe ich intuiert, dass wir unsere Hirnchemie möglicherweise durch das Ein- und Ausschalten endogener chemischer Stoffe oder eingebauter Neurotransmitter, die direkte Auswirkungen auf unsere Hirnfunktionen und unsere psychische Gesundheit haben, beeinflussen können.

Zweitens glaubte ich, dass wir bestimmte Hirnrezeptoren, die jeweils auf bestimmte Stoffe oder Neurotransmitter reagieren, absichtlich öffnen und schließen und daher deren Auswirkung beeinflussen können.

Drittens glaubte ich, dass der Prozess, die eigene Hirnchemie absichtlich auf diese Art und Weise zu beeinflussen, zu beobachtbaren objektiven Vorteilen führen könnte, wodurch er sich von einer Psychose unterschied – ich sprach in diesem Zusammenhang von hypomanischem Wohlbefinden im Gegensatz zu einer hypomanischen Erkrankung. Ich glaubte, wenn dies objektiv nachgewiesen werden könnte, könnte es die Weiterentwicklung klassischer Interventionen auf dem Gebiet der psychischen Gesundheit fördern. Es könnte zu einer optimistischeren Sicht unserer Fähigkeit zur bewussten mentalen Beeinflussung von Hirnprozessen führen, die sich auf die psychische Gesundheit auswirken.

Diese Ahnungen wurden meines Erachtens von der Symbolik in *Charlie und die Schokoladenfabrik* stark unterstützt. Ich glaubte, letztendlich würde sich zeigen, dass wir eine wunderbare Chemiefabrik in unserem Gehirn haben, über die wir wesentlich mehr achtsame Kontrolle ausüben können, als uns bisher bewusst ist. Meinem Empfinden nach besteht hier eine gewisse Verbindung zu schamanischen Praktiken (obwohl ich wenig über Schamanismus weiß).

Wenn unser Gehirn auf eine beliebige chemische Substanz anspricht, etwa auf einen bestimmten Neurotransmitter oder ein von außen verabreichtes Medikament, dann muss es bereits im Vorhinein Rezeptoren geben, die in der Lage sind, auf diese bestimmten chemischen Substanzen zu reagieren. Opiat-Rezeptoren könnte es nicht geben, wenn unser Gehirn nie Opiaten ausgesetzt gewesen wäre.

Dies bedeutet, dass jedes externe Medikament, das Auswirkungen auf uns hat, ein Medikament der zweiten Generation sein muss. Das Medikament der ersten Generation ist dementsprechend ein bereits vorhandenes, endogen hergestelltes, welches vom Medikament der zweiten Generation imitiert wird, um dieselben Rezeptoren zu aktivieren.

Die entsprechenden Gene vorausgesetzt, muss es weitere, vielleicht exotischere chemische Substanzen geben, die unser Hirn herstellen kann. Einige könnten zu hypomanischen Symptomen führen. In gewissem

Sinne könnten diese Stoffe endogene Amphetamine imitieren, was zu schnellerem Denken und Handeln, mehr Energie und einem verringerten Schlafbedürfnis führen würde.

In meinem Fall könnte ich von meiner Mutter die Fähigkeit geerbt haben, Neurotransmitter herzustellen, die einen Bezug zu manischen Tendenzen haben. Dennoch war ich aber wohl in der Lage, ihre Auswirkungen zu modulieren, um ganz bestimmte Vorteile daraus zu ziehen, ohne den typischen Preis bezahlen zu müssen. Mit anderen Worten, ich war wohl fähig, statt einer hypomanischen Erkrankung hypomanisches Wohlbefinden zu erzeugen.

Wenn endogen spezifisch auf das Gehirn wirkende chemische Verbindungen existieren, warum sollten diese dann nicht auf bewusste Einflüsse reagieren, insbesondere mit etwas Übung? Wenn wir die bewusste Fähigkeit zur Beeinflussung unseres Geisteszustandes (durch Hypnose, Achtsamkeitstechniken und Ähnliches) entwickeln können, dann können wir gewiss auch unsere Hirnchemie beeinflussen. Es wäre ein natürlicher Vorgang: Um diese Wirkung zu erzielen, wäre kein äußerlich verabreichtes Medikament nötig. Wenn es endogen, oder innerlich, wäre, dann könnte der erforderliche chemische Prozess an- oder abgeschaltet werden, genau wie die Schokoladenfabrik ihre Produktion an- oder abschalten konnte.

Erst nachdem ich bereits mitten in der Arbeit an diesem Buch steckte, stieß ich auf objektive Beweise für einen Teil meiner Überzeugungen. E*ine* erhellende Quelle war, wie bereits beschrieben, Ernest Rossis Buch *The Psychobiology of Gene Expression.* Rossi beschreibt die Beweise für einige bemerkenswerte Mechanismen hinter ganz bestimmten Placebo-Effekten. Zum Beispiel wurde festgestellt, dass Patienten mit einer Parkinson-Erkrankung nach Einnahme eines Placebos in einem bestimmten Teil des Gehirns, dem sogenannten Striatum, mehr endogenes Dopamin ausschütteten: Dies wurde mithilfe modernster PET-Aufnahmen nachgewiesen. Der Placebo-Effekt funktionierte in ähnlicher Weise und führte zu ähnlichen Vorteilen wie von außen zugeführtes Dopamin, das bekanntlich den Zustand verbessert.[1]

Nachvollziehbarerweise glaubten die an jener Studie beteiligten Forscher, dass Placebo-Effekte bei jeder Erkrankung auf ganz ähnliche Weise durch eine Erhöhung des endogenen Dopamins – eines Neurotransmitters, der auch an Freude und Motivation beteiligt ist – verstärkt werden könnten. Nachfolgende Forschungen zeigten allerdings, dass Placebo-Mechanismen weitaus komplexer und differenzierter sind als zunächst angenommen. Wenn jemand ein Placebo einnimmt, können unterschiedliche Neurotransmitter ausgeschüttet werden, offensichtlich jeweils zugeschnitten auf die individuellen Umstände. So zeigte zum Beispiel eine Studie anhand von PET-Aufnahmen, dass Placebo-Effekte bei Schmerzen von einem anderen Neurotransmitter, nämlich endogenen Opiaten, gesteuert werden.[2] Diese entfalten ihre Hauptwirkung an einem anderen Ort, nämlich im hinteren zingulären Kortex und im Hirnstamm. Infolge des Placebo-Effekts bei Schmerzen kam es nicht nur zu einer Erhöhung der Opiat-Produktion, sondern auch zu einem verstärkten Blutzufluss in Hirnregionen, die über viele Opiatrezeptoren verfügen. Dies war eine bemerkenswert spezifische und zielgerichtete Reaktion.

Durch die Lektüre von *Brain Wars*, einem Werk des Neurowissenschaftlers Mario Beauregard, erfuhr ich später, dass Schauspieler, die nach der Strasbergschen Schule des *Method Acting* arbeiten, im Hirnscan einen erhöhten Serotoninspiegel aufweisen, wenn sie eine fröhliche Rolle spielen, und dass ihr Serotoninspiegel bei einer traurigen Rolle sinkt.[3] Mit anderen Worten, unter bestimmten Umständen können wir unsere Hirnchemie direkt – und bewusst – beeinflussen. Hierauf wird offenbar nur selten hingewiesen, obwohl es doch ganz offensichtlich Konsequenzen für unseren potenziellen inneren Einfluss auf die Funktionen unserer psychischen Gesundheit hat.

Rossis neueste Forschungen erbringen weitere beeindruckende Beweise für einen Novum-*Numinosum*-Neurogenese-Effekt. Er hat nachgewiesen, dass neuartige und faszinierende Erlebnisse, hervorgerufen durch eine von ihm angewandte kreative hypnotherapeutische Methode, nach einer einzigen neunzigminütigen Intervention annähernd zweihundert Gene anschalten.[4] Zu den getriggerten Genen gehören auch solche, die bekanntermaßen Auswirkungen auf Stammzellenwachstum, Neurogenese, Dopamin-Signalwege, Schlaf-Wach-Rhythmus, Immunabwehr, Stressreaktion, onkologische Signalwege, Schizophrenie, Alzheimer und Parkinson haben. Meiner Ansicht nach hat Rossi die Existenz einer inneren biologischen Fabrik nachgewiesen, die in jeder Hinsicht so wunderbar ist wie Willy Wonkas fiktionale.

Rossi erklärt, dass insbesondere Neuartiges in Gestalt numinoser Erlebnisse das Dopamin-Rezeptorgen, auch bekannt unter der Bezeichnung DRD4-Gen, anschalten. Inzwischen halte ich es für ein Synchronizitätsgen, da es kaum Erlebnisse gibt, die numinoser sind als Synchronizität. Rossi beschreibt, inwiefern numinose Erlebnisse sowie neuartiges Denken nachweislich die Freisetzung von RNS-Molekülen einleiten, die wiederum die DNS zur Herstellung von Proteinen anregen, welche letztendlich neue Stammzellen und Synapsenbahnen bilden. Ständig erneuern wir unser Gehirn und gestalten es um, insbesondere wenn uns körperliche Aktivität, aktive Bindung unserer Aufmerksamkeit und neuartige Erlebnisse bewegen.

Übereinstimmend mit meinen eigenen Interessen setzen Rossi und seine Forscherkollegen solche Hirnprozesse nun ausdrücklich in Bezug zur Quantenphysik und fordern alle, die auf dem Gebiet der psychischen Gesundheit tätig sind, auf, ihre Kenntnisse darüber zu vertiefen. Dies stützt die Ansicht, dass ein Prinzip, das auf *einem* wissenschaftlichen Gebiet gültig ist, häufig nachweislich auch für andere gilt. Ein Beispiel ist die offensichtliche Verbindung zwischen Synchronizität und „Verschränkung“, einem Grundbegriff der Quantenphysik, da beide mit dem Prinzip direkter, nicht-lokaler Beeinflussung zu tun haben.

Der nächste Punkt bezieht sich auf das Öffnen und Schließen der Hirnrezeptoren. Ein derartiger potenzieller Mechanismus wird nicht häufig in Betracht gezogen. So hatte zum Beispiel noch nicht einmal Daniel Siegel von diesem Mechanismus gehört, als ich ihn im Februar 2014 bei seinem Workshop in Melbourne danach fragte. Wieder war es Rossi, der mir den ersten wissenschaftlichen Beweis für diese Vorstellung lieferte. Rossi verwies auf eine Laborstudie, die behauptete, dass das im Vergleich zu älteren Mäusen bessere Lernvermögen jüngerer Mäuse an der „Zeitdauer lag, während deren der NMDA-Rezeptor in der CA1-Region des Hippocampus offen bleibt“.[5] NMDA-Rezeptoren spielen eine zentrale

Rolle beim Lernen sowie bei der Gedächtnisbildung und -löschung: Sie sind daher grundlegend für die Festigung von Verhaltensänderungen.

Ich konnte mir den einschlägigen Artikel von Joe Tsien von der Universität Princeton beschaffen; er trägt den Titel „Building a brainier mouse" (in der deutschen Version: „Die kluge Gen-Maus").[6] Er zeigte, dass NMDA-Rezeptoren als „winzige Kanäle" fungieren, die sich öffnen und schließen.[7] Dieselben Rezeptoren ermöglichen die Wirkung verschiedener Drogen, darunter auch Lachgas, das William James zur Erforschung mystischer Erlebnisse benutzte.[8] Später erfuhr ich, dass NMDA-Rezeptoren auch mit der Entwicklung psychotischer Symptome, einschließlich Halluzinationen, in Verbindung stehen.

Dies schien meine früheren Vermutungen eindeutig zu untermauern. Man hatte also nicht nur Rezeptoren festgestellt, die sich öffnen und schließen konnten, sondern darunter befanden sich auch einige, die für neuartige und numinose Lernerfahrungen, mystische Erlebnisse und psychotische Phänomene wichtig waren.[9]

Inzwischen habe ich auch von anderen Rezeptoren erfahren, die einen Mechanismus benutzen, an dem auch das Öffnen und Schließen von Poren an der postsynaptischen Membran beteiligt ist. Dazu gehören auch die GABA-Rezeptoren, die auf angstlösende Wirkstoffe wie Benzodiazepine ansprechen.[10] Dies lässt darauf schließen, dass viele verschiedene psychiatrische Erkrankungen womöglich durch das Öffnen und Schließen von Kanälen in Hirnrezeptoren beeinflusst werden.

Wieder kann man fragen, warum solche Mechanismen nicht durch – auch absichtliche – Bewusstseinsveränderungen beeinflusst werden sollten. Schließlich ist allgemein anerkannt, dass die Wirkung vieler psychiatrischer Medikamente, einschließlich des Nutzens von Antidepressiva bei Depressionen, größtenteils kaum besser ist als der Placebo-Effekt alleine.[11] Aufgrund der zuvor beschriebenen PET-Aufnahmen ist zu vermuten, dass am Placebo-Effekt Bewusstseinsveränderungen beteiligt sind, die in bestimmten Hirnregionen zu spezifischen biochemischen Veränderungen führen. Zumindest bei einigen Placebo-Effekten wurde diese Funktionsweise nachgewiesen.

Wenn dem so ist, dann könnten wir uns fragen, warum solche Forschungsergebnisse nicht breiter diskutiert werden. Schließlich wirken sie doch sehr ermutigend, weil sie ja nahelegen, dass es andere Möglichkeiten gibt, wie wir positive Veränderungen in unserem psychischen Befinden herbeiführen können. Meiner Ansicht nach liegt das Problem darin, dass die meisten psychiatrischen Forschungen von der Pharmaindustrie finanziert werden. Daher haben sie keinerlei Anreiz, die potenziellen Vorteile des Placebo-Effekts oder anderer nicht-medikamentöser Einflussmöglichkeiten auf unsere psychische Gesundheit hervorzuheben. Ihr Profit rührt in erster Linie daher, dass die Menschen glauben, sie bräuchten verschreibungspflichtige Medikamente, um solche Wirkungen zu erzielen.

Es wurden nicht nur Mechanismen entdeckt, die mit dem Öffnen und Schließen bestimmter Hirnrezeptoren verbunden sind, sondern einige Wissenschaftler sind auch zu der Ansicht gelangt, dass sich kommerzielle Investitionen zur Erforschung von Steuerungsmöglichkeiten dieses Prozesses lohnen. So wurde zum Beispiel in ergänzenden Kommentaren zu Tsiens Artikel in der Ausgabe des *Scientific American* vom April 2000 (*Spektrum der Wissenschaft*, Juli 2000) festgestellt, dass mehrere Leute, darunter auch Tsien, sich mit einem Investor zusammengeschlossen haben, um diese Möglichkeit näher zu untersuchen.[12] Sie gründeten eine Firma, Eureka Pharmaceuticals, um eine Pille zu entwickeln, die durch Modulation der Aktivität oder des Öffnungsgrades des NMDA-Rezeptors das Gedächtnis verbessern könnte. Das Problem ist offensichtlich bis heute, dass die entwickelten chemischen Verbindungen tendenziell zu einer *überstarken* Öffnung des Rezeptors führen, so dass eine wahre Flut von Calcium-Ionen einströmt, was toxisch wirken kann.

Infolgedessen sprechen etliche Wissenschaftler von der Notwendigkeit einer eher regulierenden Beeinflussung der Öffnung dieser Rezeptoren. Ich kann mich an dieser Stelle nur fragen, ob der Einsatz von Placebo-Effekten, vielleicht verstärkt durch Hypnosetechniken, ein hilfreicher Ansatz für weitere Forschungen in dieser Richtung wäre. Hier scheint relevant, dass Placebo-Effekte im Vergleich zu Antidepressiva zwar zum großen Teil deren Vorteile, nicht aber die volle Wirkung erreichen. Könnte dies bedeuten, dass durch Placebos und Hypnose ausgelöste Effekte eine subtilere und eher regulierende Auswirkung auf NMDA-Rezeptoren haben als Medikamente – und damit ein Resultat, das die Wissenschaftler bei Eureka Pharmaceuticals angestrebt haben?

Unabhängig davon ob derartige Spekulationen nun zutreffen oder nicht, glaube ich, dass die potenziellen Auswirkungen numinoser Erlebnisse auf die Hirnchemie stark unterschätzt werden. Die Arbeit von Tsien und Kollegen deutet auf den potenziellen Nutzen, den die Erforschung endogener Möglichkeiten zur Öffnung und Schließung von Hirnrezeptoren bringen könnte, um etwa Lernen, Gedächtnis und Kreativität zu beeinflussen.

Was nun die Frage anbelangt, welchen Wert es hatte, dass ich „den Dädalus gegeben" habe (was, wie ich glaube, durch endogene Hirnchemie, einschließlich des Öffnens und Schließens von Rezeptoren, bewerkstelligt wurde), so kann ich die Motivation, warum ich einen scheinbar so riskanten Ansatz gewählt habe, hier nicht vollständig erläutern, weil sie teilweise damit zusammenhing, wie ich in einer komplexen familiären Situation mit anderen umgehen musste. Ich kann jedoch sagen, dass meine psychische Gesundheit seither gut ist, meine private Praxis floriert und meine Familie bestens funktioniert. Auch beruflich habe ich seither große Fortschritte gemacht, so wurde ich zum Beispiel zum *Fellow der Australian Psychological Society* ernannt, teilweise infolge unserer landesweit anerkannten praktischen Evaluationsforschung.

Dass ich meinen Beruf motiviert und engagiert betreiben kann, dazu haben mir, so würde ich sagen, synchronistische Erlebnisse ebenso sehr verholfen wie andere Einflüsse. Ich finde solche Erlebnisse faszinierend und schätze daran, dass sie meiner Arbeit einen Sinn geben. Wie ich in der Phase, als ich „den Dädalus gab", bereits geahnt hatte, schenkt mir das Eintauchen in synchronistische Erlebnisse reichlich Material und Erkenntnisse, die mein Interesse mein ganzes weiteres Berufsleben lang fesseln können. Auch unsere Praxis insgesamt hat aus dem Erkennen und Ergreifen synchronistischer Chancen viel gewonnen – ein Merkmal, das im Allgemeinen mit höher entwickelten Organisationen, auch psychotherapeutischer Praxen, verbunden ist.

Über diese subjektiv empfundenen Vorteile hinaus wird die Zeit erweisen, ob die Schlussfolgerungen, die ich aus meinen Erlebnissen gezogen habe, zu einem nützlichen Beitrag auf den Gebieten Psychologie und psychische Gesundheit geführt haben. Gewiss hoffe ich, dass sie einen kreativen Ansatz widerspiegeln, der sich der Synchronizität bedient, um weitere wissenschaftliche und therapeutische Erkenntnisse zu fördern. Ich würde behaupten, dass meine Erfahrung, „den Dädalus zu geben", einen Bezug zu mystischem Erleben hatte, das mit einem beginnenden Erleuchtungsprozess verbunden war, welcher wiederum dem Eintritt in eine der höheren Stufen von Ken Wilbers psycho-spirituellem Modell entspricht. Wenn dem nicht so sein sollte, dann stellt meine Erfahrung stattdessen vielleicht ein Beispiel für psychische Inflation oder Selbstüberschätzung dar. Die Zeit wird zeigen, ob Dädalus einen Beitrag zur Psychiatrie leisten kann.

Ich hoffe, dass sogar Wissenschaftler irgendwann akzeptieren, dass die Erforschung der Synchronizität dem rationalen oder gar wissenschaftlichen Denken nicht entgegensteht. Ohne meine Faszination für synchronistisches Erleben hätte ich wahrscheinlich nie die Motivation aufgebracht, mich mit moderner Hirnforschung oder anderen Themen, die in diesem Buch angesprochen werden, zu befassen. Meiner Ansicht nach steht Ernest Rossis Arbeit an der Spitze vieler dieser Fragen. Rossi spricht ausdrücklich von Gemeinsamkeiten zwischen schamanischen Praktiken, psychotherapeutischen Interventionen und durch die Hirnforschung belegten Prozessen. Rossis Erklärungen lassen darauf schließen, dass traditionelle Schamanen sich früher meisterlich darauf verstanden, auf numinoses Erleben zurückzugreifen, um – vermittelt durch Placebo-Effekte, die endogene Prozesse im Gehirn beeinflussen – die körperliche und die psychische Gesundheit zu verbessern.[13] Meiner Ansicht nach hat Rossi die Rolle des Schamanen aktualisiert, um sie in die moderne wissenschaftliche und psychotherapeutische Praxis einzubetten. Ich betrachte ihn als modernen Schamanen.

Für mein Dafürhalten bedeutete die Verbindung von Rossis Hirnforschung mit dem optimistischen Ansatz der Positiven Psychologie, der in den folgenden beiden Kapiteln näher beschrieben wird, eine deutliche Verbesserung unserer Methodik auf dem Gebiet der psychischen Gesundheit.

ACHTZEHN

Freistoß vom Universum

Von global zu lokal

In dem Jahr, bevor ich Martin Seligman, den hochverehrten Begründer der Positiven Psychologie, persönlich kennenlernte, bezog ich mich in einem öffentlichen Vortrag aus Anlass meines fünfundzwanzigjährigen Berufsjubiläums als klinischer Psychologe in Geelong auf seine Arbeit. In einer Stunde wollte ich versuchen, aus einem Vierteljahrhundert klinischer Praxis all das zusammenzufassen, was mir von allem, was ich in dieser Zeit gelernt hatte, am wichtigsten war. Nach der Lektüre seines Buches *Der Glücksfaktor* (2003) war mir, als sei ich auf einen vollkommen neuartigen Ansatz gestoßen, von dem man auch in fünfzig oder hundert Jahren noch sprechen würde. Das Buch übermittelte optimistische und praktische Botschaften für eine positive psychische Gesundheit und das Leben im Allgemeinen. Insbesondere gefiel mir, dass in der Positiven Psychologie der Schwerpunkt darauf gelegt wurde, die „Signaturstärken", also die besonders zentralen Charakterstärken eines Menschen, herauszufinden.[1] Diese beziehen sich auf universell anerkannte Tugenden, die Menschen typischerweise zeigen, wenn sie in verschiedenen Lebenssituationen optimal funktionieren. Überzeugend behauptete Seligman, dass wir, wenn wir uns diese Eigenschaften bewusst zunutze machen, bei allen Aufgaben und in allen Rollen, die wir übernommen haben, tendenziell effektiver sind. Außerdem erleben wir mehr „Flow" – einen Zustand befriedigenden und anregenden Aufgehens in dem, was wir gerade tun.

Nachdem ich den Fragebogen zu den Signaturstärken in *Der Glücksfaktor* vollständig ausgefüllt hatte, stellte ich fest, dass meine Top-Stärke

Kreativität ist, wobei Neugier, Urteilsvermögen und Liebe zum Lernen weitere zentrale Stärken sind. Spiritualität tauchte erstaunlich weit oben auf der Liste auf, was ich nicht erwartet hätte, da ich nicht besonders religiös bin. Ich erkannte, dass dieser Begriff sich auf mein Interesse an transpersonalen Themen, einschließlich meiner Synchronizitätserfahrung, bezog.

Die Ergebnisse bestärkten mich darin, mein Urteilsvermögen dadurch unter Beweis zu stellen, dass ich in meiner Jubiläumsrede in Geelong über Synchronizität sprechen würde, ein Phänomen, das in der modernen Psychologie kaum diskutiert wird. Von meiner Stunde Redezeit widmete ich zwanzig Minuten der Positiven Psychologie und zehn Minuten der Synchronizität. Der Vortrag lief gut. Dies bestärkte mich in der Ansicht, dass man über transpersonale Themen leichter vor einem allgemeinen als vor einem Fachpublikum sprechen kann.

Im Jahr 2005 dann lernte ich Dr. Seligman beim „Evolution of Psychology"-Kongress in Kalifornien persönlich kennen. Etwa ein Jahr danach rief ein Freund an, um mir zu sagen, dass Dr. Seligman noch am selben Abend an der Schule seines Sohnes in Geelong vor einer Versammlung eine kurze Ansprache halten würde. Kurz danach rief ein weiterer Freund an und berichtete, er habe dafür gesorgt, dass meine Frau und ich daran teilnehmen könnten. Das war spannend. Ich ging hin und hörte Dr. Seligman über die Einführung der Positiven Psychologie am Gymnasium in Geelong sprechen – dies war das allererste Mal, dass seine Prinzipien auf eine ganze Organisation angewandt werden sollten – mit dem Ziel, nicht nur das momentane Wohlbefinden zu fördern, sondern auch möglichst langfristig psychischen Problemen vorzubeugen. Er argumentierte, angesichts der begrenzten Fortschritte in vielen Bereichen der psychischen Gesundheit – was sich in der Tatsache widerspiegele, dass Depressionen in den vergangenen fünfzig Jahren um das Zehnfache angestiegen seien – lohne es sich, einen solchen Ansatz auszuprobieren.

Nach seinem Vortrag bestand Gelegenheit zu einem kurzen persönlichen Austausch mit Seligman. Ich sagte, seine Signaturstärken seien wohl auch eine praktische Methode, um auf die potenzielle Bestimmung eines Menschen hinzuweisen: Es gebe offenbar eine Verbindung zwischen der Entdeckung der zentralen Charakterstärken und dem Erkennen der persönlichen Bestimmung gemäß James Hillmans *Eichel-Theorie*. Zu meiner Überraschung und Freude erwiderte Seligman, er glaube an Bestimmung – ich hatte nicht erwartet, dass er eine derart transpersonal klingende Idee akzeptieren würde.

Seligman und sein Team wurden umgehend engagiert, um am Gymnasium in Geelong „Positive Erziehung" zu entwickeln. Dr. Seligman wollte sogar selbst seinen Wohnsitz für ein halbes Jahr nach Geelong verlegen.[2] Ich fragte mich damals, ob den Leuten klar war, welch hohe Bedeutung dies hatte. Für mich war es ebenso bemerkenswert und unerwartet, als wenn Paul McCartney gekommen wäre, um Musikunterricht zu geben – allerdings potenziell tiefgreifender und weitreichender in seiner Auswirkung. Da ich schon immer daran interessiert gewesen war, die Prinzipien der Positiven Psychologie in Geelong zu verbreiten, kam mir dies wie ein Elfmeter vom Universum vor.

Über persönliche Beziehungen in unserem Umfeld lernte ich Trent Barry kennen, der entscheidend dazu beigetragen hatte, dass Seligman ans Gymnasium in Geelong kam und mir nun großzügigerweise den Kontakt zu vielen prominenten führenden Vertretern der Positiven Psychologie vermittelte. Dass ich sozusagen in meinem geographischen Hinterhof je Leuten wie Martin Seligman, George Vaillant, Barbara Fredrickson, Chris Peterson und Nansook Park begegnen würde, zuweilen sogar zufällig in zwangloser Form in Trents Haus, wäre realistischerweise nicht zu erwarten gewesen. Unwillkürlich musste ich daran denken, wie ich vor etlichen Jahren in meiner Rede zum fünfundzwanzigjährigen Jubiläum die Themen Positive Psychologie und Synchronizität nebeneinandergestellt hatte. Allein, dass Seligman nach Geelong kam, wirkte bereits wie ein verblüffendes Beispiel für Synchronizität.

Mein Interesse an Positiver Psychologie wurde durch das aktive Engagement und Interesse von Kollegen in unserer Praxis unterstützt. Die Klienten sprachen gut darauf an. Normalerweise stellten wir das Thema Charakterstärken ans Ende einer klassischeren kognitiven Verhaltenstherapie, und zwar bei einem breiten Spektrum von Problemen, einschließlich Depression und Traumareaktionen. In therapeutischen Gruppen bauten wir einen Schwerpunkt Charakterstärken ein. Für viele förderte dies offenbar eine optimistischere Lebenseinstellung.

George Vaillant war eine der Koryphäen der Positiven Psychologie, die mehrere Jahre nacheinander ans Gymnasium in Geelong kamen. Ich konnte an mehreren Sitzungen einer Buchbesprechungsgruppe teilnehmen, die er und Seligman leiteten und in der Vaillants Buch *Spiritual Evolution* noch vor dessen Veröffentlichung besprochen wurde.[3] Wieder hatte ich das Gefühl, dass das Universum für mich sorgte. Später hielt er in seiner typischen kreativen und zum Nachdenken anregenden Art einen Abendvortrag. Mich berührte seine Anspielung auf die übertriebene Angst der Menschen, wie Ikarus zu enden: Das heißt, man fürchtet sich davor, sich zu hohe Ziele zu setzen. Insgeheim dachte ich mir, die Menschen haben doch recht, wenn sie Bedenken hegen, „den Ikarus zu geben", da Ikarus ja tatsächlich zu hoch flog, abstürzte und ums Leben kam. Meiner Ansicht nach gelten die übertriebenen Ängste der Menschen eher der Vorstellung, „den Dädalus zu geben".

Beim Kongress über Positive Psychologie 2013 in Los Angeles[4] tauchten gleich mehrere Themen auf, die Gemeinsamkeiten mit den Fragen hatten, mit denen ich mich gerade im Hinblick auf dieses Buch beschäftigte – und zwar auf eine Art und Weise, die mir höchst synchronistisch vorkam. Seligman betonte die Bedeutung der Kreativität und ihrer Kernkomponenten Fantasie, Prospektion (sich die Zukunft vor dem geistigen Auge ausmalen zu können), Originalität, Innovation und Ausführung.[5] Er behauptete, diese Komponenten seien lehrbar. Er forderte dazu auf, in der Positiven Psychologie einen Schwerpunkt auf die Förderung der Kreativität zu legen und behauptete, kreative Menschen seien tendenziell ungewöhnlich produktiv darin, dauerhaften gesellschaftlichen Nutzen zu erzeugen.

Seligman betonte, im Kern der Kreativität läge eine positive Heuristik oder effektive Strategien für ein gelingendes Leben, im Gegensatz zu einer negativen Heuristik oder Methoden, im Leben nichts falsch zu machen. Was diese positive Heuristik sei, dessen sei er sich nicht sicher, fügte er hinzu. Ich fand es spannend, dies zu hören, weil ich dachte, diese Thematik deutete auf den potenziellen Vorteil einer kreativen Nutzung von Synchronizität hin, wenn man einen Blick in die Zukunft werfen oder sein künftiges Handeln planen will.

Meine Strategie, Synchronizität und *Kairos* miteinander zu verbinden, wirkte für die Fragen, die Seligman ansprach, äußerst relevant. Wie wertvoll es ist, wenn man dazu ermutigt wird, in einem offenbar günstigen Moment seiner Intuition folgend zu handeln, und wenn man dabei durch die Erfahrung sinnvoller Zufälle unterstützt wird – diese Ideen verkörperten viele Komponenten der Kreativität, die Seligman angesprochen hatte.

Ganz allgemein glaube ich, dass die wissenschaftliche Praxis in weiten Teilen von der Angst getrieben ist, etwas falsch zu machen. Dies führt wohl dazu, dass man sich stärker auf rationales Denken konzentriert. Wissenschaftler sind tendenziell ängstlicher als Unternehmer, die im Gegensatz dazu ihre Ziele mutiger anstreben und ein Scheitern oft als wertvolle Erfahrung auf dem Weg dorthin betrachten. Ich erkannte, dass Seligman dazu aufforderte, mutiger zu denken als bei wissenschaftlichen Kongressen üblich. Ich begriff Seligmans Eröffnungsrede mit ihrer ansprechenden Thematik als bejahendes Häkchen des Universums für meinen eigenen Ansatz.

Am Morgen nach Seligmans Begrüßungsrede traf ich ihn durch einen glücklichen Zufall im Foyer. Er war gerade dabei, ein Gespräch zu beenden, und wir unternahmen einen kurzen Spaziergang miteinander. Ich war angenehm überrascht, als er mir sagte, er habe ein Jahr lang eine Jungianische Analyse gemacht – ein weiteres Anzeichen für die Breite und Tiefe seines Wissens. Freundlicherweise bat er mich, ihm das Manuskript dieses Buches zu schicken, sobald es fertig sei. Dass unsere Wege sich kurz gekreuzt hatten, war für mich ein Beispiel für Synchronizität in Kombination mit *Kairos*.

In der Positiven Psychologie spricht man von fünf Säulen der seelischen Gesundheit: Positives Gefühl, Engagement, Beziehungen, Sinn und Erfolg.[6] Meiner Ansicht nach unterstützt synchronistisches Erleben nachweislich jede dieser Säulen: Es ist oft mit Freude verbunden. Es hilft uns, uns intensiv mit dem Erlebnis zu befassen, indem es unsere Aufmerksamkeit auf seine Numinosität lenkt. Außerdem unterstützt es uns darin, uns ganz auf Rollen und Aufgaben einzulassen, die offenbar in Bezug zu unserem Daimon oder unserer Bestimmung stehen. Synchronizität betont das persönliche Sinnempfinden schon ihrer Definition nach, da der Begriff einen sinnvollen Zufall bezeichnet. Synchronizität mit *Kairos* zu kombinieren und bei unserem Kubikzentimeter Chance rasch zu handeln, fördert den Erfolg. Meiner Erfahrung nach verhilft Synchronizität auch zu positiven Beziehungen, dem dritten Punkt auf der Liste. Häufig ist sie damit verbunden, dass man den richtigen Lehrer genau dann trifft, wenn man dazu bereit ist; sie kann zu Gesprächen über tiefste Lebensthemen anregen; und sie hilft einem, Anschluss an andere zu finden, die es akzeptieren, wenn man intuitiv und einem höheren Zweck folgend handelt, auch wenn dieses Verhalten sich nicht immer ganz einfach einer rationalen Erklärung beugt. Letztendlich hat Synchronizität einen Bezug zu dem spirituellen Thema des zielgerichteten Handelns, das über egoistische Interessen hinausgeht; und dies unterstützt Beziehungen zwischen Einzelpersonen und, im weiteren Sinn, innerhalb von Gemeinschaften.

Heute, an einem späteren Punkt meiner therapeutischen Laufbahn, bin ich der Überzeugung, dass wir die vorherrschenden Ansätze in der klassischen Psychologie weiterentwickeln müssen. Wir könnten von einer Vielzahl kreativer neuer Ansätze profitieren, die sich intuitive Fähigkeiten stärker zunutze machen – und diese doch wissenschaftlichen Rahmenbedingungen unterordnen. Ich glaube, wir sollten den Arbeiten von Carl Gustav Jung über Synchronizität und Träume im Lichte neuerer Erkenntnisse der Hirnforschung, die den potenziellen Wert numinosen Erlebens betonen, wieder mehr Aufmerksamkeit schenken.

Heute macht es mir nicht mehr allzu viel aus, wenn meine Gedanken anderen nicht rational erscheinen. Ich glaube, es fördert die Kreativität, wenn man seiner Intuition öfter freien Lauf lässt. Mit diesem Ansatz wären wohl viele auf dem Gebiet der Positiven Psychologie eher bereit, sich gedanklich auf gewagteres Gebiet zu begeben.

Außerdem glaube ich, dass eine Führung, die solche Kreativität und Flexibilität zulässt, erleuchtetere Managementgrundsätze widerspiegelt, was zu höherentwickelten, gesünderen, ja erfolgreicheren Organisation führen könnte, die den höheren Stufen des Spiral-Dynamics-Modells entspricht. Mir scheint, dass Seligmans Aufruf zu größerer Kreativität, Risikobereitschaft und Fokussierung auf die Zukunft innerhalb des weiten Felds der Psychologie erleuchtete Führung darstellt.

Die Arbeit mit den Signaturstärken

Unsere zentralen Charakterstärken zu nutzen, kann uns helfen, einen Flow-Zustand zu erreichen. Dies ist eine der lohnendsten, empirisch am besten erforschten und am häufigsten genutzten Strategien aus dem Gebiet der Positiven Psychologie.

Unsere zentralen Charakterstärken sind unsere dauerhaften Kerntugenden. Chris Peterson und Martin Seligman erkannten vierundzwanzig solcher Tugenden, die in praktisch allen Kulturen seit Jahrhunderten bekannt sind.[7] Dazu gehören: Neugierde, Ausdauer, Führungsvermögen, Mut, Vergebungsbereitschaft, Humor und Sinn für das Schöne. Es gibt eine allgemein verfügbare wissenschaftliche Methode zur Bestimmung der Signaturstärken, zu der auch das Ausfüllen eines Charakterstärken-Fragebogens gehört. Auf Deutsch wird er von der Universität Zürich unter http://www.charakterstaerken.org/ angeboten. Informationen zur Interpretation der Ergebnisse gibt es unter http://www.charakterstaerken.org/VIA_Interpretationshilfe.pdf

Wenn wir unseren zentralen Charakterstärken, unseren sogenannten Signaturstärken, entsprechend handeln, wenn wir Herausforderungen bewältigen müssen oder Ziele erreichen wollen, dann sind wir mit größerer Wahrscheinlichkeit engagiert dabei und effektiv und finden in dem, was wir tun, eher Befriedigung.

Unsere Signaturstärken können uns außerdem dabei helfen, unseren Genius zu finden. Wenn wir das tun, was wir leidenschaftlich gern tun, nutzen wir unsere Charakterstärken höchstwahrscheinlich umfassender. Dieselben Stärken treten wohl auf den Plan, wenn wir in Bestform agieren.

Bei der Erforschung der Synchronizität habe ich intensiv auf alle meine wichtigsten Stärken zurückgegriffen, darunter Kreativität, Urteilsvermögen, Durchblick und Neugierde sowie beim Schreiben dieses Buches insbesondere meine Liebe zum Lernen. Vielleicht ist es ebenso wichtig, dass meine schwächste Stärke im Test die Selbstregulation war! Wahrscheinlich würde nur ein Mensch mit einer geringen Selbstregulation sich auf das offensichtliche Risiko einlassen, „den Dädalus zu geben"!

Teil 4
Laut und deutlich

NEUNZEHN
Es ist Zeit für Positive Psychiatrie

Wenn ich auf mein relativ erfülltes Berufsleben auf dem Gebiet der psychischen Gesundheit zurückblicke, dann fällt mir vor allem eines besonders auf: Ich glaube, die geläufigsten Erklärungen für psychische Probleme richten in Wirklichkeit Schaden an, weil sie zu pessimistisch sind. Davon abgesehen, decken sich die vorherrschenden Erklärungen, und insbesondere jene aus dem Gebiet der Psychiatrie, nicht mit meiner unmittelbaren Lebenserfahrung. Diese umfasst das, was ich aus den persönlichen Geschichten meiner vielen Tausend Klienten gelernt habe; die klinische Forschung, die ich zusammen mit Kollegen betrieben habe; sowie meine eigene Erfahrung mit echter und vermeintlicher psychischer Erkrankung.

Das Gebiet der Psychiatrie und der Großteil der einschlägigen Forschung stehen stark unter dem Einfluss der Pharma-Industrie, die im ureigenen Interesse psychische Erkrankungen im Sinne eines biochemischen Ungleichgewichts im Gehirn erklären will und eine medikamentöse Behandlung für notwendig hält. Meiner Ansicht nach ist dies eine wichtige Quelle für Missverständnisse. Wie der klinische Psychologe Dr. Richard Bentall in seinem Buch *Doctoring the Mind* ausführt, hat die wissenschaftliche Forschung in den letzten fünfzig Jahren kaum Beweise für die allzu vereinfachende Reduzierung psychischer Probleme auf bestimmte Formen eines biochemischen Ungleichgewichts erbracht.[1]

Typische psychiatrische Erklärungen für psychische Erkrankungen sind nicht nur zu pessimistisch, sondern in mehrerer Hinsicht problematisch. Hierzu gehören folgende falsch gesetzte Schwerpunkte: Über die

Linderung von Symptomen hinaus wird zu wenig Wert auf die Förderung positiven psychischen Funktionierens gelegt; dafür zu viel auf medikamentöse Behandlung; entsprechend ebenfalls zu wenig auf psychische und soziale Faktoren in Beurteilung und Behandlung; zu wenig auf die Relevanz früherer Traumata, Vernachlässigung und/oder Missbrauch; und zu wenig auf Beziehungen – einschließlich der Beziehung zwischen Kliniker und Patient sowie der Beziehungen zwischen den Akteuren in den verschiedenen Gesundheitsberufen. Darüber hinaus beruht die Alltagspraxis in der Psychiatrie auf einer inadäquaten ständigen Beurteilung der Fortschritte der Patienten.

Zu guter Letzt, und für dieses Buch besonders bedeutsam, spielt die Psychiatrie spirituelle und transpersonale Phänomene merklich herunter. Meiner Beobachtung nach wird der Seele in der heutigen psychiatrischen Beurteilung und Behandlung sehr wenig Aufmerksamkeit geschenkt. Ich vermute, dass die Psychiatrie sich aus Furcht, es an wissenschaftlicher Stringenz fehlen zu lassen, weitgehend von der Seele distanziert hat.

Ich glaube, dass jeder dieser Mängel durch die Entwicklung eines optimistischeren, breit gefächerten, aber wissenschaftlich fundierten Ansatzes behoben werden könnte; diesen Ansatz könnte man als „Positive Psychiatrie" bezeichnen. Sie könnte sich Strategien der Positiven Psychologie zunutze machen, einschließlich deren Betonung der Stärken, jedoch den Schwerpunkt stärker auf biologische und transpersonale Phänomene legen als auf diesem Gebiet bisher üblich.

Die Positive Psychiatrie könnte auf die weltanschauungsverändernden Sichtweisen zurückgreifen, die bereits vor dreißig Jahren in *Die sanfte Verschwörung* umrissen und im Wellness-Modell umgesetzt worden sind.[2] Sie könnte auf die neueste Hirnforschung zurückgreifen, die auf eine optimistischere Sicht der menschlichen Veränderungsfähigkeit hindeutet.

Dr. Martin Seligmans Motivation zur Begründung der Positiven Psychologie beruhte zum großen Teil darauf, dass er in vielen Bereichen psychologischer und psychiatrischer Interventionen nur begrenzt Fortschritte wahrnahm. Auf der Suche nach zuverlässigen Methoden zur Verbesserung der psychischen Gesundheit gelangte er zu der Mutmaßung, dass eine optimistische Einstellung relevant sein könnte. Seine Forschungen ergaben daraufhin, dass Optimisten sich nicht nur einer besseren körperlichen und psychischen Gesundheit erfreuen als Pessimisten, sondern dass eine optimistische Lebenseinstellung auch eine bessere Genesung von lebensbedrohlichen Krankheiten sowie bessere Leistungen in Bereichen wie Sport, Bildung, Politik und Wirtschaft fördert.[3] Eine optimistische Einstellung kann sogar ein langes Leben begünstigen. Angesichts dessen lohnt es sich, etwas detaillierter darüber nachzudenken, was Optimismus tatsächlich bedeutet.

Seligman definierte Optimismus im Gegensatz zum Pessimismus nach dem „Erklärungsstil" eines Menschen.[4] Den positiven oder negativen Ausgang einer Situation, zum Beispiel das Abschneiden in einer Prüfung, begründen Menschen normalerweise anhand dreier relevanter Charakteristika: Resultierte das Ergebnis aus Faktoren, die stabil oder instabil, global oder spezifisch und internal (durch das eigene Tun) oder external (durch das Denken und Handeln anderer) waren?

Optimisten neigen dazu, positive Ergebnisse als aus Charakteristika hervorgehend zu erklären, die dauerhaft und stabil, global oder auf ein ganzes Spektrum von Umständen anwendbar sowie internal oder ihrem persönlichen Einfluss unterworfen sind. Ein gutes Prüfungsergebnis wird dann zum Beispiel darauf zurückgeführt, dass man ein fähiger Schüler oder Student ist, der sich unabhängig vom Thema stets gut vorbereitet.

Im Gegensatz dazu würden Optimisten negative Resultate auf Gründe zurückführen, die instabil, spezifisch für bestimmte Umstände und von externalen Ursachen beeinflusst sind, vielleicht sogar einschließlich ungewöhnlichen Pechs. Ein schlechtes Ergebnis würde dann zum Beispiel einer störenden Krankheit zugeschrieben. Für pessimistisch eingestellte Menschen gelten die gegenteiligen Faktoren. Sie würden ein gutes Ergebnis instabilen Faktoren zuschreiben, etwa, dass sie öfter einfach gut geraten oder einen ungewöhnlich nachsichtigen Korrektor gehabt haben, ein schlechtes Ergebnis hingegen stabilen Faktoren wie etwa einer angeblich fehlenden Studieneignung oder mangelndem Interesse am Lernen zuordnen.

Menschen, bei denen eine psychische Erkrankung diagnostiziert wurde, etwa eine mittlere bis schwere Depression oder eine bipolare Störung, bekommen oft sinngemäß zu hören: „Sie haben ein auf Krankheit beruhendes Leiden [schlechtes Resultat], das durch ein biochemisches Ungleichgewicht [das heißt, durch einen instabilen Einfluss] in Ihrem Gehirn ausgelöst wird. Dieses hat eine genetische [das heißt stabile und dauerhafte] Ursache. Die Behandlung erfolgt hauptsächlich durch die Verabreichung von Medikamenten [das heißt, durch externale Einflüsse]." Eine solche Erklärung ist ihrer Definition nach pessimistisch.

Außerdem sagt man den Betroffenen oft, sie müssten die Medikamente wahrscheinlich ihr ganzes Leben lang einnehmen. Mir scheint, dass wir mit derart pessimistischen Erklärungen riskieren, den potenziell verletzlichsten Menschen in der Gemeinschaft zum Zeitpunkt ihrer größten Verletzlichkeit einen Schlag zu versetzen und ihre Lebenseinstellung dann noch zusätzlich dadurch zu unterminieren, dass wir ihnen die Umstände, in denen sie sich befinden, mit unangemessen negativen Begriffen beschreiben. Ich glaube, dass die potenziell schädlichen oder Nocebo-Effekte derartiger Erklärungen auf lange Sicht vielen hilfreichen Wirkungen der Medikamente, seien sie nun Placebo-Effekte oder nicht, entgegenarbeiten. Solche Erklärungen könnten vorhersehbar das Selbstwirksamkeitsempfinden der Betroffenen reduzieren und eine Haltung erlernter Hilflosigkeit fördern.

Zuweilen werden solche vereinfachenden und rigiden Erklärungen sogar noch weiter vereinfacht, indem unterstellt wird, das Leiden werde durch ein einzelnes Gen ausgelöst. Zum Beispiel heißt es in einem Handbuch zur psychischen Gesundheit, das 2004 an jeden praktizierenden Allgemeinarzt in Australien ausgegeben wurde: „Menschen mit bipolaren Störungen haben offensichtlich eine gestörte Hirnchemie. … Wahrscheinlich führt *das schadhafte Gen* [Kursivierung von mir] dazu, dass der Körper ein falsches chemisches Gleichgewicht herstellt."[5]

Dieses Handbuch wurde zu einem Zeitpunkt erstellt, als solche Ein-Gen-Theorien sich längst als viel zu stark vereinfachend und irreführend erwiesen hatten. Dasselbe Handbuch spricht von Depression als einer „genetischen und biologischen Störung, die durch Lebensbelastungen und Persönlichkeitsstil beeinflusst wird", wobei Beispiele für letzteren

Menschen genannt werden, die „immer pessimistisch sind und sich auf das Schlechte konzentrieren, statt die Situation positiv zu sehen".[6] Paradoxerweise besagt das Handbuch einerseits, dass derart rigides, enges und pessimistisches Denken zu Depressionen führen kann, und befürwortet andererseits unabsichtlich genau diese pessimistische Einstellung.

Solche Aussagen passen nicht zu der Erkenntnis, dass viele Gene eine Verbindung zu psychotischen Erkrankungen wie etwa der bipolaren Störung haben, und dass die meisten Menschen, die einige solcher Gene besitzen, die Krankheit nie entwickeln. Um die Verwirrung noch ein wenig größer zu machen: Über tausend Gene haben nachweislich eine Verbindung zur Depression (oft sind es dieselben, die auch mit Angsterkrankungen verbunden sind).

Darüber hinaus hat etwa die Hälfte der gut designten direkten wissenschaftlichen Vergleichsstudien keine Vorteile von Medikamenten gegenüber Placebos gezeigt: Ein Großteil der Wirksamkeit von Antidepressiva ist höchstwahrscheinlich auf Placebo-Effekte zurückzuführen. Die neuere Hirnforschung mit bildgebenden Verfahren zeigt, dass die Veränderungen im Gehirn von Patienten, die gut auf Placebos ansprechen, fast identisch sind mit denen von Patienten, die gut auf Medikamente ansprechen.[7]

Viele Menschen mit einem breiten Spektrum psychiatrischer Erkrankungen weisen nicht das vorhergesagte biochemische Ungleichgewicht auf. Vereinfachende Aussagen, die psychische Probleme auf genetische Ursachen zurückführen, ignorieren offenbar das dynamische Wechselspiel zwischen Genen, Biochemie und Erfahrung, wie es Rossi in Bezug auf die Genexpression beschreibt.

Wie Marcia Angell, die ehemalige Chefredakteurin des *New England Journal of Medicine*, in ihrem Buch *Der Pharma-Bluff* beschreibt, wenden Pharma-Firmen sehr viel mehr für Marketing auf als für Forschung.[8]

Durch immer umfassendere Definitionen psychischer Störungen geraten potenziell immer mehr Menschen ins diagnostische Netz. Dies wird anscheinend dadurch gefördert, dass die von Pharma-Firmen finanzierte Forschung der Medikation zuneigt. Zum Beispiel wurde eine schwere depressive Störung neuerdings umfassender definiert, so dass sie nun auch jemanden einschließt, der ganz normal um einen vor wenigen Wochen verstorbenen Angehörigen trauert.[9] Wird eine relativ normale Reaktion auf einen Verlust pathologisiert, so kann dies der psychischen Gesundheit weiter schaden.

In unserer psychologischen Praxis haben wir inzwischen Forschungen mit über sechshundert Klienten durchgeführt, deren Symptome der DSM-Diagnose für eine schwere Depression entsprechen. Diese Forschung zeigt, dass Klienten, die keine Medikamente erhielten, im Allgemeinen genauso gut und genauso schnell genesen sind wie Klienten, die Medikamente einnahmen.[10] Dies heißt nicht, dass wir nur wenige Klienten hatten, denen Medikamente geholfen haben – tatsächlich haben wir im Laufe der Jahre bei vielen erlebt, dass sie erkennbar davon profitierten, wenngleich unterstützt von einem starken Placebo-Effekt. Viele dieser Klienten schienen noch besser auf die positiven Effekte der Psychotherapie anzusprechen, wobei die medikamentöse und die therapeutische Intervention in Kombination offenbar sehr gut funktionierten. Ich hege jedoch nicht den geringsten Zweifel, dass es deutlich übertrieben ist, wenn betont wird, wie notwendig eine generelle medikamentöse Behandlung zur Linderung von Depressionen sei, insbesondere in milderen oder mittelschweren Fällen.

Wie bereits erwähnt, besteht außerdem die Tendenz, der Relevanz psychosozialer Einflüsse auf psychische Erkrankungen und ihre Behandlung zu wenig Gewicht beizumessen. In der Schulmedizin wird offenbar kaum anerkannt, dass auch psychologische Faktoren Einfluss auf biologische Funktionen, einschließlich der Genexpression, ausüben, und nicht nur anders herum. Zum Beispiel können neuartige Gedanken, unsere familiäre Umgebung, der Grad unserer sozialen Unterstützung oder sogar eine traurige oder fröhliche Rolle als Schauspieler unsere Hirnchemie verändern.[11]

Psychosoziale Faktoren werden vor allem dann zu gering betont, wenn frühere traumatische Erfahrungen und die mit ihnen verbundenen Symptommuster nicht erkannt werden. Dies gilt für Erkrankungen wie posttraumatische Belastungsstörungen und dissoziative Störungen. Wenn ungelöste frühere Traumata und damit verbundene psychische

Komplikationen erkannt werden, gibt es oft gute Gründe, hinsichtlich einer Genesung etwas optimistischer zu sein, zumal angesichts der im Allgemeinen guten Ergebnisse der einschlägigen psychologischen Behandlungsformen.

Es kann für die Betroffenen eine große Hilfe sein, wenn sie begreifen, dass ihre psychischen Probleme auf den Einfluss früherer traumatischer Ereignisse zurückzuführen und sie selbst heute in der Lage sind, ihre Reaktion darauf zu verändern. Sie erkennen bereitwilliger an, dass ihre Probleme nicht ihr Fehler sind; und sie haben größere Hoffnung, dass sie etwas tun können, um diese zu bewältigen.

Einige psychologische Behandlungsinterventionen bei Traumareaktionen wirken dadurch, dass den Betroffenen geholfen wird, ihre Wahrnehmung des früheren Traumas oder die Erinnerung daran zu verändern. Dies kann in potenziellen Verbesserungen nicht nur in ihrer Hirnchemie, sondern sogar im physischen Aufbau ihres Gehirns resultieren. Erfolgreiche Behandlungen können zu einer Volumenvergrößerung des Hippocampus führen, der Lern- und Gedächtnisfunktionen unterstützt.[12] Zuweilen können solche Interventionen durch hilfreiche Medikamente begleitet werden.

Meiner Erfahrung nach werden bestimmte Behandlungsformen bei Trauma-Reaktionen in der klassischen Psychotherapie und Psychiatrie trotz ihrer potenziellen Vorteile kaum eingesetzt.[13] Zum Teil liegt dies offenbar daran, dass nur sehr wenige Psychiater in der Anwendung dieser Methoden gut ausgebildet sind.

Ein hoher Prozentsatz von Menschen mit einem breiten Spektrum psychischer Erkrankungen, einschließlich Psychosen, dissoziativer Störungen und Borderline-Persönlichkeitsstörungen, haben in ihrer Vergangenheit psychische Traumata erlitten. Hierzu gehört häufig körperlicher oder sexueller Missbrauch. Bei der Beurteilung wird dieser Teil der Vergangenheit oft ausgeklammert. Ich habe es häufig erlebt, dass in psychiatrischen Kliniken Angaben über einen traumatischen Missbrauch in der Kindheit mit äußerster Skepsis aufgenommen wurden, und zwar so, dass sich der Zustand der Klienten dadurch letztendlich verschlimmert hat.

Positive Beziehungen zwischen Arzt und Patient oder Therapeut und

Klient sind wichtiger als jede angewandte Therapiemodalität. Welchen wertvollen Beitrag sie leisten, verdeutlichen verschiedenste Forschungsprojekte. Gute Beziehungen erhöhen zuverlässig Motivation und hoffnungsvolle Erwartung der Klienten und stärken den Placebo-Effekt. Auch die Beziehungen zwischen den verschiedenen Gesundheitsberufen in Psychologie und Psychiatrie sind entscheidend, doch oft sind sie aufgrund beruflicher Rivalitäten, die durch die unterschiedlichen Schwerpunkte der diversen Disziplinen bei Beurteilung und Behandlung ausgelöst werden, konfliktbelastet. Meiner Erfahrung nach treten Psychiater kaum einmal für die neuartigen Ansätze ein, die auf den höheren Stufen des Spiral-Dynamics-Modells vertreten werden.

Inzwischen gibt es Forschungen, die – nicht weiter überraschend – zeigen, dass Menschen mit psychischen Erkrankungen unter einer Behandlung leichter eine Besserung erzielen, wenn ihre Fortschritte objektiv beobachtet werden. Es fördert die Entwicklung einer optimistischeren Einstellung gegenüber der Genesung, wenn Fortschritte routinemäßig gemessen und die Klienten über die Ergebnisse informiert werden. Heute gibt es einfache und effektive Möglichkeiten, nicht nur den klinischen Fortschritt, sondern auch die Qualität der Beziehung zwischen Therapeut und Patient zu messen.

Schließlich – und dies ist ein Kernthema dieses Buches – glaube ich, dass die klassische psychologische und psychiatrische Gesundheitsversorgung die Relevanz und Bedeutung spiritueller und transpersonaler Fragen im Leben der Menschen zu gering einschätzt. Wie Dr. Craig Hassed in seinem Buch *The Essence of Health* erläutert, kann es unter anderem folgende günstige Auswirkungen haben, wenn eine spirituelle Dimension im Leben aktiv anerkannt wird: Selteneres Auftreten von Krebs, Herzerkrankungen und Drogenmissbrauch, verbesserte Rekonvaleszenz nach Herzoperationen, verringerte Sterblichkeit bei allen Ursachen und ein längeres Leben.[14] Spiritualität fördert außerdem ein selteneres Auftreten von sowie eine schnellere Genesung bei Depressionen.

Spiritualität ist ein wesentlich umfassenderer Begriff als das Praktizieren einer Religion und kann sich auf alles beziehen, was uns im Leben Sinn und Ziel gibt. Der Begriff schließt allerdings auch transpersonales und mystisches Erleben ein. Im Interesse der Förderung einer optimalen psychischen Gesundheit halte ich es für wichtig, dass im konventionellen Gesundheitssystem Erlebnisse, die das Gefühl von Sinnhaftigkeit und Zugehörigkeit stärken können, aktiver berücksichtigt werden. Dazu gehörte dann auch, dass die potenzielle Relevanz von Synchronizität anerkannt wird.

Aus zahlreichen Gründen ist anzunehmen, dass synchronistische Erlebnisse sich auf die psychische Gesundheit der Menschen in ganz bestimmter Weise vorteilhaft auswirken, unter anderem im Zusammenhang mit Neuroplastizität. Neuartige Erlebnisse sind besonders starke Stimulanzien für Neuroplastizität, weil sie die Dopamin-Ausschüttung anregen. Diese steigert wiederum sowohl Energie und Motivation als auch die Freude daran, ein Ziel zu verfolgen, und führt so zur Konsolidierung der neuen Hirnverbindungen, die derart lohnende Tätigkeiten unterstützen. Wie die in den Kapiteln Drei und Einundzwanzig dieses Buches genannten Fälle zeigen, können äußere Umstände, die als synchronistisch wahrgenommen werden, therapeutische Veränderungen besonders stark fördern.[15]

Viele Menschen haben einen Bezug zur Idee der Synchronizität, die für sie auf eine reale, wenngleich unsichtbare, transpersonale Dimension des Lebens verweist. Allerdings würden sie dies Ärzten und Therapeuten nicht unbedingt verraten, weil sie wohl befürchten, verurteilt oder missverstanden zu werden. Es herrscht in unserer Kultur eine allgemeine Skepsis gegenüber Erlebnissen oder Ansichten, die vielleicht nicht völlig rational klingen.

Ich glaube, diese Bedenken halten viele Menschen davon ab, über persönliche Erlebnisse und Ansichten zu sprechen, die für ihre individuelle Philosophie zentrale Bedeutung haben. Doch könnten solche Überzeugungen und Erfahrungen in Therapie oder Behandlung eine hilfreiche Rolle spielen und eine effektivere Heilung fördern. Mit Staunen stelle ich fest, wie viel mehr Patienten mir verblüffend synchronistische Erlebnisse anvertrauen, seit sie wissen, dass ich ein Buch über das Thema schreibe.

Die Erweiterung der allgemeinmedizinischen Ausbildung um Themen wie soziale Verbundenheit, Umgang mit Stress, Umweltfragen, Sport und

Ernährung sowie Spiritualität wird es der nächsten Generation praktischer Ärzte zweifellos leichter machen, einen ganzheitlicheren Blick auf die körperliche wie auch die psychische Gesundheitsfürsorge zu entwickeln.[16]

Auch eine stärkere Betonung der Prinzipien der Positiven Psychologie würde helfen – insbesondere wenn man die Patienten darin unterstützt, eine optimistischere Sicht ihrer Herausforderungen und Chancen zu entwickeln und beizubehalten sowie auf ihre jeweiligen Stärken zurückzugreifen.

Ich glaube, das Gebiet der Positiven Psychologie könnte an sich schon zu einer stärkeren Betonung der Spiritualität sowie zu einer aktiveren Anerkennung der potenziellen Vorteile ermutigen, die numinoses Erleben – einschließlich Synchronizität – für unsere biologischen Funktionen, also auch in Bezug auf Dopamin-Ausschüttung und Neuroplastizität, hat. Wenn diese ehrgeizigen Ziele tatsächlich erreicht werden können, dann werden wohl auch die konventionellen Interventionen im Bereich der psychischen Gesundheit kreativer und wirkungsvoller.

Wie ich bereits an früherer Stelle gesagt und in diesem Buch mehrfach betont habe, bezieht sich mein Daimon darauf, den Wandel des psychischen Gesundheitssystems in eine optimistischere Richtung voranzutreiben. Insbesondere halte ich es für an der Zeit, dass im psychischen Gesundheitswesen eine „Positive Psychiatrie" entwickelt wird. Diese sollte als ihr Kernprinzip eine optimistische Sicht unserer Fähigkeit vertreten, angesichts von Herausforderungen unsere körperliche und psychische Gesundheit zu verbessern. Der Fokus läge stark auf der Biologie, einschließlich der Auswirkungen psychosozialer und ja, auch transpersonaler, Erfahrungen auf sie. Es wäre immer noch Raum für einen besonnenen Einsatz evidenzbasierter medizinischer Interventionen, auch der Medikation, idealerweise auf der Grundlage einer in einem strengeren Sinne unabhängigen Forschung.

Ein positiv-psychiatrischer Ansatz verträte ein optimistischeres, also stärkenbasiertes Verständnis genetischer Einflüsse. Statt psychische Probleme als genetisch bedingte „Erkrankungen" zu betrachten, die allgemein als negativ begriffen werden, könnten wir derartige Schwierigkeiten als Folge zugrunde liegender biologischer Ursachen verstehen, die über die leichter erkennbaren Nachteile hinaus auch Vorteile bieten können.

So haben Menschen mit autistischen Zügen zwar vielleicht Defizite in ihren sozialen Fähigkeiten und sind womöglich zu stark auf bestimmte Interessen fixiert, aber sie haben auch Vorteile, wenn sie Abläufe einhalten, an einer Aufgabe dranbleiben und detailgenau arbeiten müssen. Dies könnte für sie in bestimmten Berufsfeldern (Detektiv, Forscher?) eine zuverlässige Hilfe sein. Als weiteres Beispiel haben Menschen mit Legasthenie oft Vorteile bei bestimmten Formen räumlichen und kreativen Denkens; auch als Wissenschaftler, Ingenieur und Unternehmer können sie über natürliche Vorzüge verfügen.[17]

Ähnlich glaube ich, dass Menschen, in denen die Grundlage für eine bipolare Störung angelegt ist, möglicherweise ihr Leben lang Vorteile bei Kreativität, Energieniveau und schnellem Denken haben. Unter Dichtern und Komikern sind sie überdurchschnittlich häufig vertreten. Als ich „den Dädalus gab", habe ich absichtlich auf solche Ideen zurückgegriffen – und dies scheinbar mit gutem Ausgang. Diese Ansicht wird von einigen Forschungsergebnissen gestützt, die zeigen, dass kreative Künstler und Menschen mit einer bipolaren Störung oder Schizophrenie etliche Charakteristika gemeinsam haben, unter anderem eine größere Fähigkeit zu divergentem Denken.[18]

Die starke Verbreitung zahlreicher psychischer Störungen lässt darauf schließen, dass die biologische Grundlage oder bestimmte Gene, die ihnen zugrunde liegen, Vorteile bieten müssen. Andernfalls hätten sie wohl kaum eine derart lange Phase evolutionärer natürlicher Auslese überstanden. Aufgrund der pessimistischen Sichtweise in der Psychiatrie werden die Vorteile anderweitig problematischer Grundlagen nur selten erkannt.

Das Entscheidende ist vielleicht, dass man die Fähigkeit erlangt, sich die Vorteile genetisch bedingter Grundlagen zunutze zu machen und zugleich ihre Nachteile zu begrenzen. So könnten wir zum Beispiel weitere Möglichkeiten erforschen, die unterschätzten Vorteile von Legasthenie-Genen oder Genen bipolaren Typs zu nutzen, und uns dabei gleichzeitig auf Methoden zur Begrenzung ihrer negativen Einflüsse konzentrieren. Zusammengenommen lassen meine persönliche Erfahrung, als ich „den

Dädalus gab", und Rossis Experimente zur bewussten Beeinflussung der Genexpression darauf schließen, dass wir gerade erst begonnen haben, unser wahres Potenzial zur Beeinflussung unserer Hirnchemie zu erschließen.

Die Vorteile zu erkennen, könnte zumindest ein Ausgleich für die Passivposten möglicher problematischer Grundlagen sein. In einigen Fällen könnten die Vorteile die Passiva sogar überwiegen.

Die Positive Psychiatrie hätte außerdem die Bedeutung gesunder Beziehungen im Blick, einschließlich der Beziehung zwischen behandelndem Kliniker und Patient. Auch der unterstützende Kontakt mit Angehörigen wäre entscheidend. Ein großer Schwerpunkt würde auf positive Beziehungen bei den gemeinsamen Bemühungen von Menschen in Heilberufen und anderen interessierten Beteiligten gelegt.

Es gäbe routinemäßige Evaluationen der Fortschritte in relevanten Dimensionen, einschließlich eines regelmäßigen Monitorings der Beziehung zwischen behandelndem Kliniker und Patient. Spirituellen und transpersonalen Erfahrungen würde sehr viel mehr Beachtung geschenkt; dazu gehört auch, dass die Patienten eingeladen werden, über ihre persönliche Philosophie und ihre Überzeugungen zu sprechen. Dies würde höchstwahrscheinlich bedeuten, dass die Intuition auf Seiten des Klienten wie des Therapeuten größere Bedeutung erlangt.

Im Hinblick auf psychische Erkrankungen würde häufig die Ansicht vertreten, dass die besten Lösungen sehr wohl im Patienten selber liegen können. Dies bedeutet, dass die Interventionen eine höchst individuelle und persönliche Richtung einschlagen würden, wobei die Vorlieben, Sichtweisen und Überzeugungen des Klienten stark mit einbezogen werden.

Der Einsatz für die Positive Psychiatrie ist seit vielen Jahren ein Dauerthema meiner Arbeit. Auch heute noch ist er ausdrücklicher Schwerpunkt meiner öffentlichen Vorträge. Nichts hat mir dabei mehr Kraft verliehen als das wiederholte Erleben von Synchronizität. Sie ist es, die mich, vor allem anderen, zu meinem Daimon geführt hat.

Prinzipien der Positiven Psychiatrie

Eine Positive Psychiatrie, wie ich sie sehe, richtet den Blick nach wie vor stark auf die Biologie, aber auf eine ganzheitlichere und optimistischere Weise. Sie konzentriert sich nicht rein auf das Negative (wie etwa pathologische Erkrankungen), sondern erklärt Probleme und Interventionen mit optimistischeren Begriffen. Dazu gehört auch eine stärkere Anerkennung der potenziellen Vorteile von Genen, die im Zusammenhang mit verschiedenen Erkrankungen stehen. Erkenntnisse aus der Positiven Psychologie werden integriert. Die Medikation erhält weniger Übergewicht. Placebo-Effekte werden als wichtige Bestandteile der Heilung begrüßt und verstärkt. Die Auswirkungen von Traumata werden stärker anerkannt. Weitere wesentliche Merkmale dieses Ansatzes sind:

- Ein Schwerpunkt auf gesunden Beziehungen zu Patienten und ihren Familien sowie zu anderen Heilberufen und der größeren Gemeinschaft,
- ein regelmäßigeres Monitoring, einschließlich der Messung des Wohlbefindens und der Symptomminderung,
- ein aktives Einlassen auf den Patienten und die Suche nach Lösungen innerhalb seiner Erfahrungswelt statt von außen,
- eine aktive Förderung und Nutzung der Intuition des Patienten,
- die Betrachtung von Träumen als Bestandteil der Patientengeschichte und als Mittel zur Förderung einer ganzheitlicheren Persönlichkeitsfunktion,
- ein Schwerpunkt auf transpersonalen Themen, einschließlich Fragen nach Sinn, Ziel und Werten – vielleicht unter Nutzung von Synchronizität zur Erforschung dieser Bereiche,
- das Ausschauhalten nach glücklichen Zufällen und Synchronizität als Quelle für günstige Gelegenheiten und zur Steigerung von Energie, Motivation und Freude.

ZWANZIG
Unterwegs nach Kalifornien

Eine der wichtigsten Fragen zur Synchronizität lautet: Wird sie häufiger, wenn man sich ihr widmet? Bei den Vorbereitungen für dieses Buch hatte ich Gelegenheit, diese Idee zu testen. Genauer gesagt, ich nahm mir einen Monat Zeit, um in Kalifornien zwischen zwei Konferenzen nichts anderes zu tun als zu schreiben. Wenn ich dabei nicht vermehrt Synchronizität erleben würde, würde dies meine Ansichten über Relevanz und Bedeutung dieses Phänomens infrage stellen. Würde ich aber umgekehrt Synchronizität mit gesteigerter Häufigkeit und Intensität erleben und ließe sich den Ereignissen im Hinblick auf meinen Lebensweg erkennbar ein Sinn zuordnen, dann wäre dies eine Untermauerung meiner Idee, dass Synchronizität mehr ist als bloß ein glücklicher Zufall.

Zwei Tage vor einem internationalen Kongress über Positive Psychologie[1] kam ich in Los Angeles an. Ich erfuhr, dass Robert Plant, einer meiner Lieblingssänger, im *The Shrine* auftrat, und kaufte eine Karte. Bei den ersten Takten seines Liedes „Going to California“ verspürte ich zum ersten Mal ein numinoses Gefühl. Ein Konzertbesucher neben mir sagte, im Gegensatz zu anderen Liedern, die Robert Plant sang, stünde dieses Stück nicht auf dem Programm für diesen Abend – vielleicht hatte er das Lied gespielt, weil er es, wie er dem Publikum sagte, auf den Tag genau vor vierzig Jahren in Kalifornien gesungen hatte. In diesem Moment kam mir vielleicht zum ersten Mal zu Bewusstsein, dass ich mir den Monat Zeit, um über Synchronizität zu schreiben, tatsächlich in Kalifornien genommen hatte, in der Hochburg der *sanften Verschwörung* – wobei ja das Buch mit dem gleichnamigen Titel mein Interesse an Synchronizität überhaupt erst geweckt hatte. Jetzt war ich noch gespannter und bereit für alles, was passieren mochte.

Bei meinem Aufenthalt in San Francisco wollte ich den synchronistischen Zufall auf meine Seite locken, indem ich im Mystic Hotel abstieg. Ich wollte nicht allzu viel hineinlesen, als ich erfuhr, dass der Mann am Empfang Angel hieß. Es ist wohl ein häufiger spanischer Vorname, aber ich fand es dennoch amüsant.

Als erstes synchronistisches Erlebnis fiel mir auf, womit der Zimmerschlüssel verziert war – mit dem griechischen Buchstaben Psi. Dies ist ein bekanntes Symbol, das wir in der Mandala-Skulptur in unserer Praxis am unteren Kreisrand angeordnet haben. Wir haben das Psi zur Grundlage unseres Mandalas gewählt, weil es in Australien seit Langem ein offizielles Symbol für die konventionelle Psychologie ist. (Die Arbeit, die wir in unserer Praxis leisten, steht, ungeachtet unseres Interesses an der transpersonalen Dimension, fest auf dem Boden der konventionellen Psychologie.)

Psi ist außerdem eines der beiden Symbole, die wir in unser Praxis-Logo aufgenommen haben. Das andere ist Phi als Ausdruck eines optimalen Gleichgewichts. Dass ich beim Betreten meines Zimmers, in dem ich nichts anderes tun wollte als über das numinose Thema Synchronizität zu schreiben, das Psi sah, weckte in mir eine aufrichtige, frohe und gespannte Erwartung. Ich fotografierte es und mailte das Bild meiner Frau und meinen Kollegen. Es stärkte mein Empfinden, dass ich zur rechten Zeit am rechten Ort war. Es war wie ein großes bejahendes Häkchen vom Universum.

Das Gefühl intensivierte sich noch, als ich die Bedeutung von Psi bei Wikipedia recherchierte. Bisher hatte ich nur im Zusammenhang mit der konventionellen Psychologie daran gedacht, aber es gab auch andere bekannte Assoziationen. Verblüfft erkannte ich, dass der Buchstabe auch mit paranormalen Phänomenen und hier insbesondere mit der Kommunikation mit Verstorbenen verbunden war. Dies beeindruckte mich besonders, weil mir bei dem gerade erst abgeschlossenen Kongress über Positive Psychologie zwei gut vernetzte Psychologen an zwei aufeinanderfolgenden Abenden anvertraut hatten, dass sie Geister-Medien sind und mit Verstorbenen kommunizieren. Ihre kurzen Anekdoten waren sehr überzeugend gewesen.

Psi verband also Psychologie mit Synchronizität, da Letztere ein Beispiel für das Paranormale war. Mein Interesse war vollends geweckt, als ich zum selben Zeitpunkt auch entdeckte, dass das Psi-Symbol für Wellenfunktionen in der Quantenmechanik steht.[2] Diese basiert auf dem Werk von Erwin Schrödinger, einem Begründer der Quantenphysik, der, wie ich später erfuhr, sich auch für Mystik interessierte.[3]

Dieser bemerkenswerte Zufall hatte für mein Empfinden Offenbarungscharakter. Ich betrachtete ihn als große Bestätigung für die Verbindungen, die ich zwischen den drei scheinbar völlig konträren Gebieten konventionelle Psychologie, paranormale Phänomene und Quantenphysik postulieren wollte. Wie sich herausstellte, stand jedes Gebiet merkwürdigerweise mit demselben Symbol in Zusammenhang, mit Psi.

An manchen Tagen bin ich in einer besseren Stimmung, um synchronistische Erlebnisse anzuziehen, als an anderen. Heute würde ich sagen, dass sie vor allem dann auftritt, wenn meine Seele äußerst bewusst „spielt", um einen Begriff Platons zu benutzen.[4] Dies geschieht nicht oft. Es kommt hauptsächlich dann vor, wenn ich Abstand zur Arbeit und Zeit zur Verfügung sowie reichlich Gelegenheit habe, mich umzuschauen – zum Beispiel auf Reisen.

Ich finde es hilfreich, stundenlang einfach unterwegs zu sein, ohne große Erwartung, wohin ich gehe und was ich vorfinde, vorzugsweise auch ohne Landkarte. Ich nenne das „der Nase nach gehen". Auf Reisen finde ich, dass mein Erleben dadurch frischer wirkt, das heißt, nicht gefiltert durch Empfehlungen aus Ratgebern und Reiseprospekten. So kann sich der Spontaneität nicht viel in den Weg stellen.

Mit diesem Abenteuergeist im Herzen wanderte ich durch Chinatown und stieß auf das *Beat Museum*. Es war ein unerwarteter Fund, der mich stundenlang beschäftigte. Mir war gar nicht klar gewesen, in welchem Ausmaß sich die Dichter der Beat-Generation für transpersonale Themen interessiert hatten. Nach zutiefst verstörenden Ereignissen wie dem Abwurf der Atombombe entwickelten sie hoffnungsvolle und großartige Visionen für eine bessere Welt. Sie feierten das eigene Erleben und waren misstrauisch gegenüber den Erwartungen anderer. Sie interessierten sich dafür, wie das Leben ist, nicht wie es sein sollte. Diese Themen sprachen mich im Hinblick auf die Erfahrung der Synchronizität sehr an.

Ich war bewegt von der Kreativität und dem Humor der Beat-Autoren, ganz zu schweigen von ihrer bahnbrechenden Unkonventionalität. Sie regten zur Sinnsuche an, erweckten aber den gegenteiligen Anschein. Auf meinem Erkundungsgang durch das Museum wuchs mein Gefühl der Numinosität zusehends. Als ich erfuhr, dass ihr wichtigster Treffpunkt die *Six Gallery* gewesen war, fühlte ich mich ihnen besonders verbunden. Das Letzte, was ich las, bevor ich das Museum wieder verließ, war, so kam es mir vor, der Hauptgrund für meinen Besuch gewesen. Kerouac schrieb: „Mach dir nichts aus Kritikern … mach dir nichts aus den spießigen akademischen Thesen von Gelehrten … sie wissen nicht, wovon sie reden … sie sind voll auf dem Holzweg. Sie sind kalt … du bist glühend heiß … du kannst den ganzen Tag schreiben … du weißt, was du weißt.“[5] Ich nahm dies als starke Ermutigung an der Schwelle zu meinem Schreibmonat. Ich fühlte mich für alles gerüstet.

Den ganzen nächsten Tag verbrachte ich mit Schreiben. Mein Thema gehörte zum Schwierigsten, womit ich mich je zu befassen versucht hatte. Ich war überzeugt, dass ich auf der richtigen Spur war. Am Abend verstärkte sich dieses Gefühl noch, als ich einen Abschnitt abschloss und in Feierlaune hinunter in die Hotelbar des Mystic ging. Mir gefiel die Musik und die Atmosphäre wie in einem Film noir.

Nach zehn Minuten kam ich mit einer Iranerin auf dem nächsten Barhocker und ihrem Mann neben ihr ins Gespräch. Sie waren auf Urlaubsreise und aus Dubai gekommen. Wir unterhielten uns über die Sehenswürdigkeiten, die wir bisher gesehen hatten. Dem Mann gegenüber betonte ich, wie gut mir mein Besuch im *Beat Museum* gefallen hatte. Prompt erwiderte er, vom *Beat Museum* habe er noch nicht gehört, aber in London habe er sein Studium mit einer zweijährigen Arbeit über die Dichter der Beat-Generation abgeschlossen. So etwas nenne ich starke Synchronizität.

Ein paar Tage später hatte ich eine ganze Kette synchronistischer Erlebnisse, als ich mir für eine Stadtrundfahrt in einem offenen Doppeldeckerbus ein paar Stunden freinahm. Gleich der erste Kommentar des Reiseführers war eine Warnung vor den billigen Haarschnitten in Chinatown. Kurz zuvor hatte ich Freunden eine Nachricht über das unglückliche Ergebnis meines außergewöhnlich preiswerten Friseurbesuchs in Chinatown am Vortrag geschickt. Kurz danach wies er auf eine Kirche mit der scheinbar unpassenden Hausnummer 666 hin. Erneut fielen mir die wiederholten Sechsen auf. Kurz danach ging er länger auf drei schwarze Vögel an einer Gebäudefassade ein, eine merkwürdige Erinnerung an einen Klienten, der mir gesagt hatte, dass er Synchronizität am häufigsten in Gestalt wiederholt in Dreiergruppen auftretender Vögel erlebe.

Dann sah ich eine Reihe von Plakaten für eine Foto-Ausstellung der Werke des Beat-Autors Allen Ginsberg. Das sprach mich sehr an. Sie fand im *Jewish Contemporary Art Museum* statt. Ich hatte keinen Stadtplan und war mir nicht sicher, wo es lag.

Als ich später am Union Square wieder ausstieg, wo ich auch eingestiegen war, verspürte ich den Impuls, in eine andere Richtung zu gehen – meiner Nase nach. Schließlich kam ich an einem Vorplatz vorbei, auf dem Leute in einem kleinen Außen-Café saßen, hinter sich ein hohes, attraktives Gebäude. Davor stand, etwas weiter unten, eine interessante architektonische Projektion, als ragte der Bug eines Schiffes in den Raum hinein. Ich beschloss, in das Gebäude hineinzugehen.

Beim Näherkommen fiel mir ein Plakat an der Wand auf. Es bewarb eine Ausstellung mit Fotografien von Allen Ginsberg. Ja, es war das *Jewish Contemporary Art* Museum. Es befand sich sehr weit weg von der Stelle, an der ich es vermutet hatte. Dann bemerkte ich ein zweites Poster. Es warb für eine Ausstellung über hundert Jahre spirituelle Kunst mit dem Titel „Beyond Belief". „Jenseits des Glaubens", das gefiel mir. Vielleicht war ich hergekommen, weil ich sie sehen sollte. Doch damit würde ich bis zum darauffolgenden Tag warten müssen, wenn es nach dem heutigen Feiertag wieder geöffnet wäre.

Am nächsten Tag ging ich geradewegs in die Ausstellung „Beyond Belief". Mir gefielen die bekannten Zitate an den Wänden des Treppenaufgangs. Eines stammte von Mark Rothko: „Das wichtigste Werkzeug, das sich der Künstler durch beständiges Schaffen fertigt, ist der Glaube an seine Fähigkeit, Wunder hervorzubringen, wenn sie gebraucht werden." In gewisser Weise fand ich, dass ich mit meinem „der Nase nach Gehen" versuchte, genau dies zu kultivieren.

Mir fiel das Zitat von Philip Gutson auf: „Alles bedeutet etwas. Alles im Leben, in der Kunst – jeder Fleck, den du machst, hat Bedeutung, und die einzige Frage ist, welche." Ich war ganz seiner Meinung. Das Zitat erinnerte mich an die Bedeutung, die ich aus dem wiederholten Psi-Symbol abgeleitet hatte.

Ich war im Einklang mit den Empfindungen von Karen Armstrong, einer britischen Schriftstellerin und ehemaligen Nonne: „Wie die Kunst ist auch die Religion ein Versuch, Sinn und Wert im Leben zu finden, trotz des Leidens, dessen Erbe das Fleisch ist."

Die Ausstellung „Beyond Belief" war in Themenbereiche gegliedert wie „Göttliche Architektur", „Verlust und Wiedergutmachung" oder „Ohne Ende" (bezogen auf die Grenzenlosigkeit des Göttlichen). Ein Abschnitt trug interessanterweise die Überschrift „Verborgen und offenbart". In der einführenden Erklärung dazu wurde auch Bezug auf *Satori* genommen, das Zen-Konzept der plötzlichen Erleuchtung „ohne Bezug zu Worten und intellektuellen Vorstellungen".

Der Teil, der mein Interesse ganz besonders fesselte, lautete „Die Geheimsprache". In der Einführung hieß es: „Viele denken, die moderne Kunst habe wie die Religion eine eigene geheime Sprache, mit bildlichen, wörtlichen oder symbolischen Bedeutungsebenen, die der Betrachter zu entschlüsseln vermag oder nicht. Die Künstler in diesem Teil der Ausstellung verwenden in ihrer Arbeit Buchstaben und Symbole und fordern uns damit auf, ihre Kunst zu „lesen", um ihre Bedeutung herauszufinden."

Schon bald zog Jackson Pollocks Gemälde *Guardians of the Secret* meine Aufmerksamkeit auf sich. Die Bildunterschrift erklärte, dass Pollock sich hier herausbildender Stil von Carl Gustav Jungs Erforschung des Unbewussten beeinflusst war. Außerdem faszinierte und inspirierte Pollock wohl auch die Kultur der amerikanischen Ureinwohner, mit der er als Kind in Berührung gekommen war. In diesem Bild soll er „mit schamanistischen Ritualen assoziierte Symbole, Totems und Masken" adaptiert und abstrahiert haben. Ich las, dass „die hieroglyphischen Markierungen im Zentrum des Werkes – gemeinhin als das im Titel erwähnte 'Geheimnis' gedeutet – nicht lesbar oder vollständig verständlich sind, was auf ein jenseitiges Mysterium hindeutet, das nie gelöst werden kann."

Ich betrachtete das Bild. Es fesselte mich. Dann sah ich es! Am unteren Rand des Mittelrechtecks war das unverkennbare Symbol Psi. Es befand sich an einer Position, die der des Psi-Symbols in der Mandala-Skulptur unserer Praxis entsprach: in der unteren Mitte. Jetzt stand es nicht mehr nur für die konventionelle Psychologie. Es war außerdem nicht mehr nur mit paranormalen Phänomenen und Quantenphysik verbunden. Nun kam auch noch der Schamanismus hinzu. Es war zugleich unwirklich und im höchsten Maße real.

Dann kam mir der Gedanke, dass das Symbol Psi ein Schlüssel ist, der ein Geheimnis der psychischen Gesundheit und der Transformation ebenso gut aufschließen kann wie die Tür zu meinem Hotelzimmer. Damals hatte ich noch nicht gelesen, dass Ernest Rossi bei seiner Erklärung der neuesten Fortschritte in der Hirnforschung einige der kreativsten Psychotherapieformen in Bezug zu Schrödingers Wellenfunktionen in der Quantenphysik[6] sowie zum Schamanismus[7] gesetzt und dabei stets die Rolle des Numinosen betont hat. Dieser Offenbarungsmoment sollte erst noch kommen.

Bis dahin diente mir die Synchronizität als das Instrument, mit dessen Hilfe ich diese Verbindungen erkennen konnte. Sie war meine bevorzugte Form intellektueller Intuition, wenn man so will. Ich fand, ich folgte meiner persönlichen Bestimmung. Ich verspürte neue Energie. Ich machte weiter.

Danach besuchte ich die Ginsberg-Ausstellung. Eine Bemerkung des Führers gleich zu Beginn machte mich sprachlos. Einer von Ginsberg Lieblingssätzen sei gewesen: „Beachte, was du beachtest." Ich empfand dies als perfekte Beschreibung dessen, worum ich mich bemühe, wenn ich der Nase nach gehe. Beachte, was du beachtest. Manchmal trifft einen die Synchronizität, ohne dass es einer besonderen symbolischen Deutung bedarf – wie beim Zimmerschlüssel im Mystic Hotel. Andere Male hackt sie ein wenig auf einem herum, bis einem die Bedeutung schließlich ins Bewusstsein dringt. In dem Moment, in dem ich diesen Satz hörte, war mir, als sei etwas angekommen oder dauerhaft in mein Verständnis eingebettet worden.

Am Abend meiner Ankunft in Marin County, einem ruhigen Ort zum Schreiben, beschloss ich, zum Leuchtturm von Point Reyes zu fahren. Als ich ankam, war es bereits dunkel. Während ich auf den Leuchtturm zuging, keine Menschenseele in der Nähe, beschlich mich ein gespenstisches Gefühl. Irgendwie war ich erleichtert, als ich wieder im Auto saß. Ich war gerade losgefahren, da dachte ich, ich hätte links von mir etwas Silbernes aufblitzen sehen. Ich warf einen Blick hinüber und sah zwei Paar glänzender Augen. Sie sahen aus wie von zwei Wölfen. Einen Wolf in freier Wildbahn hatte ich noch nie gesehen.

Ich fuhr nach Hause und recherchierte im Internet über Wölfe und Marin. Schnell wurde mir klar, dass das, was ich gesehen hatte, Kojoten waren, die hier häufiger vorkamen. Dann googelte ich die Symbolik von Kojoten. Zuerst las ich, Kojoten stünden für „ein Ende, das den Weg frei macht für einen Neuanfang“[8] und seien daher Wandlungssymbole. In dem Eintrag hieß es: „Wenn der Kojote dir ins Bewusstsein tritt oder sich dir als Totem vorstellt, zapfen wir Hochspannungsenergie an – verrückt!“ Wow! Was auch käme, ich war bereit.

Ich musste nicht lange warten. Wie ich bereits beschrieben habe, kam es in Form einer herzförmigen Lichterscheinung, die sich auf dem Papier abzeichnete, als ich gerade anfing, über meine Erlebnisse während meines Krankenhausaufenthaltes aufgrund einer schweren Depression vor etlichen Jahren zu schreiben, und an mein mangelndes Selbstmitgefühl dachte. Es half meinem Schreibfluss.

An dem Abend, an dem ich dieses Kapitel abgeschlossen hatte, besuchte ich eine Freundin meiner Frau, die eine halbe Autostunde entfernt wohnte. Vor dem Abendessen wollten wir noch einen Spaziergang in dem Tal hinter ihrem Haus machen. Auf der Fahrt zu ihr ging mir durch den Kopf, dass das Schreiben eines Kapitels über einen Krankenhausaufenthalt wegen Depressionen vielleicht nicht die beste Vorbereitung für ein geselliges Beisammensein war, auch wenn das Thema Transformation zugrunde lag. Ich hätte mir keine Gedanken zu machen brauchen, denn meine Gastgeberin und ich fanden schnell eine gemeinsame Wellenlänge. Unser stundenlanger Spaziergang war mit zahlreichen konkreten Hinweisen auf und Erfahrungen mit Synchronizität gespickt.

Carmel war Literaturagentin, und wie ich bald erfuhr, hatte sie ihr erstes Buch beim Verlag von *Die sanfte Verschwörung* untergebracht. Irgendwann fragte ich, ob sie meditiere. Sie erklärte, unmittelbar hinter dem Hügel befände sich ein Meditationszentrum, das von Jack Cornfield betrieben werde. Er war der berühmteste Meditationslehrer, den ich kannte, und beim letzten „Evolution of Psychotherapy"-Kongress hatte ich einen seiner Vorträge besucht. Auf unserem weiteren Weg sah Carmel eine abgeworfene Schlangenhaut, was nur sehr selten vorkommt und ein bekanntes Transformationssymbol ist. Daraufhin erzählte sie mir von einem synchronistischen Erlebnis mit einem Falken. Im selben Moment hörten wir den Ruf eines Falken ganz in unserer Nähe. Danach wurde unser Spaziergang vom Geheul eines einsamen Kojoten begleitet, einem weiteren Transformationssymbol. All dies weckte in uns ein numinoses Empfinden, das zweifellos auch unsere Gespräche beim anschließenden Abendessen prägte, die sich durchweg um spirituelle Themen drehten.

Etliche Tage später zog ich in die *Point Reyes Seashore Lodge*. Nach dem ersten Schreibtag machte ich einen kurzen Spaziergang in der Umgebung. Auf dem Rückweg verirrte ich mich aus unerfindlichen Gründen auf der kurzen und direkten Strecke. Ich kam an eine unbefestigte Straße. Schon bald fiel mir ein Schild auf, das auf ein spirituelles Retreat auf einem Acker neben der Straße hinwies. Es hatte einen Bezug zur hinduistischen Vedanta-Schule, über die ich damals nur wenig wusste. Ich stapfte zurück zur Hauptstraße und begegnete dabei einem älteren Mann, der seinen Hund ausführte. Im Vorübergehen kamen wir kurz ins Gespräch, und ich bemerkte beiläufig, dass ich hier war, um ein Buch zu schreiben. Er hielt inne, drehte sich um und fragte, worum es sich drehe. „Um Synchronizität", erwiderte ich. Dies ließ ihn aufhorchen.

Er schlug vor, in den Schatten zu gehen. Ich fragte ihn, ob er etwas über das Retreat wüsste. Daraufhin erteilte er mir eine bemerkenswert ausführliche Lektion über so unterschiedliche Themen wie Vedanta-Philosophie und Mystik, den indischen Mystiker Vivekananda und seinen Einfluss im Westen, John Rockefellers damit zusammenhängendes philanthropisches Engagement, frühere Leben, die Schriften von Aldous Huxley, den Dalai Lama, Hatha-Yoga und die erneute Zunahme praktizierter Spiritualität in den Vereinigten Staaten. Dazwischen streute er einige Tipps zum Schreiben und Veröffentlichen ein. Ich erfuhr, dass Ray (so hieß er) mit einem staatlichen Stipendium ein Buch mit dem Titel *The Spiritual Athlete* geschrieben hatte. Er beschloss unsere Begegnung mit dem Ausruf: „Nun, das ist Synchronizität!"

In diesem Moment war das numinose Gefühl so stark, dass ich mir vorkam wie eine Figur in einem Roman von Carlos Castaneda. Ray hatte mir nicht nur mehr über die Geschichte des Vedanta-Retreats in meiner Nachbarschaft erzählt, sondern mir auch geraten, die zugehörige Bibliothek zu besuchen. Ich folgte seinem Rat, aber erst nachdem ich ihn ein zweites Mal getroffen und ein indianisches Essen mit ihm eingenommen hatte.

Das Beeindruckendste an diesem ausführlichen Gespräch war für mich, wie sehr Ray betont hatte, ich solle mich nicht zu sehr in der Synchronizität als solcher verfangen, auch nicht in der scheinbaren Bedeutung der wiederholt auftretenden Zahl sechs. Ich solle mich stärker auf grundlegende spirituelle Prinzipien konzentrieren, drängte er und warnte mich, wenn ich mich allzu sehr von einem Phänomen wie der wiederholten Sechs begeistern ließe, könnte es sein, dass sie mir jahrelang immer wieder begegnete und ich mich am Ende irgendwann fragte, was das alles solle. Es könnte ins Leere laufen.

„Wow!", dachte ich. Hier erteilte mir die Synchronizität höchstpersönlich den Rat, mich wegen ihr nicht verrückt zu machen! Mir gefiel dieses Paradoxon. Wie heißt es doch: Wenn der Schüler bereit ist, erscheint der Meister.

Ich besuchte die Vedanta-Bibliothek an meinem letzten Nachmittag in Marin. Ich hatte nur eine Stunde, daher tat ich, was ich immer tue, wenn nur relativ wenig Zeit, aber viel Reichhaltiges geboten ist. Ich folgte der Laune meiner Intuition, griff hier zu diesem und dort zu jenem Buch, schlug jedes an einer beliebigen Seite auf und öffnete mich jeder Bedeutung, die mir entgegentreten könnte. Ich ging einfach der Nase nach.[9]

Das erste Buch, das mir ins Auge fiel, enthielt ein Kapitel von Aldous Huxley. Er behauptete, wenn wir etwas in Erfahrung bringen oder erforschen wollten, uns dabei aber nicht von einer „Arbeitshypothese" leiten ließen, dann hätten wir keine vernünftige Theorie, um beobachteten Tatsachen einen Sinn abzugewinnen und erzielten kaum Fortschritte. Wenn wir jedoch unserer Arbeitshypothese zu viel Gewicht beimäßen, dann würden wir tendenziell hauptsächlich finden, was wir bereits wissen. Wir würden dann nur das entdecken, was man uns zu glauben beigebracht hatte.

Der Bibliotheken-Engel

Anfang der 1980er Jahre lernte ich einen Klienten kennen, der mir von seiner merkwürdigen Fähigkeit erzählte, in eine Buchhandlung zu gehen und immer die Lektüre zu finden, die im Moment zu seiner Situation und seinen Interessen passte, indem er einfach willkürlich – oder scheinbar willkürlich – Bücher aufschlug. Dies hat mich darauf gebracht, es seither, wenngleich unregelmäßig, mit derselben Herangehensweise zu versuchen. Oft finde ich sie hilfreich.

Der große Schriftsteller Arthur Koestler schrieb diese Fähigkeit dem Wirken des „Bibliotheken-Engels" zu und fügte hinzu, im entscheidenden Moment die richtigen Worte zu finden, könne tiefgreifende Auswirkungen haben. Er erzählte ein eigenes Beispiel aus dem Jahr 1937. Er war vom Franco-Regime inhaftiert worden und wartete auf seine Hinrichtung. Auf der Suche nach etwas Trost in seiner schrecklichen Lage las er einen Roman von Thomas Mann, in dem dieser auf einen Aufsatz von Schopenhauer über den Tod verweist, wonach der Tod nur ein Übergang in ein anderes Leben sei, eine Wiedervereinigung mit der kosmischen Einheit. Diese Lektüre tröstete Koestler so sehr, dass er nach seiner wundersamen Rettung durch das Rote Kreuz an

Thomas Mann schrieb, um ihm für seine Inspiration zu danken. Nur Minuten, bevor Mann vom Postboten Koestlers Brief erhielt, verspürte er den Impuls, zu Schopenhauers Aufsatz zu greifen, und las ihn nach vierzig Jahren zum ersten Mal wieder.[10]

Den Bibliotheken-Engel anzurufen, bedeutet, sich vom glücklichen Zufall führen zu lassen, wenn Sie nur begrenzt Zeit für die Suche nach Informationen und keine erkennbare Möglichkeit haben, gezielt das Sinnvollste herauszugreifen. Ich weiß von mindestens einem Universitätsdozenten, der seine Studenten ermutigt hat, es einmal mit dieser Methode zu versuchen. Ich empfand sie als äußerst hilfreich, als ich in der Vedanta-Bibliothek nur eine Stunde Zeit hatte, um in sehr vielen Büchern zu lesen.

Ich finde, der Bibliotheken-Engel hilft mir am zuverlässigsten, wenn ich verspielt, spontan oder in einem Flow-Zustand bin. Probieren Sie es in einer Buchhandlung oder Bibliothek selbst einmal aus. Finden Sie heraus, was zehn Minuten Durchblättern bringen. Soweit das, was Sie gelesen haben, Ihnen etwas bedeutet, wird es Ihnen wahrscheinlich Nutzen bringen. Wenn irgendwann wenig dabei herauskommt, macht das nichts. Es hat Sie nur wenig Zeit gekostet und Ihnen geholfen, auf einer tiefen intuitiven Ebene Kontakt mit sich aufzunehmen.

Meiner Ansicht nach konnte dies die fehlende Anerkennung der Synchronizität in der modernen Psychologie erklären. Im Interesse ausreichender Wissenschaftlichkeit hielt sich die Forschung oft eng an das bereits Bekannte und nahm nur geringfügige Anpassungen vor. Dies kann Kreativität und den unverstellten Blick unterdrücken. Angesichts der einschränkenden Wirkung früherer Arbeitshypothesen war Synchronizität jenseits des Vorstellbaren.

Huxley sprach außerdem von dem Gesetz oder Dharma, das man einzuhalten hat – einem „Tao oder Weg, dem man folgen muss", um sein endgültiges Ziel oder seinen wahren Daseinszweck zu erreichen. Dies erinnerte mich an James Hillmans Worte zum Thema Daimon und Bestimmung.

Ein zweites Buch schlug sich willkürlich bei einem Abschnitt über die „Nichtigkeit" der Dinge auf und erklärte, dass Sprache die Wirklichkeit verzerrt, weil sie Kausalität unterstellt. Der Abschnitt betonte die Einheit von allem trotz der Illusion der „Individuation" und dass das Wort nur ein Traum oder Trugbild sei. Derartige Auffassungen könnten lachhaft wirken, wenn sie nicht so gut zur Quantenphysik passten.

Ein weiteres Buch verwies auf den östlichen Mystiker Vivekananda und seinen bedeutenden Einfluss auf John D. Rockefeller, der sich daraufhin der Philanthropie zugewandt hatte. Merkwürdigerweise hatte ich bereits von Ray erfahren, dass sein Buch durch ein staatliches Stipendium finanziert worden war, von dem er durch einen karitativ engagierten Nachbarn erfahren hatte, der sich als Mitglied der Familie Rockefeller herausstellte.

Als Nächstes wurde mein Blick von einem Klappentext mit mehreren Zitaten von Vivekananda angezogen. Eines lautete: „Alle Seelen spielen, die einen bewusst, die anderen unbewusst. Religion heißt, bewusst spielen zu lernen." Als ich diese Satzfetzen von Vivekananda las, war mir, als spielte ich bewusster.

Eine naheliegende Überschneidung mit meinen normalen Interessen stellte eine Abteilung mit Büchern über R. D. Laing dar, den britischen Psychiater, der der Schulmedizin vorwarf, sie ignoriere „das kreative und spirituelle Potenzial des menschlichen Geistes". Er beklagte, dass die Verbindung zwischen den mystischen Erlebnissen sogenannter schizophrener Personen und „jenen Erfahrungen, die der lebendige Quell aller Religionen sind", nicht erkannt werde.

Laing sprach von einem Mann, der nach den Maßstäben der westlichen Gesellschaft als „verrückt verurteilt" würde, dessen Überzeugungen jedoch zutiefst mit den Erfahrungen „erleuchteter Seelen hinduistischen oder buddhistischen Glaubens" übereinstimmten. Dies hat eindeutig einen Bezug zur Thematik der Unterscheidung zwischen Psychose und *Satori*.

Wieder war ich sprachlos, mit welcher Intensität eine wichtige Lehre zu uns kommen oder verstärkt werden kann, wenn wir dafür offen sind.

Während meiner zwei Wochen in Marin County hatte ich viele weitere synchronistische Erlebnisse. Zum Beispiel gab es in Inverness ein paar hundert Meter von dem Haus, das ich gemietet hatte, an einem Bach eine Buchhandlung, die „Spirit Matters" hieß. Als ich der Frau, die mich bediente, sagte, ich schriebe ein Buch über Synchronizität, berichtete sie mir prompt, sie habe in den vergangenen zwei Wochen spontan ein neues Mantra entwickelt: „Ich bin offen für Synchronizität und glückliche Zufälle, und ich höre auf die Hinweise, die das Universum mir schickt."

Eines Tages lernte ich das Rollen mit dem Kajak. Ein paar Tage später sagte mir meine Schwester, sie habe etwas über die Kajak-Rollen der kanadischen Inuit gelesen. Diese Koinzidenz veranlasste mich, nach der Symbolik zu fragen. An dieser Sache musste mehr dran sein. Natürlich! Das vierstufige Modell transformativer Veränderung! Stufe Eins – paddeln und dann kippen; Stufe Zwei – kentern, in der dunklen Nacht der Seele; Stufe Drei – das Aha-Erlebnis, wenn man endlich das Boot wiederaufrichtet, Tageslicht sieht und die Kontrolle wiedererlangt; Stufe Vier – die freudige Konsolidierung, wenn man davonpaddelt, gestärkt durch vermehrte Kenntnisse und Erfahrung, wie man mit einer solchen Herausforderung umgeht.

Die synchronistischen Erlebnisse in Kalifornien schärften mein Bewusstsein für Verbundenheit und sinnvolle Überschneidungen. Das wiederholte Auftreten des Psi-Symbols untermauerte vor allem anderen meine Ansicht, dass Synchronizität ein mystisches Phänomen sein könnte, das aber durch eine wissenschaftliche Betrachtung nichts von seiner Gültigkeit verliert und möglicherweise zu Recht mit der konventionellen Psychologie in Verbindung gebracht wird. Viele meiner synchronistischen Erlebnisse hatten anscheinend einen Bezug zum impliziten Thema Transformation. Meine Erlebnisse stärkten mein Interesse weiterzuschreiben und meine Überzeugung, dass meine Bestimmung mit den Themen seelische Gesundheit und Transformation verbunden ist.

Nach meinem Abflug aus Amerika zur Konferenz über Kognitive Verhaltenstherapie in Lima gab es erste Anzeichen, dass die gehäufte Synchronizität sich fortsetzen könnte. Meine Frau kam zu mir ins Hotel, wo wir wieder einmal im sechsten Zimmer im sechsten Stock, in Zimmer 606 untergebracht waren – und dies in einem Haus mit dreihundert Gästezimmern.

Dass ich bei dieser Konferenz zusammen mit dem Psychologen einen Vortrag halten konnte, der mir vor all den Jahren aus meiner schweren Depression herausgeholfen hatte, war ein willkommener Zufall, der das Thema Transformation zusätzlich unterstrich. Ich bezweifle, dass ich ohne die Erfahrung der Depression die Forschung, die ich nun vorstellte, betrieben oder ein Buch über Synchronizität geschrieben hätte. Alles gehört zu den Drehungen und Wendungen des Lebens. In diesen Drehungen und Wendungen einen Sinn zu erkennen, intensiviert unser Erleben.

Meiner Erfahrung nach sind synchronistische bejahende Häkchen vom Universum starke Energiequellen. Sie verleihen Überzeugung und das Gefühl, eine Lebensaufgabe zu haben; und sie stärken die Hingabe an den eigenen Lebensweg. Ich glaube, dass die Anerkennung synchronistischer Erlebnisse eine positive Heuristik ist – das heißt, eine effektive Strategie, ein erfüllteres und sinnvolleres Leben zu führen. Es ist unbestritten, dass viele andere dies ebenso empfinden.

EINUNDZWANZIG

Im Vertrauen gesagt

Geschichten von Klienten

Ich habe nicht systematisch Anekdoten oder Klientenberichte über Synchronizität gesammelt, obwohl ich solche Geschichten von Klienten so häufig und quasi vom ersten Tag meines Interesses an dem Thema an gehört habe, dass sie entscheidend mit dazu beigetragen haben, meine rationalistische Einstellung zu verändern.

Als Psychologe arbeite ich jedoch in erster Linie mit der kognitiven Verhaltenstherapie – mir gefällt die Stringenz, die mit einem integrierten und insbesondere mit einem evidenzbasierten Therapieansatz verbunden ist. Nun gilt in der kognitiven Verhaltenstherapie das wichtige Prinzip der „Behandlungstreue". Dies bedeutet, dass die Therapeuten sich an relativ eng umschriebene Prinzipien und Praktiken zu halten haben, einschließlich des wissenschaftlichen Prinzips, das Beobachtete mit den minimalsten Schlussfolgerungen zu erklären. Mystische Ideen jeglicher Art sind da normalerweise ausgeschlossen. In der kognitiven Verhaltenstherapie werden solche Ideen als „magisches Denken" bezeichnet.

Infolgedessen habe ich meinen Klienten gegenüber kaum einmal von meinen mystischen Vorstellungen erzählt und auch nicht systematisch von Synchronizität gesprochen, um die „Behandlungstreue" nicht zu verletzen. Etwas anderes war es, wenn die Klienten dieses Thema von sich aus ansprachen. Am Anfang habe ich darauf in der Form reagiert, dass ich meinen Klienten sagte, solche Erfahrungen überstiegen mein Mandat als Therapeut: Sie lagen scheinbar außerhalb des Bereichs der Psychologie. Ich sagte ihnen jedoch, dass ich mir in meinem eigenen Leben solche Erfahrungen zunutze machte. Ich erklärte, meine persönlichen Synchronizitätserlebnisse seien allem Anschein nach ein positives Anzeichen dafür, dass mein Leben auf der richtigen Spur war; und ich konnte mich des Eindrucks nicht erwehren, dass dies auch bei ihnen der Fall sein könnte. Dennoch würden wir ihre Fortschritte in der Therapie in der üblichen Form evaluieren, das heißt anhand wiederholter, objektiver Fragebögen zur Beurteilung der Symptomveränderung. Manchmal konnte ich mir allerdings die Bemerkung nicht verkneifen, aus meiner rein persönlichen Sicht seien ihre synchronistischen Erlebnisse möglicherweise ein aussagekräftigeres Anzeichen für ihren Fortschritt als die Fragebögen.

Bei der Konferenz über Kognitive Verhaltenstherapie 2004 in Japan lernte ich die Psychologen Arthur und Christine Nezu kennen. Sie legten Beweise dafür vor, dass Gespräche über spirituelle Themen mit Klienten – nachdem man überprüft hat, ob sie dies wünschen – normalerweise den Nutzen der Therapie steigern.[1] Angesichts ihrer langjährigen Expertise auf diesem Gebiet empfand ich dies als einen Freibrief für mich, mit meinen Klienten freier und offener über Synchronizität und transpersonale Themen zu sprechen. Dennoch wurden sie selten Gegenstand der Therapie.

Allerdings hat sich dieses Muster mittlerweile verändert. In den letzten Monaten, während der Arbeit an diesem Buch, haben mir Klienten mehr Beispiele verblüffender Synchronizität anvertraut. Inzwischen bin ich auch eher bereit, über solche Themen zu sprechen, sogar im Rahmen meiner formellen klinischen Rolle.

Ich glaube, dass es sogar im Rahmen der kognitiven Verhaltenstherapie und dem damit verbundenen Feld der Positiven Psychologie das Beste ist, wenn man den Klienten den Spielraum lässt, über transpersonale Erlebnisse zu sprechen. Transpersonale Themen sind angeblich ein entscheidender Aspekt menschlicher Weiterentwicklung. Dies geht nicht nur aus dem Werk von Carl Gustav Jung, Ken Wilber, Deepak Chopra, Amit Goswami und anderen hervor, die sich ausdrücklich mit transpersonalen Fragen befasst haben, sondern auch aus der Arbeit von Pionieren der konventionellen Psychologie wie etwa Abraham Maslow.

Meiner Erfahrung nach steigert es üblicherweise Effektivität und Wohlbefinden, wenn man der Synchronizität folgend handelt. Es fördert die Kreativität. Auf Synchronizität zu reagieren, kann außerdem das persönliche Sinnempfinden und die Zielstrebigkeit stärken und damit die seelische Gesundheit verbessern. Synchronizität hat über Zeiten und Kulturen hinweg das Interesse der Menschen geweckt. Dies sind einige meiner Überlegungen, warum ich jetzt ausdrücklicher auf die synchronistischen Erlebnisse meiner Klienten und ihre Deutung eingehe. Ich betrachte dies heute als gültige Ergänzung der kognitiven Verhaltenstherapie.

Die folgenden Klientenbeispiele betreffen Situationen, in denen ein aktives Verarbeiten synchronistischer Erlebnisse offensichtlich hilfreich war. In allen Fällen waren die Klienten einverstanden, diese Erlebnisse in der Therapie zu besprechen, und gaben die Erlaubnis, das relevante Material hier zu verwenden.

Vor einigen Monaten dachte ich bei den Vorbereitungen zu diesem Buch an einen Klienten, den ich kontaktieren wollte, um nachzufragen, wie es ihm inzwischen ginge, und in Erfahrung zu bringen, ob er vielleicht irgendwelche Erlebnisse mit Synchronizität gehabt hätte. Es handelte sich um Alan, bei dem fünf Psychiater eine Schizophrenie diagnostiziert hatten. Nach seiner Entlassung aus einer psychiatrischen Einrichtung zeigte er eine außergewöhnlich gute Genesung – er setzte seine Medikamente ab und verließ schließlich mit dem Einverständnis seines Psychiaters die Einrichtung. Ich veränderte seine Diagnose zu einer dissoziativen Störung, um zu zeigen, dass ich ihn nicht für psychotisch hielt, dass seine Probleme aber wahrscheinlich von traumatischen Umständen in seiner Kindheit beeinflusst waren.

Ich dachte daran, Alan zu kontaktieren, weil seine Geschichte meiner Meinung nach einige Themen, die ich im Rahmen meines Einsatzes für die Entwicklung einer „Positiven Psychiatrie“ ansprechen wollte, am besten illustrierte. Ich brauchte mich gar nicht mit ihm in Verbindung zu setzen. Nach zwanzig Jahren, in denen wir nichts voneinander gehört hatten, rief Alan an, um sich erneut wegen einer Therapie an mich zu wenden. Allein dies war bereits synchronistisch. Als wir uns daraufhin trafen, war deutlich erkennbar, dass es ihm in der Zwischenzeit relativ gut ergangen war. Seit ich ihn zum letzten Mal gesehen hatte, hatte er keinerlei Anzeichen einer Psychose mehr gezeigt.

In der ersten Sitzung unseres neuen Zyklus gab Alan an, er habe in den letzten paar Jahren vermehrt unter Belastungen gelitten, darunter einer Midlife-Crisis und Stress am Arbeitsplatz. Ich erwähnte, ich schriebe ein Buch über Synchronizität. Erst dann sagte er mir, dass seine Tante noch am selben Tag, als er die konventionelle psychiatrische Behandlung aufgab, sämtliche Opale in ihrem Schmuck gegen Amethyste ausgetauscht hatte, weil diese ihm mehr Glück bringen sollten. Angeblich hatte sie Alans Genesung zum Teil auch dem zugeschrieben.

Alan sagte, er habe vor Kurzem beschlossen, Amethyste zu erwerben und sie um sein Haus herum zu platzieren. Er meinte, er sei nicht besonders abergläubisch, doch selbst wenn es nur einen Placebo-Effekt hätte, könnte es angesichts der erwiesenen Wirksamkeit von Placebos doch konkret etwas nützen. Als er sprach, kam er mir nicht irrational oder intellektuell eingeschränkt vor. Ich erfuhr zum ersten Mal, dass ihm als Schüler ein volles Stipendium für eine angesehene weiterführende Schule angeboten worden war.

Alan erzählte außerdem amüsante Geschichten über seine ungewöhnliche Fähigkeit, aus Wasser die Zukunft vorherzusagen, und schilderte, wie er durch seine Demonstrationen den einen oder anderen Skeptiker bekehrt hatte. Es wurde deutlich, dass es wichtige Aspekte in Alans subjektivem Erleben gab, die er nie mit mir besprochen hatte, vielleicht, weil sie dem Anschein nach nicht rational genug waren. Dazu gehörten auch Erfahrungen transpersonaler Art oder Erlebnisse aufgrund einer starken Intuition.

Ich glaube, dass Alans ungewöhnlich gute Genesung als junger Erwachsener darauf zurückzuführen ist, dass er optimistischere Zukunftsaussichten für sich entwickelte, als sie ihm die konventionelle Psychiatrie bieten konnte. Seine intuitive Einschätzung, wie er die besten Fortschritte erzielen konnte, sicherte er ab. Wollte man einige seiner eigenwilligen Ideen – zum Beispiel über Amethyste – verwerfen, so wäre dies meiner Einschätzung nach nicht rational, sondern lediglich rationalistisch.

Ich frage mich, welcher Prozentsatz der Klienten, die ich früher gesehen habe, sich selbst zensiert und intuitive Überzeugungen, die ihnen wichtig waren, nicht mit mir besprochen haben, weil sie aus rationalistischer Sicht nicht akzeptabel gewesen wären.

Vor Kurzem erfuhr ich von einem anderen, vielleicht noch überzeugenderen Beispiel. Eric ist ein Mann Anfang dreißig mit schweren Drogen- und Alkoholproblemen. Ich sah ihn bei etwa fünfzehn Sitzungen, verteilt über mehrere Monate, bis er sich in eine Entzugsklinik in Übersee begab. Vor Kurzem kam er zurück und zeigte extrem gute Fortschritte. Er ist seit zwölf Monaten nicht rückfällig geworden, obwohl er eine Wohnumgebung verlassen hat, die ihn sehr unterstützte und obwohl er mehrere Herausforderungen zu bewältigen hatte.

Bei einer unserer letzten Sitzungen erzählte ich Eric, ich schriebe ein Buch über Synchronizität. Daraufhin sagte er mir geradeheraus, er lebe nach Synchronizität („sinnvollen Zufällen"). Er verriet mir folgendes verblüffendes Beispiel:

Eric war zu einem früheren Zeitpunkt in unserer therapeutischen Beziehung suizidal gewesen. Ich war mir dessen bewusst, aber vielleicht nicht in vollem Umfang. Einmal kniete er weinend vor einem Fenster und hatte den Lauf einer Neun-Millimeter-Pistole im Mund. Der Lauf schlug gegen einen Zahn, so dass ein Splitter abbrach. Er war kurz davor abzudrücken. Da bemerkte er plötzlich einen rabenähnlichen schwarzen Vogel, der ihn aus etwa zwanzig Metern Entfernung ansah. Früher hatte er viele solche Vögel geschossen. Plötzlich flog der Vogel in hohem Tempo auf ihn zu. Er knallte gegen die Fensterscheibe und fiel tot herunter „wie ein Kamikaze-Pilot".

Eric legte die Pistole aus der Hand. Er hatte „einen kurzen klaren Moment". Spontan kam ihm der Gedanke, der Vogel habe sich für ihn geopfert. Kurz danach ging er ins Internet und buchte einen Platz in einer Entzugsklinik in Thailand. Er hörte mit allen Drogen und mit dem Alkohol auf. Er ergänzte, er habe seither nie wieder einen derartigen Vogel geschossen … „und ich lebe!" Die merkwürdige Art und der eigentümliche Zeitpunkt der lebensrettenden Intervention des Vogels hatten ihn sichtlich so tief beeindruckt, dass er glaubte, er solle leben.

Eric erzählte mir, er habe sieben Freunde, die sich im Laufe der letzten zwei Jahre selbst getötet hatten. Er erklärte, er habe den Vorfall mit dem schwarzen Vogel mir gegenüber nicht erwähnt, weil das wie „psychotisches Borderline-Verhalten“ gewirkt haben könnte. Dennoch war er überzeugt, dass der Vorfall ihn in seiner Motivation so sehr bestärkt hatte, dass er seines Wissens einer von nur zwei Menschen aus der Entzugsklinik ist, die diese verlassen haben und über ein Jahr lang alkohol- und drogenfrei geblieben sind.

Heute betont er, wie wichtig ihm sinnvolle Zufälle sind. Er sagte mir: „Diese Botschaften bekomme ich schon mein ganzes Leben lang. Wenn ich im Kontakt mit mir und meinen Gefühlen bin, dann merke ich, dass um mich herum Gutes geschieht … das ist meine höhere Macht. Das ist Synchronizität.“

Und er fuhr fort: „Diese Momente prägen sich mir in meinem Kopf ein, wenn sie eintreten … das Leben schenkt einem jeden Tag Chancen. Es kommt darauf an, dass man so präsent oder bewusst ist, dass man sie bemerkt. In der Gegenwart zu leben, ist ein Geschenk … ich bin gerne bewusst. Dadurch dass ich bewusst bin, erkenne ich, wenn diese Momente eintreten. Wenn man sie einmal erlebt hat, will ich dafür sorgen, dass ich sie noch öfter erlebe. Deshalb möchte ich bewusster bleiben.“

Er schilderte, wie sich dies auf seinen Drogenkonsum auswirkte. „Je länger man clean bleibt, desto mehr dreht sich das Leben um Synchronizität. Was geschieht, soll geschehen. Wenn etwas schiefgeht, dann soll es schiefgehen. Wenn es nicht passiert, dann soll es nicht passieren. Das ist meine höhere Macht. Durch Synchronizität wirft mir meine höhere Macht besondere Momente zu. Sie erhört meine Bitten und schickt sie mir.“

Dennoch gab es auch Hinweise darauf, dass Eric anfällig sein könnte für „psychische Inflation“. So sagte er zum Beispiel: „Es ist, als wäre ich ein übernatürlicher Mensch.“ Einem Freund sagte er, er glaube, er könne sich zu einem Buddha entwickeln. Mir schien, dass es an dieser Stelle für mich hilfreich sein könnte, diese Macht in den Kontext der Erfahrungen anderer Menschen einzuordnen.

Eric hatte gesagt, dass er ähnliche schwarze Vögel heute als Symbole seiner höheren Macht betrachte. Ich sagte ihm, schwarze Vögel seien ein bekanntes schamanisches Symbol. Dies verstärkte allem Anschein nach das Thema Heilung noch, das sich durch seine Erlebnisse zog. Wir sprachen weiter über die Synchronizitätserlebnisse anderer. Mir schien, dass Eric und ich einander seither an einer größeren Erlebnistiefe teilhaben lassen konnten, was meiner Meinung nach seine stetige Gesundung unterstützen wird.

Für mich ist all das mit der kognitiven Verhaltenstherapie vereinbar. Die plausibelste Schlussfolgerung zur Erklärung von Erics Erlebnis lautet, dass offensichtlich viele Zufälle weit über bloßen Zufall hinausgehen. Ich erachte seine Überzeugungen für evidenzbasiert, wenn man sie im Lichte zahlloser Berichte über ähnlich merkwürdige Erlebnisse anderer Leute betrachtet. Ich vermag nicht zu erkennen, wie man diese Berichte, angefangen bei Jungs Anekdoten, samt und sonders als eine Reihe bloßer Glückstreffer abtun kann. Einc derartige Schlussfolgerung mag zwar minimal sein, glaubhaft finde ich sie nicht.

Ich kenne mehrere weitere Klienten, die bei einem ernst gemeinten Suizidversuch plötzlich und unerwartet unterbrochen worden sind. In vielen Fällen begriffen sie den Zeitpunkt der Unterbrechung als nicht lediglich zufällig und schlossen daraus, dass sie am Leben bleiben sollten. Dies hat ihre Genesung nachvollziehbarerweise unterstützt, was zuweilen sogar die schnelle Gesundung nach einer schweren Depression bedeutete. Ich glaube, dass sie ein numinoses Erlebnis hatten und nicht bloß im Nachhinein abergläubisch geworden sind.

Eine Begegnung mit schwarzen Vögeln spielt auch bei einem synchronistischen Erlebnis eine Rolle, das ich mit einem Klienten gemeinsam hatte und das unsere therapeutische Beziehung weiter vertieft hat. Francis leidet an chronischer Schizophrenie, einer langwierigen Erkrankung. Antipsychotika tun ihm offenbar sichtlich gut. Wir haben uns etwa fünfzehn Mal getroffen.

Francis ist Dichter; er hätte auch Priester sein können. Er findet, dass sein religiöser Glaube ihn sehr trägt. Er erzählte mir, ihm begegne häufig ein bestimmtes Beispiel für Synchronizität, über das wir kurz gesprochen haben. Er sah oft Vögel in Dreiergruppen – nicht zu zweit oder zu viert, sondern zu dritt. Zunächst sprachen wir nicht darüber, was dies für ihn bedeutete. Francis erwähnte, das Werk eines vedischen Mönchs namens Master Charles, der oft von Synchronizität spräche, könne für mich von Interesse sein.[2]

Ein paar Monate später wurde ich während der Stadtrundfahrt in San Francisco auf merkwürdige Art an Francis erinnert. Als wir am Civic Center vorbeikamen, wies der Reiseführer auf eine scheinbar eigenwillige Besonderheit hin. Weit oben an der Fassade eines der zugehörigen Gebäude nisteten drei schwarze Tauben. Er sagte, es seien immer zwei gewesen, aber nun seien es drei. Dies traf in mir auf Widerhall.

Später nahm ich in Peru an einer Ausflugsfahrt teil, deren Hauptattraktion Kondore im Flug waren. Der Leiter gab an, die Besucher sähen normalerweise etwa zehn Vögel. Dieses Mal waren es drei. Es dauerte ein Weilchen, bis der dritte erschien, was viele Touristen zu dem Ausruf veranlasste, es seien doch nicht nur zwei, sondern drei. Dies brachte in mir etwas zum Klingen.

Beim nächsten Termin mit Francis erzählte ich ihm von den Vorfällen mit den drei Vögeln. Jetzt hätten wir ein ähnliches Erlebnis gemeinsam, sagte ich. Dann fragte ich ihn, ob er seinen Beobachtungen irgendeine Bedeutung beimesse. Er antwortete, für ihn stellten die drei Vögel die Dreieinigkeit dar. Ich vermutete, dass er die beiden Trinitätssymbole auf unserer Praxisskulptur vor dem Haus gesehen hatte. Er sagte, die drei gemeinsam auftretenden Vögel seien für ihn eine lebendige Vergegenwärtigung seiner spirituellen Überzeugungen. Und er fügte hinzu: „Leiden ist der Kompost im Garten der Seele."

Ich war sprachlos über Francis' elegante Aussage und darüber, wie sie ihm half, mit den Unbilden chronischer Schizophrenie umzugehen. Im Spaß sagte ich ihm, ich hätte vor, bei ihm abzukupfern. Später fragte ich Francis, was ihm unser Gespräch über unser gemeinsames Erlebnis bedeutet hätte. Er sagte, es habe sein Gefühl der Verbundenheit und des Vertrauens zu mir gestärkt. Ich fand, es machte unseren Umgang miteinander ausgewogener: Ich konnte nun die Tiefe seiner Weisheit besser erkennen. Es hatte überhaupt nicht den Anschein, als beeinträchtige es unsere Fähigkeit, einige seiner belastenden Gedanken als Wahnvorstellungen zu entlarven. Ja, es half offenbar, zwischen authentischem Erleben, das der Aufmerksamkeit wert war, und Wahnvorstellungen, die hintanzustellen waren, zu unterscheiden.

Ich habe Francis den obenstehenden Abschnitt vorgelesen, bevor ich ihn ins Buch aufnahm. Er fand, dass ich etwas weggelassen hatte, und schlug vor, es zu ergänzen. „Ihre Reaktion", erinnerte er mich, „war dreifach – Körper, Geist und Seele." Das stimmt. Wie gesagt, er ist weise!

Mit einem anderen Klienten hatte ich noch tiefergehende synchronistische Erlebnisse, insbesondere nach Abschluss unseres therapeutischen Kontakts. Als Terry zum ersten Mal zu mir kam, sagte er, ihm gefiele die Mandala-Skulptur mit ihren Symbolen im Vorgarten unserer Praxis: Er verstand dies als Anzeichen dafür, dass er am richtigen Ort war. Er hatte ein Buch über Veränderungen in Organisationen geschrieben, dessen Titel ein ähnliches Mandala trug.

In den neun Monaten unseres therapeutischen Kontakts konnte ich Terry hinsichtlich seiner anhaltenden Depression nur begrenzt helfen. Allerdings sahen wir uns etwa anderthalb Jahre später wieder, nachdem er erfahren hatte, dass ich ein Buch über Synchronizität schrieb. Wir trafen uns in einem Café am Ort, wo wir ausführlicher über unser gemeinsames Interesse sprechen konnten. Erst dann erkannten wir, dass es bei unseren synchronistischen Erlebnissen und unseren Reaktionen darauf merkwürdige Gemeinsamkeiten gab. Um dies verständlich zu machen, muss ich zunächst etwas ausholen.

Fast ein Jahr nach Terrys Therapieabbruch flog ich, sechs Monate nach meinem im letzten Kapitel beschriebenen Besuch, wieder nach Kalifornien, um an der jüngsten „Evolution of Psychotherapy"-Konferenz teilzunehmen. Während meines Aufenthaltes staunte ich über das wiederholte Auftreten des Psi-Symbols, das in letzter Zeit in meinen synchronistischen Erlebnissen vorgekommen war. Irgendwie hatte ich das Gefühl, es müsse sich auf den Körper beziehen.

Ich fragte mich, wie das Symbol aussieht. Mein erster Gedanke war, es sähe in gewisser Weise wie ein Priester oder Pfarrer aus, der mit erhobenen Armen vor einer Kirchengemeinde steht. Dies erschien mir passend. Diese Haltung verbindet uns offenbar, während wir gefestigt auf dem Boden stehen, mit etwas weit oben – eine Verbindung zwischen der physischen und der geistigen Welt.

Kurz danach besuchte ich einen Vortrag von Robert Dilts mit dem Titel „Exploring the Pattern that Connects" (Die Forschung nach dem verbindenden Muster).[3] Zuvor hatte er Aspekte von Körperhaltungen betont, die einen offenen, achtsamen Zustand fördern, zum Beispiel aufrecht und zentriert zu sein. Während dieses Vortrags lud er sein Publikum an einer bestimmten Stelle ein, aufzustehen und eine Haltung einzunehmen, die die Stufen kreativer Veränderung verkörperte oder symbolisierte. Als er die Erleuchtungsstufe vorstellte, warf ich mich spontan in Pose. Auch Dilts selbst und die Frau vor mir nahmen dieselbe Haltung mit ausgestreckten Armen ein wie ich auch. Dies kam mir so synchronistisch vor, dass ich ein Foto machte, um es zu dokumentieren.

Mein Gefühl, dass das Psi-Symbol einen Bezug zu einer transzendenten Haltung hatte, verstärkte sich noch, als ich kurz danach beobachtete, wie Ernest Rossi eine Therapiedemonstration mit ausgestreckten Armen beendete, nachdem sein Klient eine ähnliche Haltung eingenommen hatte, während er schweigend durch einen therapeutischen Prozess geführt worden war, der, wie er später offenbarte, tiefgreifende Veränderungen in ihm auslöste. Wieder kam mir der Gedanke, dass die dem Psi nachempfundene Haltung ein treffendes Symbol für die Verbindung der physischen mit der geistigen Welt war – eine Verbindung, die in der westlichen Kultur tendenziell fehlt.

Ein Jahr später traf ich mich mit Terry in dem Café. Wie sich herausstellte, hatte er bildliche Aufzeichnungen und ein ausführliches Tagebuch einer bemerkenswerten Serie synchronistischer Erlebnisse erstellt, die er 1995 und 2008 gehabt hatte. Jedes Mal war er wiederholt auf Bilder von Menschen gestoßen, die ihre Arme so ausstreckten, dass sie eine psiähnliche Haltung einnahmen. Eines dieser Bilder war das Hauptmotiv auf dem Titel der bei Picador erschienenen Ausgabe von Jungs *Man and His Symbols*, die wir beide besaßen.

In seinem Tagebuch hatte Terry notiert, er verspüre aufgrund seiner synchronistischen Erlebnisse einen „Dopaminrausch". Sie vermittelten ihm das Gefühl, er befände sich auf seinem wahren Weg: Er ging seiner ihm innewohnenden Lebensaufgabe nach, was im Einklang mit einer Thematik steht, die auch Jung und Maslow betont hatten. Die Intensität seiner synchronistischen Erlebnisse stufte er von leicht bis stark ein und versah sie mit Anmerkungen wie „Hmmm", „Wow" oder „Omeingott!". Synchronizität erlebte er insbesondere dann, wenn er sich in einem „erhöhten Ganzheitszustand" befand. Wenn er sich gezielt vornahm, sie zu erleben, gelang es nicht.

Terry sagte, während seiner synchronistischen Serien fühle er sich oftmals in Hochstimmung, bis zu einem Punkt, an dem diese geradezu manisch wirke. In seinem Tagebuch bemerkte er, er habe irgendwo gelesen, dass man diese Phasen als „bipolare manische Episoden" bezeichnen könne. Zwanzig Jahre später stellte er seine Ideen über Synchronizität und Symbolbilder in Vorlesungen vor Management-Studenten an einer Universität vor, an der er Organisationspsychologie lehrte, wurde aber von Kollegen gewarnt, diese Vorträge schadeten seiner Glaubwürdigkeit.

Terrys Erlebnisse illustrieren für mein Empfinden den Unterschied zwischen Psychose und *Satori*. Ich glaube, dass sie eher zu einem Erleuchtungsprozess als zu einer beeinträchtigten psychischen Gesundheit gehörten. Meiner Meinung nach rührten seine Probleme mit anhaltenden Depressionen teilweise daher, dass andere seine Empfänglichkeit und Weisheit nicht vollständig erkannten: Dies führte dazu, dass er zeitweise in Schieflage zu seiner sozialen Umgebung geriet. Ich glaube, er war seiner Zeit mindestens fünfundzwanzig Jahre voraus!

Ich frage mich, ob ich Terry als Therapeut besser hätte helfen können, wenn ich ihn direkt nach seiner Einstellung zu transpersonalen oder spirituellen Erlebnissen gefragt und ihm mutiger mein eigenes Interesse an Synchronizität bekundet hätte. Offenbar bedeutete es für ihn eine deutliche Rückenstärkung, als er im Nachhinein erfuhr, in welch hohem Maße seine synchronistischen Erlebnisse und viele seiner Ansichten über deren persönliche Bedeutung geteilt wurden. Es scheint bemerkenswert, dass heute sogar einige äußerst konventionelle Therapeuten, wie etwa der berühmte kognitive Verhaltenstherapeut Donald Meichelbaum, sich dafür aussprechen, die spirituellen Ansichten der Klienten stärker zu berücksichtigen, ja sogar aktiv danach zu fragen.[4]

Vor Kurzem stieß ich in einer Zeitung auf etwas, das mich an die einzige weitere ehemalige Klientin erinnerte, bei der ich während der Arbeit an diesem Buch ebenfalls versucht war, Kontakt mit ihr aufzunehmen. Es gab Anzeichen dafür, dass sie Interesse an transpersonalen Themen haben könnte. Ich dachte, sie könnte vielleicht ein paar interessante Geschichten über Synchronizität erzählen, auch wenn ich mich nicht erinnerte, früher mit ihr über dieses Thema gesprochen zu haben. Ich kontaktierte sie allerdings nicht, da ich sie seit über fünf Jahren nicht mehr gesehen hatte: Es wäre möglicherweise zu übergriffig gewesen. Doch dann setzte sich ihr Partner mit mir in Verbindung, um einen Termin zu vereinbaren. Ich sagte ihm, ich hätte mit dem Gedanken gespielt, Michelle wegen des Buches über Synchronizität, das ich gerade schriebe, anzurufen. Er wies darauf hin, dass sie im selben Moment, in dem wir sprachen, zu Hause war und ein Buch über Jung las.

Genau wie die Quantenphysik besagt auch die Psychologie, dass wir unsere Wirklichkeit durch das, *was* wir beobachten und *wie* wir es beobachten, teilweise selbst gestalten. Meiner Erfahrung nach ist es häufig nicht nur überzeugend und sinnvoll, sondern auch erhebend, wenn Klienten Synchronizität akzeptieren. Normalerweise stärkt dies eine optimistische Weltanschauung, sogar in schwierigen Situationen.

Ich denke, es wäre schade, eine derartige Weltsicht als irrational oder auf magischem Denken beruhend zu verwerfen. Wie die hier angeführten Beispiele nahelegen, betrachten viele Klienten solche Erlebnisse als zutiefst relevant und im Einklang mit ihrer Lebenserfahrung stehend. Das Numinose dieser Erlebnisse führt anscheinend häufig dazu, dass sie offener werden für transformative Veränderungen und diese auch bewältigen können.

Eine einzige Klientengeschichte möchte ich noch anfügen. Ich glaube, hier hatte der kosmische Eulenspiegel seine Finger im Spiel. Eines Morgens traf ich einen älteren Herrn zum Erstgespräch. Ihn beschäftigte sein Eindruck, er verdumme und seine Fähigkeiten ließen nach, was sich in einem leichten Autounfall spiegelte, den er vor wenigen Tagen gehabt hatte. Als einziger Klient in über dreißig Jahren fragte er mich, ob ich je einen Autounfall gehabt hätte. Ja, erwiderte ich. Tatsächlich hatte ich genau an jenem Morgen einen Unfall gehabt. Zu der Zeit befand sich nur ein einziges anderes Fahrzeug auf der Straße – und es stand! Danach hellte sich seine Stimmung sichtlich auf.

John Briere, ein bekannter führender Traumaforscher, hat einen Lieblingsspruch zur Überbrückung der Kluft zwischen Therapeut und Klient: „Wir sind alle Deppen in einem Bus."[5] An jenem Morgen musste es heißen: „Wir können alle Deppen hinterm Steuer sein." Das Leben kann ein großer Nivellierer sein.

ZWEIUNDZWANZIG

Ein Geschenk des Universums auspacken

Beim Kongress über Positive Psychologie 2013 begann Mihaly Csikszentmihalyi seine Schlussrede mit dem optimistischen Zitat von John W. Gardner: „Wir stehen ständig vor einer Reihe großartiger Chancen, die sich perfekt als unlösbarc Probleme verkleiden."[1] Csikszentmihalyi versicherte, angesichts der Art der Probleme, vor denen wir stehen, würde die künftige Evolution der Menschheit mehr denn je von unseren Entscheidungen und unserem freien Willen abhängen. Zu diesen Problemen gehörten Überbevölkerung, Schädigung der physikalischen Umwelt, Jugendarbeitslosigkeit, das Drogenproblem und eine alternde Bevölkerung. Er forderte alle Anwesenden auf, darüber nachzudenken, wie wir in Zukunft mit derartigen Problemen umgehen wollen. Er schloss mit den Worten, die Positive Psychologie sei dabei, die Welt zu verändern, und drängte das Publikum: „Helfen Sie nach, dass es passiert!"

Nachhelfen, dass es passiert: Für mich klang darin ganz stark der Schlusssatz aus *Die sanfte Verschwörung* an: „Du bist die Verschwörung." Meiner Ansicht nach schreit Csikszentmihalyis starker Aufruf zum Handeln nach kreativer Originalität. Ich behaupte, um diese Herausforderungen bestmöglich zu bewältigen, müssen wir über die Vernunft hinausgehen und uns andere Fähigkeiten zunutze machen, darunter auch die intellektuelle Intuition oder das, was ich als „supra-rationales Denken" bezeichne.

Viele wissenschaftliche Entdeckungen kamen mithilfe intuitiver Erkenntnisse zustande. Nur wenn wir unsere Fähigkeiten der linken und der rechten Hirnhälfte sozusagen vollständiger miteinander kombinieren, können wir die Probleme der Welt bestmöglich bewältigen. Wenn wir uns unsere Intuition und das Gefühl der Einheit, das üblicherweise daraus folgt, zunutze machten, so würde dies ein besseres Miteinander in Fragen wie dem Umgang mit dem Klimawandel, der Aufnahme von Flüchtlingen und einer für alle zugänglichen Gesundheitsversorgung fördern.

Als ein ausdrückliches Ziel dieses Buches möchte ich, wie bereits gesagt, zusätzliche Methoden zur Weiterentwicklung der vorherrschenden Ansätze in der konventionellen psychischen Gesundheitsfürsorge fördern. Ich bin überzeugt, dass wir größere Fortschritte erzielen können, wenn wir die Intuition sowohl des Patienten als auch des Therapeuten stärker nutzen und uns mehr auf spirituelles und transpersonales Wachstum konzentrieren. Auf Synchronizität zu achten und über ihre individuelle Bedeutung nachzudenken, kann uns helfen, dieses Ziel zu erreichen.

Bei der „Evolution of Psychotherapy"-Konferenz 2013 erfuhr ich, dass die Positive Psychologie in vielen Ländern auf politischer Ebene vorankommt. Seligman hatte sich mit dem britischen Premierminister David Cameron und dem chinesischen Staatspräsidenten Xi Jinping getroffen. Seit dem Experiment am Gymnasium in Geelong, das die gesamte Organisation einbezog, haben sich die Dinge sehr stark weiterentwickelt. Außerdem lernte ich durch Rossi, dass numinoses Erleben Hunderte Gene anschalten kann und die Wände unserer Hirnzellen im Schlaf durchlässig werden, damit Giftstoffe ausgespült werden können.[2] Dies öffnete mir den Blick für die erstaunliche Flexibilität unserer psychischen Hardware noch mehr.

Die Möglichkeiten übersteigen das, was ich mir früher ausgemalt habe, bei weitem. Nun bin ich noch motivierter in meinen Versuchen, auf meinem eigenen Gebiet auf den Schultern von Riesen wie Jung, Rossi und Seligman zu stehen. Außerdem bin ich noch stärker von der Notwendigkeit einer Positiven Psychiatrie überzeugt; es muss ein Fachgebiet geschaffen werden, das einen optimistischeren Fokus pflegt, das den Schwerpunkt stärker auf Intuition und das Transpersonale legt und das die neuesten ermutigenden Erkenntnisse der Hirnforschung aufgreift.

Auf der persönlichen Ebene fördert die Entwicklung unserer intuitiven Fähigkeiten und unseres spirituellen Selbst wahrscheinlich Kreativität und Wohlbefinden. Meiner persönlichen Erfahrung nach stellte die Verbindung von Synchronizität und *Kairos* ein äußerst wirkungsvolles Instrument zur Bewältigung der schwierigsten Probleme dar, denen ich mich stellen musste. In solchen Zeiten, auch während der Arbeit an diesem Buch, hat mir diese Vorgehensweise geholfen, energiegeladen zu bleiben, positive Gefühle zu verspüren, engagiert bei der Sache zu sein sowie Sinn zu finden und Erfolge zu erzielen, und dies alles oft im Kontext verbesserter Beziehungen.

Manchmal hat es den Anschein, als kämen transformative Veränderungen hauptsächlich aufgrund der Anregungen inspirierender Führungspersönlichkeiten wie etwa eines Gandhi oder Mandela zustande. Was sie erreicht haben, ist monumental. Aber vielleicht brauchen wir eine breiter gestreute Genialität als nur hin und wieder eine charismatische und inspirierende Leitfigur. Vielleicht muss die Verantwortung besser verteilt werden. Darum ging es Jung. Er glaubte an Individuation – nicht nur für sich selbst, sondern für alle. Jung glaubte, dies sei erforderlich, um die Probleme der heutigen Zeit zu bewältigen.[3]

Csikszentmihalyi ergänzte, wenn es um die Bewältigung der Probleme der Welt gehe, würden wir heute erkennen, dass kein Pilot im Cockpit sitzt. Wenn wir keine Verantwortung übernehmen, stürzen wir ab.[4] Also: Es mag zwar keinen Piloten geben. Die Steuerung bleibt wohl uns überlassen. Aber vielleicht gibt es ja einen Navigator. Zumindest zeitweise. Manchmal dann, wenn man ihn am meisten braucht. Manchmal dann, wenn man am stärksten dazu bereit und offen ist, sich führen zu lassen. Dies ist für mich Synchronizität. Synchronizität zu erleben und ihre persönliche Bedeutung zu akzeptieren, ist so, als ob man ein Geschenk des Universums auspackt – ein Geschenk, das den Weg nach vorne weist.

Synchronizität bezieht sich ebenso sehr auf unser inneres Leben und Erleben wie auf objektives, äußeres Erleben. Sie ist definiert als merkwürdiger und sinnvoller Zufall – das heißt, dass sie *Ihnen* zufällig, *Ihnen* merkwürdig und *Ihnen* sinnvoll erscheint. Niemandem sonst. Synchronizität muss von anderen nicht als sinnvoll erkannt werden, auch wenn dies eine hilfreiche Bestätigung sein kann. Sie ist höchst persönlich. Doch ohne persönliche Veränderung und persönliche Positivität werden die globalen Veränderungen, die wir benötigen, niemals eintreten. Der Erfolg beginnt im Geist.

Dadurch dass ich, wie beschrieben, synchronistisch auf das wiederholte Muster oder Fraktal des Psi traf, war mir, als machte mir das Universum ein Geschenk, das speziell auf mich zugeschnitten war. Kurz darauf bestätigte sich mein Gefühl, ein solches Geschenk erhalten zu haben, noch zusätzlich. Bei meiner Rückkehr von der „Evolution of Psychotherapy"-Konferenz sah ich, dass ein Päckchen für mich eingetroffen war. Es kam von der *Australian Psychological Society.* Ich öffnete es. Es war ein Geschenk, ein silberner runder Anstecker. Am unteren Rand stand das Wort „Fellow". Vor Kurzem war ich zum Fellow der *Australian Psychological Society* gewählt worden. Es war eine wunderbare Bestätigung, dass ich nun zum Klan gehörte.

Ich betrachtete das APS-Symbol in der Mitte des Ansteckers und war kurz unglücklich darüber, dass es an die Stelle des früheren Symbols, Psi, getreten war. Das neue Symbol zeigte den Baum der Erkenntnis in Gestalt einer immergrünen Tanne im Überschneidungsfeld eines hellen und eines dunklen Kreises. Es gefiel mir. Ich betrachtete es genauer – und war sprachlos. Es fühlte sich numinos an. Es *war* das Psi, aber stilisiert. Es hatte eher die Form eines Y. Ja, es waren mehrere, vertikal ineinander verschachtelte Psi-Zeichen, die zum oberen Rand hin spitz zuliefen und den Baum der Erkenntnis bildeten. Der APS-Fellow-Anstecker, ein Symbol formellen Erfolgs auf dem Gebiet, das ich mir erwählt hatte, war ein Fraktal von Psi! Das passte.

Wenn ich nun zum Schluss komme, muss ich daran denken, wie ich es vor vielen Jahren darauf anlegte, John Travis mit seinem Kaftan, seinen Möwen-Bildern und seinem sogenannten „Wellness-Modell" zu hinterfragen. Dabei kommt mir ein Gedanke. Es ist derselbe, mit dem ich begonnen habe. Und ich vertrete ihn mit derselben Überzeugung:

Eine transpersonale Welt
mit numinosen Kräften
in sich und um sich
ist unglaublich.

Anmerkungen

Einführung

1 Cambray, J.; *Synchronicity: Nature and Psyche in an Interconnected Universe*, S. 89

2 Ebendort

3 Jaworski, J.; *Synchronicity: The Inner Path of Leadership*, S. 175

Kapitel Eins: Was ist Synchronizität

1 Einen Abriss über Jungs Entwicklung des Konzepts der Synchronizität finden Sie in Cambray, J.; *Synchronicity: Nature and Psyche in an Interconnected Universe*, dort Kapitel Eins: „Synchronicity: The History of a Radical Idea"

2 Jung, C. G.; *Synchronicity: An Acausal Connecting Principle*, S. 25; deutsch: „Synchronizität als ein Prinzip akausaler Zusammenhänge", *Gesammelte Werke*, Band 8, S. 481

3 Jung, C. G.; *Man and His Symbols*, S. 41; deutsch: *Der Mensch und seine Symbole*, S. 55

4 Cousineau, P.; *Coincidence or Destiny: Stories of Synchronicity That Illuminate Our Lives*, schildert über achtzig beeindruckende Beispiele für synchronistische Phänomene, darunter auch dieses. Viele sind gut dokumentiert.

5 Siehe Main, R.; *Revelations of Chance: Synchronicity as Spiritual Experience*, S. 14-15; als deutsche Quelle siehe: C. G. Jung, *Gesammelte Werke*. Bd. 8, S. 478

6 Ebendort, S. 15 (Bei Jung, „Synchronizität ..." in anderer Formulierung, *Gesammelte Werke*, Band 8, S. 479)

7 Jung, C. G. *Synchronicity : An Acausal Connecting Principle*, S. 15; deutsch: „Synchronizität als ein Prinzip akausaler Zusammenhänge", *Gesammelte Werke*, Band 8, Anm. 21 S. 470-471

8 Main, R.; *Revelations of Chance*, Kapitel Fünf: „Multiple Synchronicities of a Chess Grandmaster"

9 Siehe ebendort, S. 105-106

10 Siehe O'Connor, P.; *Understanding Jung, Understanding Yourself*, S. 16-18; deutsch: *Innere Welten: C. G. Jung verstehen – sich selbst verstehen*; Quelle aus den Werken von C. G. Jung: C. G. Jung, *Gesammelte Werke*, Neunter Band, Erster Halbband, *Die Archetypen und das kollektive Unbewusste*, S. 63-65

11 Siehe O'Connor, P.; *Understanding Jung, Understanding Yourself*, S. 22-30; deutsch: *Innere Welten: C. G. Jung verstehen – sich selbst verstehen*; Quelle aus den Werken von C. G. Jung: C. G. Jung, *Gesammelte Werke*, Neunter Band, Erster Halbband, *Die Archetypen und das kollektive Unbewusste*, S. 13-16

12 Jung, C. G.; *Man and His Symbols*, S. 58; deutsch: *Der Mensch und seine Symbole*, S. 69
13 Siehe Main, R.; *Revelations of Chance*, Kapitel Sieben: „Synchronicity and Spirit in the I Ching"
14 Eine Schilderung von Jungs Begegnungen mit Pauli, Einstein und anderen Wissenschaftlern findet sich in Cambray, J.; *Synchronicity: Nature and Psyche in an Interconnected Universe*, S. 9-20.
15 Siehe C. G, *Jung, Memories, Dreams, Reflections*, S. 320-324; deutsch: *Erinnerungen, Träume, Gedanken*, S. 293-299

Kapitel Zwei: Spukhafte Fernwirkung – Synchronizität, Wissenschaft und Spiritualität
1 Cambray, J.; *Synchronicity: Nature and Psyche in an Interconnected Universe*, S. 9-10
2 Kumar, M.; *Quantum: Einstein, Bohr, and the Great Debate about the Nature of Reality*, S. 158
3 Siehe Wilber, K. (Hrsg.); *Quantum Questions: Mystical Writings of the World's Greatest Physicists* mit Schriften von Heisenberg, Schrödinger, de Broglie, Pauli und Eddington.
4 Ebendort; siehe insbesondere Schrödingers Verweise auf die vedantische Philosophie in Kapitel Acht: „Oneness of Mind"; auf Deutsch finden sich entsprechende Gedanken Schrödingers in Erwin Schrödinger, *Mein Leben, meine Weltansicht*, dtv 2006, S. 67-72
5 Siehe Capra, F.; *Das Tao der Physik*, dort Kapitel Zwei „Wissen und Sehen". Vieles von dem, was ich über Quantenphysik weiß, habe ich Fritjof Capras Büchern zu verdanken: *Das Tao der Physik: Die Konvergenz von westlicher Wissenschaft und östlicher Philosophie* sowie *Wendezeit: Bausteine für ein neues Weltbild*, dort insbesondere Kapitel Drei „Die neue Physik".
6 Ein weiteres Beispiel für Superposition ist, dass sich ein Teilchen zugleich in zwei oder mehr Bewegungsformen befinden oder „drehen" kann. Ford, K. W.; *101 Quantum Questions*, S. 203
7 Ebendort, S. 260
8 Baker, J.; *50 Quantum Physics Ideas You Really Need to Know*, S. 60-63; deutsch: *50 Schlüsselideen Quantenphysik*, S. 60-63
9 Wenn zum Beispiel ein subatomares Teilchen durch ein Mikroskop beobachtet wird, dann könnten die Lichtphotonen, durch die man das Elektron überhaupt erst sehen kann, abprallen und seine Bewegung unvorhersehbar verändern. Ebendort, S. 66
10 Wie Einstein sagte, bestimmt die Theorie, die wir übernehmen, was wir beobachten können. Baggott J.; *The Quantum Story*, S. 94
11 Eine ausführliche Beschreibung derartiger Parallelen finden Sie in Fritjof Capra, *Das Tao der Physik*.
12 Schrödinger, E., *Mein Leben, meine Weltansicht*, Kapitel Sieben, S. 84, dtv 2006; der Autor zitiert aus: *My View of the World*, ins Englische übersetzt von C. Hastings, Cambridge University Press 1964.
13 Dass Schrödinger in der Frage einer Einheit des Bewusstseins bestätigend auf die vedantische Philosophie verweist, wird auch in K. Wilber, *Quantum Questions*

ausführlich besprochen. (In seinem Buch *Mein Leben, meine Weltansicht* spricht Schrödinger eingehend darüber, Anm. d. Übers.)

14 Aus Capra, F.; *Uncommon Wisdom: Conversations with Remarkable People*, Bantam 1988, „Howling with the Wolves"; deutsch: *Das neue Denken: die Entstehung eines ganzheitlichen Weltbildes im Spannungsfeld zwischen Naturwissenschaft und Mystik; Begegnungen und Gespräche mit führenden Geistes- und Naturwissenschaftlern der Wendezeit*, „Teil Eins: Mit den Wölfen heulen", S. 42

15 Capra, F.; *Das Tao der Physik*, S. 160-161

16 Einstein soll Bohr dafür verspottet haben, dass er Voodoo-Kräfte und „spukhafte Wechselwirkungen" beschwöre; Kumar, M.; *Quantum*, S. 132. Siehe auch Marin, J. M.; „‚Mysticism' in quantum mechanics: the forgotten controversy" in *European Journal of Physics*, 30 (2009), S. 807-822, online abrufbar unter http://www.academia.edu/260503/_Mysticism_in_quantum_mechanics_the_forgotten_controversy_, abgerufen am 22. August 2016

17 Einstein, A. „Religion und Wissenschaft" in *Mein Weltbild*, S. 20-21 ursprünglich ein Artikel von Albert Einstein im *New York Times Magazine* vom 9. November 1930, S. 1-4

18 Baggot, J. *The Quantum Story*, S. 109

19 Aus Capra, F.; *Uncommon Wisdom: Conversations with Remarkable People*, Bantam 1988, „Howling with the Wolves"; deutsch: *Das neue Denken: die Entstehung eines ganzheitlichen Weltbildes im Spannungsfeld zwischen Naturwissenschaft und Mystik; Begegnungen und Gespräche mit führenden Geistes- und Naturwissenschaftlern der Wendezeit*, „Teil Eins: Mit den Wölfen heulen", S. 48

20 Ebendort, S. 42

21 „Nothing is false and nothing is true: it depends on the crystal that we look through" ist die englische Übersetzung eines mexikanischen Sprichworts, das Dr. Rogelio Diaz-Guerrero 1988 beim Internationalen Psychologie-Kongress in Sydney zitierte.

22 Detailliertere Ausführungen zu diesem Thema finden Sie in Capra, F. *Wendezeit*, Kapitel Zwei „Die Newtonsche Weltmaschine".

23 Descartes, R., *Philosophical Writings*, hrsg. von E. Anscombe und P. Geach, Nelson's University Paperbacks 1972, „Third Meditation: Concerning God: that He Exists"; *Meditationen*, hrsg. und übersetzt von Christian Wohlers, „Dritte Meditation: Über Gott, dass Er existiert"

24 Capra, F., *The Turning Point*, S. 41-42; deutsch: *Wendezeit*, S. 55-56.

25 Siehe Southwell, G., *50 Philosophy of Science Ideas You Really Need to Know*, S. 51

26 Cambray, J.; *Synchronicity*, S. 38 William Newman, Professor für Geschichte und Philosophie der Wissenschaft an der Indiana University, behauptet allerdings, zu Newtons Zeit hätten viele Wissenschaftler an die Verwandlung von Metallen geglaubt. Er argumentiert, Newtons lebenslanges Interesse an der Alchemie, über die er ausführlich schrieb, spiegele durchaus nicht das Interesse an Mystik, mit dem es heute assoziiert wird. Newton soll seine wissenschaftlichen und seine religiösen Schriften voneinander getrennt haben. So vorgetragen bei einer Vorlesung an der Universität Melbourne am 1. September 2014: „Why Did Isaac Newton Believe in Alchemy?"

27 Siehe Wilber, K., *Quantum Questions: Mystical Writings of the World's Great Physicists*, Kapitel Zwölf: „Wissenschaft und Religion". Auf Deutsch findet sich Einsteins Ansicht hierzu in *Mein Weltbild*, S. 17-21
28 Diese Bezeichnung geht offensichtlich auf die Bemerkung des Evolutionsbiologen J. B. Haldane aus dem Jahr 1927 zurück: „The universe is not only queerer than we suppose, but queerer than we can suppose." Ähnliche Äußerungen wurden Werner Heisenberg und Arthur Eddington zugeschrieben.
29 Bohr soll einmal zu Heisenberg gesagt haben, eine Idee, die dieser vortrug, sei „nicht verrückt genug, um wahr zu sein". Siehe Ferguson, M., *The Aquarian Conspiracy*, S. 151 (deutsch: *Die sanfte Verschwörung*, S. 174). Von Einstein wird berichtet, er habe eine ähnliche Auffassung vertreten, etwa: „Wenn eine Idee auf den ersten Blick nicht absurd ist, dann besteht keine Hoffnung für sie."
30 Siehe Ford, K. W., *101 Quantum Questions*, S. 247-253
31 Peterson, C.; *A Primer in Positive Psychology*, S. 292ff gibt einen kurzen Abriss über die Geschichte von Psychologie und Religion sowie über die Forschung zu Religiosität und Wohlbefinden.
32 Siehe Frager, R. und Fadiman, J.; *Personality and Personal Growth*, 6. Auflage, Pearson Prentice Hall 2005
33 Rowan, J.; *The Transpersonal: Spirituality in Psychotherapy and Counselling*, S. 28
34 Ebendort, S. 30
35 Ebendort, Kapitel 3 „Wilber and Therapies" bietet eine ausführliche Beschreibung von Wilbers Modell psycho-spiritueller Entwicklung.
36 Siehe Artikel in dem Online-Magazin *Salon*: „The dark legacy of Carlos Castaneda" von Robert Marshall unter http://www.salon.com/2007/04/12/castaneda/
37 Bolen, J. S.; *The Tao of Psychology*, S. 4; deutsch: *Tao der Psychologie*
38 Hassed, C.; The Essence of Health, Kapitel drei: „Spiritualität"
39 Peterson, C.; *A Primer in Positive Psychology*, S. 295
40 Vortrag über „Trauma, Spirituality and Recovery" bei der „Evolution of Psychotherpy"-Konferenz am 14. Dezember 2013 in Anaheim, Kalifornien
41 Peterson, C.; *A Primer in Positive Psychology*, S. 293

Kapitel Drei: Begegnungen mit Geistern – Die Zukunft sehen, die Vergangenheit heilen
1 Siehe Beauregard, M.; *Brain Wars: The Scientific Battle Over the Existence of the Mind and the Proof That Will Change the Way We Live Our Lives*
2 Siehe Radin, D.; *Supernormal*; deutsch: *Supernormal*
3 Siehe Jung, C. G.; *Memories, Dreams, Reflections*, insbesondere Kapitel elf „On Life After Death"; deutsch: *Erinnerungen, Träume, Gedanken*, insbesondere das Kapitel „Über das Leben nach dem Tode"
4 Ebendort, S. 334; deutsch: S. 306
5 Ebendort, S. 335; deutsch: S. 307
6 Ebendort, S. 117; deutsch: S. 102
7 Ebendort, S. 356; deutsch: S. 327
8 Umfrage von HuffPost/YouGov unter tausend Erwachsenen am 17. und 18. Dezember 2012

9 Jung; *Memories, Dreams, Reflections*, S. 333; deutsch: *Erinnerungen, Träume, Gedanken*, S. 305
10 Ebendort, S. 347; deutsch: S. 318
11 Ebendort, S.. 352; deutsch: S. 323
12 Siehe Bems detaillierte Präsentation auf YouTube: „Feeling the Future“: https://www.youtube.com/watch?v=YAAXS1TK6bM, abgerufen am 11. Juli 2016

Kapitel Vier: Synchronizität und Ihr Lebensweg
1 Hillman, J.; *The Souls's Code: In Search of Character and Calling*, S. 6 ff 1996; deutsch: *Charakter und Bestimmung: eine Entdeckungsreise zum individuellen Sinn des Lebens*
2 Ebendort, S.. 9
3 Bolen, J. S.; *The Tao of Psychology*, S. 87 ff; deutsch: *Tao der Psychologie*
4 Goswami, A.; *Quantum Creativity*, S. 131
5 Rowan, J.; *The Transpersonal: Spirituality in Psychotherapy and Counselling*, S. 28
6 Siehe Jung, C. G.; *Man and His Symbols*, S. 161 ff; deutsch: Der Mensch und seine Symbole, S. 196 ff
7 Campbell, J. mit Moyers, B.; *The Power of Myth*, zitiert in Jaworski, J.; *Synchronicity: The Inner Path of Leadership*, S. 135; deutsch: Campbell, J. mit Moyers, B.; *Die Kraft der Mythen: Bilder der Seele im Leben des Menschen*, aus dem Amerikanischen von Hans-Ulrich Möhring, Artemis und Winkler 1989, S. 146
8 Chopra, D.; *Synchrodestiny*, S. 116
9 Ebendort, S. 137
10 Ebendort, S.. 140
11 Jaworski, J.; *Synchronicity: The Inner Path of Leadership*, S. 52
12 Ebendort, S. 57
13 Artikel in der *Sunday Times* vom 27. Juli 1980, zitiert ebendort, S.. 77. Dieser Artikel bezieht sich auf David Bohms Buch *Wholeness and the Implicate Order*, Routledge & Kegan Paul, 1980; deutsch: *Die implizite Ordnung: Grundlagen eines dynamischen Holismus*, aus dem Englischen von Johannes Wilhelm, Dianus-Trikont 1985
14 Jaworski, J.; *Synchronicity: The Inner Path of Leadership*, S. 80-81
15 Ebendort, S. 83
16 Ebendort, S. 84
17 Ebendort, S. 175
18 Campbell, J. mit Moyers, B.; *The Power of Myth*, zitiert in ebendort, S. 135; deutsch: *Die Kraft der Mythen*, S. 146.
19 Jaworski, J.; *Synchronicity: The Inner Path of Leadership*, S. 185
20 Ebendort, Kapitel Siebzehn: „Encountering the Traps“ (Auf die Fallen stoßen)
21 Das folgende Material baut hauptsächlich auf einem Workshop von Robert Dilts auf, „The Hero's Journey as a Roadmap for Managing Crisis and Healing“, den er am 12. Dezember 2013 bei der „Evolution of Psychotherapy“-Konferenz im kalifornischen Anaheim hielt.
22 Ebendort
23 Siehe Rossi, E. L.; *The Psychobiology of Gene Expression*, Kapitel Sechs „Positive Psychology Replaying the Four-Stage Creative Cycle“

24 Aus Michael Leunigs entzückender Präsentation „Short Notes from the Long History of Happiness" beim Forum „Happiness and Its Causes" am 16. Juni 2013 in Melbourne, online einsehbar unter https://www.youtube.com/watch?v=nhR34E2NHYs, abgerufen am 24. August 2016

25 Jung, C. G.; *Man and His Symbols*, S. 227; deutsch: *Der Mensch und seine Symbole*, S. 211

Kapitel Fünf: Wandel in den Weltbildern

1 Siehe Ferguson, M.; *The Aquarian Conspiracy*, S. 247; deutsch: *Die sanfte Verschwörung*, S. 284

2 Ebendort, S. 56; deutsch: S. 64

3 Ebendort, S. 71-72; deutsch: S. 81-82

4 Ebendort, S. 163-169; deutsch: S. 189-194

5 Ebendort, siehe Kapitel Vier „Crossover: People Changing"; deutsch: „Zu neuen Ufern: Menschen verändern sich"

6 Ebendort, S. 87; deutsch: S. 108

Kapitel Sieben: Die synchronistische Kupplerin – Ein Flirt mit der Numerologie, S. 122-133

1 So beschrieben von Joanne Walmsley auf http://numerology-thenumbersandtheirmeanings.blogspot.de/2011/05/number-6.html, abgerufen am 18. Juli 2016

2 Ebendort

3 http://astronlogia.com/2011/03/13/numerology-meaning-of-number-66/, abgerufen am 18. Juli 2016

4 http://www.mysticboard.com/numerology/30800-number_606_in_a_dream.html, abgerufen am 19. Juli 2016

5 Main, R.; *Revelations of Chance: Synchronicity as Spiritual Experience*, S. 207

6 „Mal Walden relishes synchronicity and wonders if he was too sensitive to work in the media"; Interview von Michael Lallo, veröffentlicht in *The Age* vom 30. November 2013, siehe http://www.smh.com.au/entertainment/lunch-with--mal-walden-20131127-2yawn, abgerufen am 19. Juli 2016

7 Das folgende Material über das Tarot basiert auf einer Präsentation von Evelynne Joffe, Direktorin des Institute of Esoteric Studies in Melbourne, bei einer Tagung der Transpersonal Psychology Interest Group der Australian Psychological Society am 22. Februar 2013 in Melbourne.

Kapitel Acht: Aufschlussreiche Träume – Pass auf, ein Hai!

1 O'Connor, P.; *Understanding Jung, Understanding Yourself*, insbesondere Kapitel Neun: „Dreams and Symbols" sowie *Dreams*; deutsch: *Innere Welten: C. G. Jung verstehen – sich selbst verstehen*, Kapitel Neun: „Träume und Symbole"

2 Jung, C. G.; *Man and His Symbols*, S. 33; deutsch: *Der Mensch und seine Symbole*, S. 49

3 Ebendort, S.. 34; deutsch: S. 50; siehe auch Jung, C. G.; *Modern Man in Search of a Soul*, S. 15; deutsch: „Die praktische Verwendbarkeit der Traumanalyse" in *Traum und Traumdeutung*, S. 159-160

4 C. G. Jung, *Dreams*, S. 29 ff; deutsch: „Allgemeine Gesichtspunkte zur Psychologie des Traumes" in *Traum und Traumdeutung*, S. 93 ff

5 Jung, C. G.; *Memories, Dreams, Reflections*, S. 410; deutsch: *Erinnerungen, Träume, Gedanken*, S. 408

6 In O'Connor, P.; *Dreams*, S. 107ff finden Sie weitere Beschreibungen von Schattengestalten und ihrer Bedeutung. Auf Deutsch finden Sie Ausführliches zum Schatten, seiner Bedeutung und seinem Potenzial in Kast, Verena; *Der Schatten in uns – die subversive Lebenskraft*, Patmos 2016 (Anm. d. Ü.)

7 O'Connor, P.; *Dreams*, S. 139-140

8 Siehe Jung, C. G.; *Memories, Dreams, Reflections*, S. 199-200; deutsch: *Erinnerungen, Träume, Gedanken*, S. 179-180

9 Jung, C. G.; *Man and His Symbols*, S. 58-63; deutsch: *Der Mensch und seine Symbole*, S. 69-76

Kapitel Neun: Eine größere Welt – Segnungen und Missgeschicke

1 Siehe http://www.ucl.ac.uk/news/news-articles/1210/121004-serendipity-more-than-a-happy-accident

Kapitel Dreizehn: Ein Geständnis – Hypomanisches Wohlbefinden

1 Siehe Surprise, K.; *Synchronicity: The Art of Coincidence, Choice and Unlocking Your Mind*, S. 59. Dasselbe betont John Rowan in *The Transpersonal: Spirituality in Psychotherapy and Counselling*, S. 265

2 Surprise, K.; *Synchronicity*, S. 59

3 Siehe ebendort, Kapitel Sechs „Satori in a Can".

Kapitel Vierzehn: Den Dädalus geben

1 Regie William Arntz, Betsy Chasse und Mark Vicente, produziert von Samuel Goldwin Films, Kinostart 2004 (vollständiger deutscher Titel: *What the Bleep Do We (K)now!? – Ich weiß, dass ich nichts weiß!*) Wikipedia zufolge wurde der Film als pseudowissenschaftlich kritisiert. Dennoch versucht er, eine Reihe mysteriöser Erkenntnisse im Zusammenhang mit der Quantenphysik (wie zum Beispiel die Superposition) einer breiten Öffentlichkeit nahezubringen und möglichen Verbindungen zur Philosophie auf den Grund zu gehen sowie potenzielle Konsequenzen für Fragen der Gesundheit zu erörtern. Ein übergreifendes Thema des Films ist zu hinterfragen, in welchem Maße wir Realität objektiv wahrnehmen, und zu erforschen, inwiefern eine bestimmte Realitätssicht unser Erleben prägt.

2 Emoto hat seine Ideen, einschließlich untermauernder Fotos, in seinem Buch *Die Botschaft des Wassers*, Koha 2002, näher ausgeführt. Seine Behauptungen sind nach wie vor umstritten.

3 Nach dem gleichnamigen Kinderbuch von Roald Dahl, Regie Tom Burton, produziert von Warner Bros., Kinostart 2005

4 *See the Sun*, CD von Pete Murray, erschienen im September 2005 bei Sony BMG

5 Diese Lieder stammen von dem Pearl-Jam-Album *Rearviewmirror* (Greatest Hits 1991-2003), erschienen im November 2004 bei Epic Records.

6 *Diagnostic and Statistical Manual of Mental Disorders*, 4. Auflage American Psychiatric Association 1994; deutsch: DSM-IV 1996 (Seit 2013, auf Deutsch seit 2014, gilt das DSM-5, Anm. d. Ü.).
7 Halifax, J.; *Shaman: The Wounded Healer*, Thames and Hudson 1982; deutsch: *Schamanen: Zauberer, Medizinmänner, Heiler*, aus dem Englischen von Ursula Richter, Insel-Verlag 1983
8 Jung, C.- G.; *Memories, Dreams, Reflections*, S. 178-179; deutsch: Erinnerungen, Träume, Gedanken, S. 159-160

Kapitel Fünfzehn: Die Sonne sehen
1 *See the Sun*, CD von Pete Murray, erschienen im September 2005 bei Sony BMG
2 Siehe Rowan, J.; *The Transpersonal: Spirituality in Psychotherapy and Counselling*, Kapitel Drei: „Wilber and Therapies"
3 Siehe ebendort, S. 100-101
4 Siehe ebendort, S. 102
5 Ebendort, S. 102
6 Siehe ebendort, S. 265-266
7 Ebendort, S. 266

Kapitel Sechzehn: Wegweiser zur Erleuchtung – Von Anaheim nach Findhorn
1 Der Begriff „Psychotechnologie" wurde, wie in Kapitel Fünf beschrieben, von Marilyn Ferguson in ihrem Buch *Die sanfte Verschwörung* geprägt und bezeichnet therapeutische Interventionen, die eine transformative Veränderung einleiten sollen.
2 Szasz, T.; *The Myth of Mental Illness*, London 1984, Erstausgabe 1961; deutsch: *Geisteskrankheit – ein moderner Mythos: Grundlagen einer Theorie des persönlichen Verhaltens*, aus dem Amerikanischen von Theo Kierdorf und Hildegard Höhr. Mit einem Vorwort von Fritz B. Simon, Carl-Auer-Verlag 2013 (Übersetzung der anlässlich des 50-jährigen Jubiläums erweiterten und aktualisierten Originalausgabe)
3 *The Transformation Game*, InnerLinks Inc. 2003; deutsch: *Das Spiel der Wandlung*, Greuthof, 10. Auflage 2011
4 Siehe Beauregard, M.; *Brain Wars*, Kapitel Sechs: „Beyond Space and Time: Psi". Darin beschreibt der Neurowissenschaftler die Leistungen von Joe McMoneagle im „Remote-Viewing", für die ihm der amerikanische Verdienstorden verliehen wurde. Auf Deutsch finden Sie eine Beschreibung der Tätigkeit McMoneagles in Russell Targ, *Psi: Die Welt ist anders als sie zu sein scheint*, aus dem Englischen von Astrid Ogbeiwi, Crotona 2013, S. 132-138.
5 Siehe Grodzki, L.; *Twelve Months to Your Ideal Private Practice: A Workbook*, Norton, S. 262
6 Siehe ebendort, S. 191-192; mehr über Spiral Dynamics (im Gegensatz zum Bewegungskonzept der Spiraldynamik) auf Deutsch siehe Beck, Cowan; *Spiral Dynamics: Leadership, Werte und Wandel*, aus dem Englischen von Carl Polónyi, Kamphausen 2007
7 Siehe Grodzki, L.; *Twelve Months to Your Ideal Private Practice: A Workbook*, S. 195 ff
8 Ebendort, S. 262

9 Ebendort, S. 194

10 Der Altphilologe Martin Litchfield West assoziiert das Orakel von Delphi oder die Pythia mit schamanistischen Praktiken (siehe http://en.wikipedia.org/wiki/Pythia Anm. 23; abgerufen am 9. August 2016)

11 Tsien, J.; „Building a brainier mouse", *Scientific American* 282 (2000), S. 62-68, Verweis hierauf in Rossi, E. L.; *The Psychobiology of Gene Expression*, S. 209. Eine deutsche Übersetzung des Artikels von Tsien findet sich in *Spektrum der Wissenschaft* 7/2000, S. 36ff, online einsehbar unter http://www.spektrum.de/magazin/die-kluge-gen-maus/826591, abgerufen am 9. August 2016.

12 Rossi, E. L.; ebendort, S. 13

13 Ebendort, S. 154-155

Kapitel Siebzehn: Synchronizität und Hirnforschung – Die Bedeutung des Ganzen verstehen

1 De la Fuente-Fernandez, R.; Ruth, T.; Sossi, V.; Schultzer, M.; Calne, T. und Stoessl, A.; „Expectation and dopamine release: Mechanism of the placebo effect in Parkinson's disease", *Science* 293 (2001), S. 1164-1166; zitiert in Rossi, E. L.; *The Psychobiology of Gene Expression*, S. 247.

2 Petrovic, P.; Kalso, E.; Petersson, K. und Ingvar, M.; „Placebo and opioid analgesia – imaging a shared neuronal network", *Science* 295 (2002), S. 1737-1740, zitiert in Rossi, E. L.; *The Psychobiology of Gene Expression*, S. 249

3 Beauregard, M., *Brain Wars*, S. 72-73

4 Vortrag bei einem Workshop der Dres. Ernest Rossi, Kathryn Rossi, Mauro Cozzolino, Giovanna Celia und David Atkinson, „The Next Step in the Evolution of Psychotherapy: Facilitating the Psychosocial Genomics of Creating Consciousness" am 12. Dezember 2013 anlässlich der „Evolution of Psychotherapy"-Konferenz in Anaheim, Kalifornien.

5 Rossi, E. L.; *The Psychobiology of Gene Expression*, S. 209

6 Tsien, J.; „Building a brainier mouse", *Scientific American* 282 (2000), S. 62-68. Die deutsche Übersetzung des Artikels von Tsien findet sich in *Spektrum der Wissenschaft* 7/2000, S. 36ff, online einsehbar unter http://www.spektrum.de/magazin/die-kluge-gen-maus/826591, abgerufen am 10. August 2016.

7 N-Methyl-D-Aspartat-Rezeptoren finden sich im Nervensystem und sind an Prozessen wie Lernen, Gedächtnis und Neuroplastizität beteiligt. Sie sind insofern zu „synaptischer Plastizität" fähig, als sie in ihrem Aufbau variieren können. Sie sind sowohl auf postsynaptischer wie auf präsynaptischer Ebene zu finden. Sie können sowohl die Ausschüttung von Neurotransmittern als auch die synaptischen Verbindungen modulieren.

8 Rowan, J.; *The Transpersonal: Spirituality in Psychotherapy and Counselling*, S. 28

9 Siehe zum Beispiel https://de.wikipedia.org/wiki/NMDA-Rezeptor mit einer schematischen, vereinfachten Darstellung der Aktivierung eines NMDA-Rezeptors. Siehe außerdem Erklärungen zu ligandengesteuerten Ionenkanälen unter http://www.spektrum.de/lexikon/neurowissenschaft/ligandengesteuerte-ionenkanaele/7078 sowie dazu, wie die Rezeptorfunktion durch sich öffnende und schließende Kanäle vermittelt wird, unter http://www.chemgapedia.de/vsengine/vlu/vsc/de/ch/8/bc/

vlu/neurotransmission/ionenkanaele.vlu/Page/vsc/de/ch/8/bc/neurotransmission/ionenkanal_ligand.vscml.html (beides abgerufen am 10. August 2016)

10 Unter https://de.wikipedia.org/wiki/GABA-Rezeptor finden Sie einen Hinweis auf angstlösende Wirkungen „durch Erhöhung der Permeabilität für Cl-Ionen". Unter der bei Anmerkung 9 angegebenen Web-Adresse Chemgapedia finden Sie außerdem eine animierte Darstellung des Aktionsmechanismus der Öffnung eines Ionenkanals.

11 Siehe Bentall, R.; *Doctoring the Mind*, S. 209ff, mit einem Hinweis auf die einschlägige Forschung.

12 Siehe Artikel von Carol Ezzell, „The search for a memory-boosting drug: smarter mice are only the first step", *Scientific American* 282 (2000), S. 68; deutsch: „Die Suche nach Pillen für ein besseres Gedächtnis", Spektrum der Wissenschaft 7 (2000), S. 41, online einsehbar unter http://www.spektrum.de/magazin/die-suche-nach-pillen-fuer-ein-besseres-gedaechtnis/826595, abgerufen am 10. August 2016

13 Siehe Rossi, E. L.; *The Psychobiology of Gene Expression*, S. 243

Kapitel Achtzehn: Elfmeter vom Universum – Von global zu lokal

1 Siehe Blog-Beitrag „Identifying Signature Character Strengths" im Bereich „Education"->„Blog" unserer Praxis-Website www.chrismackey.com.au. Hier finden Sie viele weitere Blog-Beiträge über positive Psychologie und andere Themen mit Bezug zur psychischen Gesundheit.
Informationen auf Deutsch über Signaturcharakterstärken finden Sie in Materialien der Universität Zürich unter http://www.charakterstaerken.org/VIA_Interpretationshilfe.pdf und http://www.seligmaneurope.com/files/ruch_2014.pdf

2 siehe Seligman, M. E.; *Flourish*, Kapitel Fünf: „Positive Education: Teaching Well-Being to Young People"; deutsch: *Wie wir aufblühen*, Kapitel Fünf: „Positive Erziehung: Junge Menschen Wohlbefinden lehren"

3 Vaillant, G.; *Spiritual Evolution: How We are Wired for Faith, Hope and Love*, Broadway 2008. Dieses Buch beschreibt einige biologische Grundlagen positiver Gefühle. Der Psychiater Vaillant gilt unter den ersten führenden Vertretern der Positiven Psychologie als einer der tonangebendsten.

4 3rd World Conference on Positive Psychology, Los Angeles, 27.-30. Juni 2013

5 Aus dem Eröffnungsvortrag der oben genannten Konferenz von Martin Seligman und Roy Baumeister über „Prospection and Positive Psychology", 27. Juni 2013

6 Näheres über diese fünf Säulen des Wohlbefindens, die nach den englischen Begriffen (positive emotions, engagement, relationships, meaning, achievement) oft unter dem Akronym PERMA zusammengefasst werden, finden Sie in Seligman, M. E.; *Wie wir aufblühen*, Kapitel Eins: „Was ist Wohlbefinden?"

7 Peterson, C. und Seligman, M. E.; *Character Strengths and Virtues*

Kapitel Neunzehn: Es ist Zeit für Positive Psychiatrie

1 Siehe zum Beispiel, Bentall, R.; *Doctoring the Mind*, einschließlich Kapitel Acht: „Science, Profit and Politics in the Conduct of Clinical Trials".

2 Siehe Ferguson, M.; *The Aquarian Conspiracy*, Kapitel Acht: „Healing Ourselves"; deutsch: *Die sanfte Verschwörung*, Kapitel Acht: „Selbstheilung" sowie Travis, J. W. und Ryan, R. S., *Wellness Workbook*

3 Siehe Seligman, M. E.; *Learned Optimism*; deutsch: *Pessimisten küsst man nicht: Optimismus kann man lernen*

4 Siehe ebendort, Kapitel Drei: „Explaining Misfortune" (Misserfolge erklären)

5 World Health Organisation, *Management of Mental Disorders*, Australian 4th edition, WHO Sydney 2004, S. 208

6 Ebendort, S. 193

7 Doidge, N.; *The Brain's Way of Healing*, S. 26; deutsch: *Wie das Gehirn heilt: neueste Erkenntnisse aus der Neurowissenschaft*, S. 53

8 Siehe Angell, M.; *The Truth About Drug Companies*, S. xv und Kapitel Drei „How Much Does the Pharmaceutical Industry Really Spend on R & D?"; deutsch: *Der Pharma-Bluff: wie innovativ die Pillenindustrie wirklich ist*, S. 26 und Kapitel Drei: „Wie viel gibt die Pharmaindustrie *wirklich* für Forschung und Entwicklung aus?"

9 Das DSM-5, die neueste Version des DSM (Diagnostic and Statistical Manual of Mental Disorders; diagnostischer und statistischer Leitfaden psychischer Störungen), herausgegeben 2013 von der American Psychiatric Association, wurde wegen der Erweiterung der Definitionen, durch die nun auch scheinbar normale Reaktionen als psychische Erkrankung gelten, stark kritisiert. Siehe zum Beispiel ein Interview in der Fernsehsendung „Lateline", in dem Emma Alberici mit Dr. Allen Frances spricht, der frühere Versionen des DSM zusammengestellt hat: http://www.abc.net.au/lateline/content/2013/s3763502.htm, abgerufen am 12. August 2016

10 Diese Daten sind Teil unserer Forschungs-Diashow „Treatment Outcome Data for Clients Seen Through Better Access Scheme", einsehbar unter Education -> Our Research auf unserer Praxis-Website www.chrismackey.com.au

11 Siehe Beauregard, *Brain Wars*, S. 72-73

12 Siehe zum Beispiel Moustafa, A.; „Increased hippocampal volume and gene expression following cognitive behavioral therapy in PTSD", *Frontiers in Human Neuroscience*, November 2013, einsehbar unter http://www.ncbi.nlm.nih.gov/pmc/articles/PMC3819529/, abgerufen am 12. August 2016

13 Dies gilt ganz besonders für das Eye Movement Desensitization and Reprocessing (EMDR; Desensibilisierung und Verarbeitung durch Augenbewegung), eine Therapietechnik, die Dr. Francine Shapiro entwickelt hat und die mit bilateraler Stimulation des Gehirns arbeitet. Fachkollegen können auf die Outcome-Daten in unserer Diashow „Outcome Data for Clients with Trauma Reactions" zurückgreifen; zu finden unter Education -> Our Research auf unserer Praxis-Website www.chrismackey.com.au

14 Siehe Hassed, C.; *The Essence of Health: The Seven Pillars of Wellbeing*, Kapitel Drei: „Spirituality"

15 Hippokrates drängte die Ärzte, nicht nur ihre eigenen Fähigkeiten zur Verfügung zu stellen, sondern auch zuzulassen, dass ihre Patienten und deren Umfeld sowie *die äußeren Umstände* (Kursivierung von mir) das Ihrige beitragen (siehe Doidge, N.; *The Brain's Way of Healing*, S. vii; deutsch: *Wie das Gehirn heilt*, vorangestelltes

Motto). Zu solchen äußeren Umständen können auch Synchronizität und der glückliche Zufall gehören.

16 Diese Erweiterung der Ausbildung habe ich in meiner Rolle als Dozent und Tutor an der Deakin-Universität in Geelong im Austausch mit Medizinstudenten selbst erlebt.

17 Siehe Eide, B. und Eide F.; *The Dyslexic Advantage: Unlocking the Hidden Potential of the Dyslexic Brain*, Hudson Street Press/Penguin 2001

18 Siehe Nettle, D.; „Schizotypy and mental health among poets, visual artists and mathematicians", *Journal of Research in Personality*, 40 (2006), S. 876-890

Kapitel Zwanzig: Unterwegs nach Kalifornien

1 3rd World Congress on Positive Psychology, 27.-30. Juni 2013, Los Angeles

2 Dies veranschaulichte später auch Bruce Gregory bei einem Workshop von Dres. Ernest Rossi, Kathryn Rossi, Bruce Gregory und Brigitta Gregory mit dem Titel „The RNA/DNA Epigenetic Dialogues of the Creative Unconscious: Are Quantum Dynamics Involved?" bei der „Evolution of Psychotherapy"-Konferenz am 11. Dezember 2013 in Anaheim, Kalifornien.

3 Aus Wilber, K. (Hrsg.); *Quantum Questions: Mystical Writings of the World's Greatest Physicists*. Eine deutsche Quelle für Schrödingers mystische Gedanken ist z.B. *Mein Leben, meine Weltansicht*, dtv 2006

4 Platon schreibt in *Nomoi* (*Die Gesetze*): „ … der Mensch dagegen, wie wir schon einmal bemerkt haben, sei nur ein Spielzeug, welches der Gott sich gebildet … Dieser Eigenschaft gemäß sollte also jeder Mensch, so Mann wie Weib, sein ganzes Leben zu einer ununterbrochenen Kette der schönsten Spiele machen … Was ist also das Richtige? Dass man sein Dasein durchlebt unter dem Spielen gewisser Spiele …" *Nomoi* 803 C-E, nach der Übersetzung von Dr. Franz Susemihl in: *Platon's Werke*, vierte Gruppe, neuntes bis fünfzehntes Bändchen, Stuttgart 1862, 1863, bearbeitet; http://www.opera-platonis.de/Nomoi7.pdf

5 Auszug aus dem gerahmten Zitat, das im Beat Museum in San Francisco ausgestellt ist.

6 Rossi, E. L.; *The Psychobiology of Gene Expression*, S. 29

7 Ebendort, S. 243

8 http://www.whats-your-sign.com/animal-symbolism-coyote.html, abgerufen am 16. August 2016

9 Die folgenden Angaben aus meiner Lektüre in der Vedanta-Bibliothek erfolgen ohne Zitate, da ich mir keine Einzelheiten aus bestimmten Büchern notiert habe, als ich spontan und wahllos irgendwelche Werke aus verschiedenen Regalen zog.

10 Cousineau, P.; *Coincidence or Destiny: Stories of Synchronicity That Illuminate Our Lives*

Kapitel Einundzwanzig: Im Vertrauen gesagt – Geschichten von Klienten

1 Dres. Arthur und Christine Nezu, Workshop über „Spirituality-Guided Behaviour Therapy [Spiritualitätsgeleitete Verhaltenstherapie] (SGBT: Where East Meets West)" beim World Congress on Behavioural and Cognitive Therapies vom 2.-24. Juli 2004 in Kobe, Japan

2 Siehe https://synchronicity.org/master-charles-cannon, abgerufen am 17. August 2016

3 „Exploring the Pattern that Connects", Workshop und Vortrag von Robert Dilts, gehalten am 15. Dezember 2013 bei der „Evolution of Psychotherapy"-Konferenz in Anaheim, Kalifornien.

4 Meichelbaum, D.; Vortrag über „Trauma, Spirituality and Recovery" am 14. Dezember 2013 anlässlich der „Evolution of Psychotherapy"-Konferenz in Anaheim, Kalifornien

5 Dr. John Briere, Workshop über „New Directions in Trauma Mindfulness" am 19. Mai 2011 in Melbourne

Kapitel Zweiundzwanzig: Ein Geschenk des Universums auspacken

1 Schlussvortrag beim Dritten Weltkongress über Positive Psychologie von Mihaly Csikszentmihalyi und Jeanne Nakamura: „Role of the Future in Positive Psychology", 30. Juni 2013

2 Workshop der Dres. Ernest Rossi, Kathryn Rossi, Mauro Cozzolino, Giovanna Celia und David Atkinson, „The Next Step in the Evolution of Psychotherapy: Facilitating the Psychosocial Genomics of Creating Consciousness" am 12. Dezember 2013 anlässlich der „Evolution of Psychotherapy"-Konferenz in Anaheim, Kalifornien

3 Siehe Lachman, G.; *Jung the Mystic*, S. 205

4 Schlussvortrag beim Dritten Weltkongress über Positive Psychologie von Mihaly Csikszentmihalyi und Jeanne Nakamura: „Role of the Future in Positive Psychology", 30. Juni 2013

Literaturverzeichnis

Angell, M.; *The Truth About Drug Companies*, Scribe 2005; deutsch: *Der Pharma-Bluff: wie innovativ die Pillenindustrie wirklich ist*, aus dem Amerikanischen von Sebastian Vogel, KomPart 2005

Baggot J.; *The Quantum Story: A History in 40 Moments*, Oxford University Press 2011

Baker, J.; *50 Quantum Physics Ideas You Really Need to Know*, Quercus 2013; deutsch: *50 Schlüsselideen Quantenphysik*, aus dem Englischen von Bernhard Gerl, Springer Spektrum 2015

Beauregard, M.; *Brain Wars: The Scientific Battle Over the Existence of the Mind and the Proof That Will Change the Way We Live Our Lives*, HarperOne 2012

Bentall, R.; *Doctoring the Mind*, Allen Lane 2009

Bolen, J. S.; *The Tao of Psychology: Synchronicity and the Self*, Harper One 2004 (Erstausgabe 1979); deutsch: *Tao der Psychologie: sinnvolle Zufälle*; aus dem Amerikanischen von Evi Glausner, Sphinx 1989

Cambray, Joseph, *Nature and Psyche in an Interconnected Universe*, Texas A&M University Press 2009

Capra, F.; *The Tao of Physics: An Exploration of the Parallels between Modern Physics and Eastern Mysticism*, 5. Auflage, Shambhala 2010 (Erstausgabe 1975); deutsch: *Das Tao der Physik: Die Konvergenz von westlicher Wissenschaft und östlicher Philosophie*, vom Autor revidierte und erweiterte Neuausgabe, aus dem Amerikanischen von Fritz Lahmann und Erwin Schuhmacher, Knaur 1997

The Turning Point: Science, Society and the Rising Culture, Flamingo 1983; deutsch: *Wendezeit: Bausteine für ein neues Weltbild*, aus dem Amerikanischen von Erwin Schuhmacher, 4. Auflage, Scherz 1983

Uncommon Wisdom: Conversations with Remarkable People, Bantam 1988; deutsch: *Das neue Denken: die Entstehung eines ganzheitlichen Weltbildes im Spannungsfeld zwischen Naturwissenschaft und Mystik; Begegnungen und Gespräche mit führenden Geistes- und Naturwissenschaftlern der Wendezeit*, aus dem Amerikanischen von Erwin Schuhmacher, Droemer Knaur 1998 (Erstausgabe Scherz 1987)

Chopra, D.; *Synchrodestiny*, Random House 2005 (Erstausgabe 2003)

Cousineau, P.; *Coincidence or Destiny: Stories of Synchronicity That Illuminate Our Lives*, Conari Press, 1997

Doidge, N.; *The Brain's Way of Healing*, Scribe 2015; deutsch: *Wie das Gehirn heilt: neueste Erkenntnisse aus der Neurowissenschaft*, aus dem Englischen von Carl Freytag, Campus-Verlag 2015

Ferguson, M.; *The Aquarian Conspiracy: Personal and Social Transformation in Our Time*, Tarcher/Putnam 1980; deutsch: *Die sanfte Verschwörung: persönliche und gesellschaftliche Transformation im Zeitalter des Wassermanns*, aus dem Amerikanischen von Thomas Reichau, Sphinx 1982 (2. Auflage)

Ford, K. W.; *101 Quantum Questions*, Harvard University Press 2012

Goswami, A.; *Quantum Creativity*, Hay House 2014
The Quantum Doctor, Hampton Roads 2004

Hassed, C.; *The Essence of Health: The Seven Pillars of Wellbeing*, Random House 2008

Hillman, J.; *The Souls's Code: In Search of Character and Calling*, Random House 1996; deutsch: *Charakter und Bestimmung: eine Entdeckungsreise zum individuellen Sinn des Lebens*, aus dem Amerikanischen von Diane von Weltzien, Goldmann 1998

Jaworski, Joe; *Synchronicity: The Inner Path of Leadership*, Berrett-Koehler 1996

Jung, C. G.; *Man and His Symbols*, Picador, Aldus 1978 (Erstausgabe 1964); deutsch: *Der Mensch und seine Symbole*, Walter-Verlag, Sonderausgabe 1991 (Erstausgabe 1968)
Memories, Dreams, Reflections, Flamingo 1983 (Erstausgabe 1963); deutsch: *Erinnerungen, Träume, Gedanken von C. G. Jung. Aufgezeichnet und herausgegeben von Aniela Jaffé*, Walter-Verlag, Sonderausgabe 8. Auflage 1992 (Erstausgabe 1961)
Die Archetypen und das kollektive Unbewusste, Gesammelte Werke, Neunter Band, Erster Halbband, Patmos, Sonderausgabe, 5. Auflage 2011
Synchronicity: An Acausal Connecting Principle, Princeton University Press 1973; Erstveröffentlichung 1955; deutsch: „Synchronizität als ein Prinzip akausaler Zusammenhänge" in *Gesammelte Werke*, Band 8, Walter-Verlag, 2. originalgemäß revidierte Auflage 1976, 4. Auflage 1982; Erstveröffentlichung in C. G. Jung, Wolfgang Pauli, *Naturerklärung und Psyche*, Rascher 1952
Traum und Traumdeutung, C. G. Jung-Taschenbuchausgabe in elf Bänden, dtv 1990

Kumar, M.; *Quantum: Einstein, Bohr, and the Great Debate about the Nature of Reality*, Norton 2011; deutsch: *Quanten: Einstein, Bohr und die große Debatte über das Wesen der Wirklichkeit*, aus dem Englischen von Hainer Kober, Berlin-Verlag 2011

Lachman, G.; *Jung the Mystic*, Tarcher/Penguin 2013 (Erstausgabe 2010)

Main, R.; *Revelations of Chance: Synchronicity as Spiritual Experience*, State University of New York Press 2007

O'Connor, P.; *Dreams*, Methuen Haynes 1986

Understanding Jung, Understanding Yourself, Methuen Haynes 1985; deutsch: *Innere Welten: C. G. Jung verstehen – sich selbst verstehen*, aus dem Englischen von Theo Kierdorf, Herzschlag-Verlag 1986

Peterson, C.; *A Primer in Positive Psychology*, Oxford University Press 2006

Peterson, C. und Seligman, M. E.; *Character Strengths and Virtues*, Oxford University Press 2004

Radin, D.; *Supernormal*, Deepak Chopra Books 2013; deutsch: *Supernormal: faszinierende Beweise für die unglaublichen Kräfte des Menschen*, aus dem Englischen von Astrid Ogbeiwi, Crotona 2015

Rossi, E. L.; *The Psychobiology of Gene Expression: Neuroscience and Neurogenesis in Hypnosis and the Healing Arts*, Norton 2013

Rowan, J.; *The Transpersonal: Spirituality in Psychotherapy and Counselling*, 2. Auflage, Routledge 2005

Seligman, M. E.; *Authentic Happiness: Using the New Positive Psychology to Realize Your Potential für Lasting Fulfilment*, Random House 2002; deutsch: *Der Glücksfaktor: warum Optimisten länger leben*, aus dem Amerikanischen von Siegfried Brockert, Ehrenwirth 2003

Flourish: A Visionary New Understanding of Happiness and Well-Being, Free Press 2011; deutsch: *Wie wir aufblühen: die fünf Säulen des persönlichen Wohlbefindens*, aus dem Amerikanischen von Stephan Schumacher, Goldmann 2015

Learned Optimism, Random House 1992; deutsch: *Pessimisten küsst man nicht: Optimismus kann man lernen*, aus dem Amerikanischen von Christa Broermann, Droemer Knaur 1991

Southwell, G.; *50 Philosophy of Science Ideas You Really Need to Know*, Quercus 2013

Surprise, K.; *Synchronicity: The Art of Coincidence, Choice and Unlocking Your Mind*, New Page 2012

Travis, J. W. und Ryan R. S.; *The Wellness Workbook*, 3. Auflage, Celestial Arts 2004, Erstausgabe 1981

Wilber, K. (Hrsg.); *Quantum Questions: Mystical Writings of the World's Greatest Physicists*, Shambhala 2001

Index

A
Aborigines 199
Alberici, Emma 311
Alchemie 47, 303
Amplifikation 27, 122
Angell, Marcia 257
Anima 125
Animus 125
Apollo 223, 229
Archetypen 26f., 41, 123, 301, 316
Armstrong, Karen 272

B
Bardo 181
Barry, Trent 9, 245
Bäume 27
Baumeister, Roy 310
Beat Museum 269f., 312
Beauregard, Mario 67, 236
Beck, Don 225
Belastungsstörung, posttraumatische 61, 129
Bellsche Ungleichung 48
Bem, Daryl 67
Bentall, Richard 253
Benzodiazepine 238
Bibliotheken-Engel 277f.
Bleep 191, 196, 307
Bohm, David 73, 85
Bohr, Niels 44, 48
Bolen, Jean Shinoda 35
Borderline-Persönlichkeitsstörungen 259
Bowen, Tom 163
Briere, John 295, 313
Buddha 52, 87, 288

C
Caddy, Eileen 135
Campbell, Joseph 70, 72, 74f., 78, 132f., 138, 305
Capra, Fritjof 42, 45, 302
Castanedas, Carlos 17
Charlie und die Schokoladenfabrik 196, 198, 230f., 234
Chopra, Deepak 71, 78, 284, 317
Christus 52
Clayton, Max 165
Cornfield, Jack 275
Cowan, Chris 225
Csikszentmihalyi, Mihaly 297, 313

D
Dädalus 6, 184, 191f., 194, 196, 198, 204, 206, 214, 218, 220, 222ff., 231, 240f., 246, 250, 263f., 307
Dahl, Roald 307
Daimon 69ff., 76, 177, 219, 248, 262, 264, 279
Dalai Lama 276
Demokrit 137
Denken, magisches 283
Depp, Johnny 191
Depressionen 16, 54, 75, 122, 157, 164, 238, 244, 257f., 260, 274, 293
Descartes, René 46
Deschamps, Emile 23
Dharma 69, 278
Dilts, Robert 292, 305, 313
Dissipative Strukturen 92
Dopamin 235ff., 261f.
DRD4-Gen 237
dunkle Nacht der Seele 75, 77, 117, 145, 163

E
Eichel-Theorie 69, 245
Einstein, Albert 14, 44, 47, 303
EMDR 59f., 311
Emoto, Masaru 191
Ereignisverknüpfung, akausale 27
Erleuchtung 6, 44, 51ff., 90, 117, 198, 217, 272, 308
Exteriorisationsphänomen, katalytisches 202
Ezzell, Carol 310

F
Ferguson, Marilyn 84f., 92, 94, 308
Feynman, Richard 55
Findhorn 6, 131, 133ff., 214, 217, 220, 222, 224, 226, 228f., 308
Fleming, Alexander 30
Flow 72, 226, 243, 249, 278
Flugangst 32
Frances, Allen 311
Franz, Marie-Louise von 78
Fredrickson, Barbara 245
Freud, Sigmund 27, 46, 121, 202

G
GABA-Rezeptoren 238
Gardner, John W. 297
Genexpression 218, 257f., 264
Genius 69, 79, 249
Ginsberg, Allen 271
Gleichzeitigkeit 21
Goswami, Amit 45, 284
Grodzki, Lynn 225
Gurdjieff 138
Gutson, Philip 272

H
Hartston, William 24
Hassed, Craig 260
Hatha-Yoga 276
Heisenberg, Werner 43f., 304
Heldenreise 75f., 78, 117
Hillman, James 69, 219
Huxley, Aldous 276, 277
Hypnose 50, 95, 217, 235, 239

I
I Ging 27ff., 116
Ikarus 52, 184, 246
Individuation 78, 279, 299
Inflation, psychische 53, 241, 288

J
James, William 50f., 69, 181, 211, 238
Jaworski, Joe 17, 35
Jaworski, Joseph 71
Joffe, Evelynne 306
Joriki 181
Jung, Carl Gustav 14, 21, 22ff., 34f., 41, 50, 52, 57f., 63, 65f., 69, 73, 78, 110, 116, 119, 212ff., 129f., 187, 193, 202, 187, 211, 227, 233, 247f., 272, 284, 289, 292ff, 298, 299

K
Kairos 16f., 32, 37, 65, 73, 75, 95, 102, 113, 136, 180, 247f., 299
Kali 113
Kast, Verena 307
Kekulé, August 30
Kensho 181
Kerouac 270
Kinotherapie 156, 160
Koestler, Arthur 277
Koinzidenz 28, 280
Kojote 274
kollektives Unbewusste 26, 50, 301, 316
Konfuzius 27, 29, 72

L
Lachgas 50, 238
Lachman, Gary 116
Laing, R. D. 279
Lallo, Michael 306
Leunig, Michael 76
Lichtgeschwindigkeit 49, 74
Litchfield West, Martin 309
Lukoff, David 213

M
Main, Roderick 24, 29f.
Makri, Stephan 136
Mandala 27, 133, 268, 273, 291
Mandela, Nelson 93
Maslow, Abraham 51, 87, 211, 284
McMoneagle, Joe 308
Meditation 44, 50, 54, 95, 303
Meichelbaum, Donald 54, 293
Method Acting 236
Missbrauch, sexueller 259

Mithras-Liturgie 25
Moyers, Bill 70
Murray, Pete 193, 307f.
Mythos 25, 138, 184, 219, 308

N
Nahtod-Erfahrung 34, 52
Nanog-Gen 227
Neurogenese 218, 227, 236
Neuroplastizität 217, 221, 227, 261f., 309
Newton, Isaac 46, 303
Nezu, Arthur und Christine 284, 312
NMDA-Rezeptor 237, 309
Nocebo-Effekte 256
Nott, C. S. 138
Novum-Numinosum-Neurogenese-Effekt 218, 236
Numerologie 47, 109, 112f., 116, 306

O
O'Connor, Peter 32, 121f., 193
Optimismus 145, 255, 311, 317
Orakel von Delphi 229, 309

P
Parkinson-Erkrankung 235
Park, Nansook 245
Pasteur, Louis 103
Pauli, Wolfgang 14, 41, 316
Pearl Jam 196
Pennebaker, James 149
Persona 124
Pessimismus 255
Peterson, Chris 245, 249
Petersons, Banjo 36
Phi 268
Pirsig, Robert 137
Plant, Robert 267
Plaskett, James 24
Platon 269, 312
Pollock, Jackson 272
Poltergeist-Phänomene 57
Präkognition 33, 49, 57, 66f.
Pribram, Karl 106
Prigogine, Ilya 92
Propinquität 31ff., 49
Prothiaden 160
Psi 50, 57, 66f., 268f., 272f., 280, 291f., 300, 308
Psi-Phänomene 57, 66f.
Psychodrama 157
Psychokinese 57, 66
Psychologie, positive 15, 54, 87, 217
Psychose 52, 99, 179ff., 210, 213, 234, 279, 286, 293
Psychotechnologie 218, 308
Pythagoras 113

Q
Quantenphysik 13, 41f., 44f., 48, 52, 55, 57, 67, 83f., 211, 237, 269, 273, 279, 294, 302, 307, 315

R
Radin, Dean 57, 67
Religiosität, extrinsische 54
Religiosität, intrinsische 54
retrokausaler Effekt 67
Rhines, J. B. 57
Rockefellers, John 276
Rossi, Ernest 76, 217f., 227, 229f., 235ff., 241, 257, 264, 273, 292, 298, 309, 312f.
Rothko, Mark 271
Rowan, John 210, 212, 307

S
Saravanakkumar 112
Satori 52, 179, 181, 211, 272, 279, 293, 307
Schamanen 53, 69, 198, 241, 308
Schamanismus 234, 273
Schatten 122, 124, 275, 307
Scheitel-Chakra 198
Schizophrenie 132, 237, 263, 285, 289, 290
Schlangen 27
Schopenhauer, Arthur 277
Schrödinger, Erwin 44, 269, 302
Schutzengel 69

Selbstverwirklichung 51, 87
Seligman, Martin 217, 243, 245, 249, 310
Serendipität 28, 30, 109, 136
Shapiro, Francine 311
Siegel, Daniel 217, 237
Signaturstärken 243f., 249
Skarabäus 22f., 25, 30
Spiel der Wandlung 220
Spiral-Dynamics-Modell 224f.
Störungen, bipolare 200, 214f., 219
Superposition 43, 302, 307
Surprise, Kirby 179
Symbole 25f., 123, 130, 268, 272, 288, 301f., 305ff., 316
Szasz, Thomas 219

T
Tagebuch 38, 104, 133, 135, 139, 220, 292f.
Tao 35, 42, 45, 69, 137, 278, 302ff., 315
Taoismus 44
Targ, Russell 308
Tarot 29, 112, 116ff., 177, 306
Telepathie 49, 66, 105
Therapie, Autobiographische 149
Tigger 222, 224f.
Traumdeutung 16, 121, 123ff., 129, 306f., 316
Träume 15, 35, 58, 65f., 117, 119ff., 248, 302, 304ff., 316
Travis, John 12, 83, 300
Tsien, Joe 238

U
Unschärferelation 43
Upanishaden 44
Urknall 49

V
Vaillant, George 245f.
Vedanta 44, 275f., 278, 312
Verhaltenstherapie, kognitive 12
Verschränkung 48f., 237
Vivekananda 275, 279
Vögel 27, 168, 271, 287ff.
Vorahnungen 15, 33, 65, 99, 143, 145

W
Walden, Mal 116, 306
Wellness-Modell 83, 87
Wilber, Ken 51, 284
Wohlbefinden, Hypomanisches 179, 307

Y
Yin-Yang-Symbol 44
Yoga 50, 54, 95, 276

Z
zif-268 230
Zusammenbruch der Wellenfunktion 43

Bernard Haisch
Warum Gott nicht würfelt
Geist, Kosmos und Physik

In der Anfangszeit der Quantenphysik gab es heftige Diskussionen um eine „kausale Interpretation" der beobachteten Phänomene. Dies führte zu der berühmten Aussage Einsteins: „Gott würfelt nicht." Lange Zeit hatte es den Anschein, als ob Einstein sich geirrt hätte. Inzwischen kommen immer mehr Physiker zu der Überzeugung, die James Jeans schon vor einem Dreivierteljahrhundert zum Ausdruck gebracht hat, dass hinter allen Geschehnissen eine verborgene Intelligenz wirken muss, weshalb das Universum keinesfalls eine gigantische Maschine, sondern weit eher eine geistige Wirklichkeit ist. Bernard Haisch gelangt als renommierter Astrophysiker des 21. Jahrhunderts zu eben dieser Einsicht, welche bereits die großen spirituell ausgerichteten Physiker der ersten Hälfte des 20. Jahrhunderts vertraten. Eine brillante Synthese von moderner Physik und Technologie, die vom Nullpunktfeld bis zum Urknall alle aktuellen Forschungsergebnisse behandelt und aufzeigt, warum hinter der Schöpfung ein verborgener SINN liegt!

ISBN: 978-3-86191-054-1, 220 Seiten

Larry Dossey
One Mind
Alles ist mit allem verbunden

Mit ONE MIND legt Larry Dossey seine große Gesamtschau über die verschiedenen Erkenntniswege der Menschheit dar und enthüllt auf beeindruckende Weise, dass hinter allen Phänomenen und Ereignissen EIN BEWUSSTSEIN waltet. Alles ist mit allem verbunden; und nur wer die innere Vernetztheit und Verwobenheit des Lebens versteht, vermag den tieferen SINN hinter allen Geschehnissen zu entdecken! Das Schlüsselwerk zum Verständnis des kommenden großen Bewusstseinswandels!

ISBN: 978-3-86191-051-0, 450 Seiten

Manfred Poser
Zeit und Bewusstsein
Warum Zeit eine Illusion ist

Jeder kennt die Erfahrung,dass „Zeit wie im Flug vergeht“ oder die „Sekunden qualvoll langsam verrinnen“. Diese Realität des Subjektiven bleibt jedoch innerhalb der üblichen Grenzen des menschlichen Denkens. Manfred Poser berichtet in seinem Buch von Erfahrungen, welche diese Grenzen überschreiten. Anhand faszinierender Erlebnisse wird daher deutlich, dass Zeit, in der Tiefe verstanden und erfahren,eine Illusion ist.
In Wahrheit ist Zeit eine Struktur des Bewusstseins und wird von diesem entscheidend geprägt. Wer diesen Sachverhalt erkannt hat, wird auch seitens eines wissenschaftlichen Denkens nicht länger Probleme mit paranormalen oder mystischen Erfahrungen haben. Zeit wird innerseelisch und multi-dimensional!
Der Inhalt dieses außergewöhnlichen Werkes ist im tiefsten Sinne „zeitlos“ und die vertrauten Grenzen der Wirklichkeit überschreitend.
ISBN: 978-3-86191-043-5, 240 Seiten

Russel Targ
PSI – Die Welt ist anders, als sie zu sein scheint

Russell Targ ist Physiker an der Stanford University und war einer der leitenden NASA-Ingenieure auf dem Gebiet der Laser-Technik. Gleichzeitig hat er sich intensiv mit den überzeugendsten wissenschaftlichen Versuchsexperimenten der Parapsychologie befasst und auf diesem Gebiet bahnbrechende Arbeiten veröffentlicht. Seine Forschungen führten ihn zu vier für die Naturwissenschaften revolutionären Einsichten:

- Nur bestimmte Aspekte des Geistes sind eine Folge physiologischer Prozesse.
- Bewusstsein ist ursächlich, die physische Realität ist seine Manifestation.
- Alle Bewusstseinsformen sind Teil eines Netzwerkes des Lebens.
- Einige Aspekte des Bewusstseins sind unabhängig vom Raum-Zeit-Kontinuum.

Russell Targ liefert die Bausteine für das kommende Paradigma in den Naturwissenschaften.
Eine grundlegende Arbeit für das neue Bewusstsein der Menschheit!
ISBN: 978-3-86191-040-4, 368 Seiten

